Flight Attendant English Interview Guide:
Ready for Takeoff

승무원 영어
면접 가이드

SUCCESS

Preface

영어 인터뷰는 국내외 항공사 취업에 있어서 매우 중요한 관문입니다. 국내 항공사는 한국어 면접과 함께 영어 인터뷰를 진행하고, 외국 항공사는 영어 개별 면접, 그룹 토론, 영어 에세이 작성 등 다양한 방식으로 지원자들의 영어 실력을 평가합니다. 이에 대비하여 승무원이 되고자 하는 지원자들은 영어 인터뷰에서 자주 나오는 질문에 대해 철저히 준비하고 답변할 수 있어야 합니다.

필자는 수년간 항공서비스과에서 승무원을 꿈꾸는 학생들에게 영어 인터뷰 강의를 하면서 그들의 어려움을 파악했습니다. 그들은 면접 자체에 대한 부담과 더불어 영어로 의사소통하는 데 어려움과 막막함을 느끼고 있었습니다. 그래서 국내 항공사 영어 인터뷰를 준비하는 지원자들과 영어 실력이 부족해 외국 항공사 지원을 망설이는 사람들에게 실질적인 도움을 주고자 이 책을 출간하게 되었습니다.

본서에서는 인터뷰 주제별로 자주 쓰이는 어휘와 동사구 표현, 그리고 문장 패턴을 제시하여 간단한 답변을 지원자 스스로 작성해볼 수 있도록 했습니다. 또한 단기간에도 익힐 수 있는 간결하고 유용한 표현들과 완성도 있는 샘플 답변을 다양하게 제시했습니다. 따라서 본 책을 통해 다른 문장 패턴과 샘플 답변을 활용, 편집하여 지원자들이 자신만의 답변을 만들 수 있을 것입니다. 더불어 영어 인터뷰에 필요한 영어 표현상의 노하우와 전략적 답변 기법도 소개하여 영어 인터뷰 준비에 만전을 기할 수 있도록 했습니다.

영어 인터뷰에서 가장 중요한 것은 원어민처럼 유창하게 말할 수 있는 영어 실력이 아니라 얼마나 자연스럽게 상대방과 소통하고 자신의 생각을 표현하며 공감하느냐입니다. 현재 영어 실력이 부족하다고 느끼고, 영어 인터뷰를 어디서 어떻게 시작해야 할지 막막한 여러분들에게 본서가 영어 실력 향상에 날개를 달아주는 지침서가 되기를 바랍니다.

이 책이 출판될 수 있도록 원고 제출이 늦어졌음에도 불구하고 인내심을 가지고 기다려주신 한올출판사 관계자분들께 깊은 감사의 말씀을 전합니다. 또한 격려와 응원을 많이 해주신 연성대학교 항공서비스과 동료 교수님들께도 감사의 인사를 전합니다. 마지막으로, 비가 오나 눈이 오나 딸 걱정만 하시는 존경하는 부모님, 묵묵히 항상 나의 뜻을 지지해주는 남편, 늘 바쁜 엄마를 이해해주며 바르게 커 가고 있는 보석 같은 딸들에게는 고맙다는 말이 부족합니다. 이 한마디로 필자의 모든 마음을 다 표현할 수는 없지만, 진심을 담아 전합니다. "사랑합니다."

2024년 1월

마 근 정

Contents

Sample Questions and Answers

승무원
영어 면접 가이드

Flight Attendant English Interview Guide: Ready for Takeoff

Chapter

01

Introduction

1. 항공사별 채용 기준 및 절차
2. 승무원 채용 요건

① 항공사별 채용 기준 및 절차

✈ 대한항공

★ 응시 자격

- 해외여행에 결격 사유가 없고 병역필 또는 면제자
- 교정시력 1.0 이상인 자
- TOEIC 550점 또는 TOEIC Speaking LVL IM 이상 또는 OPIc LVL IM 이상 취득한 자

★ 면접 절차

서류 전형 → 1차 면접 (On-line) → 2차 면접 (영어 인터뷰, 기내 방송 Test) → 3차 면접 (인성 검사) → 건강 진단 (체력/수영 Test) → 최종 합격

✈ 아시아나항공

★ 응시 자격

- 학력 제한 없음
- 해외여행에 결격 사유가 없고 병역필 또는 면제자
- 교정시력 1.0 이상인 자 권장(라식/라섹 수술 경우, 3개월 이상 경과 권장)
- 기내 안전 및 서비스 업무에 적합한 신체 조건을 갖춘 자
- 외국어 성적 우수자 우대

★ 면접 절차

서류 전형 → 1차 실무 면접 → 2차 임원 면접 (영어 구술) → 건강 검진 (체력 측정, 수영 포함) 인성 검사 → 최종 합격

✈ 진에어

★ 응시 자격

- 해외여행에 결격 사유가 없고 병역필 또는 면제자
- 교정시력 1.0 이상인 자
- TOEIC 550점 또는 TOEIC Speaking LVL IM 1 이상 또는 OPIc(영어) LVL IM 이상 취득한 자

★ 면접 절차

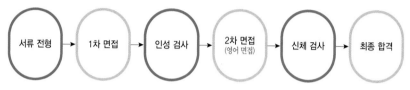

서류 전형 → 1차 면접 → 인성 검사 → 2차 면접(영어 면접) → 신체 검사 → 최종 합격

✈ 에어부산

★ 응시 자격

- 국내 정기 영어 시험 성적 소지자 (TOEIC, TOEIC Speaking, OPIc)
- 남성의 경우 병역을 필하였거나 면제된 자
- 기내 안전 및 서비스 업무에 적합한 신체 조건을 갖춘 자
- 해외여행의 결격 사유가 없는 자
- 일본어 및 중국어 성적 우수자 우대
- 국민체력 100 인증서 (2차 면접 시 제출)

★ 면접 절차

서류 전형 → 1차 면접 → 2차 면접 인성 검사 → 채용 검진 → 최종 합격

✈ 제주항공

★ 인턴 객실 승무원 응시 자격

- TOEIC 600점 이상/TOEIC Speaking IM1 이상/OPIc IM1 이상
- 해외여행의 결격 사유가 없는 자
- 남성의 경우 병역 의무를 마치거나 면제된 자
- 일본어, 중국어 회화 능통자 우대
- 국민체력 100 인증서 필수

★ 면접 절차

서류 전형 → 인성 검사 (On-line) → 1차 면접 → 2차 면접 → 3차 면접 → 신체 검사 → 최종 합격

✈ 티웨이항공

★ 응시 자격

- 공인 어학 성적(영어) 소지자
- TOEIC 600점 이상/TOEIC Speaking IM 이상

  (2022.06.04.이전 TOEIC Speaking 성적은 130점 이상)

★ 면접 절차

서류 전형 → 1차 면접 → 2차 면접 → 수영 Test /3차 면접 → 신체 검사 → 최종 합격

✈ 이스타항공

★ 응시 자격

- 나안 시력 0.2 이상, 교정시력 1.0 이상인 자
  (라식 등 시력 교정 수술 후 3개월 경과자)

- 신체 건강하며 비행 근무에 법적으로 문제가 없으며 남자의 경우 군필/면제자

- 해외여행에 결격 사유가 없는 자

- TOEIC 550점 이상 또는 이제 준하는 공인 시험의 자격을 취득한 자
  (토익스피킹 Lv5, Opic IM2, TEPS 451, TOEFL 63점 이상)

★ 면접 절차

🛫 에미레이트항공

★ 응시 자격

- 만 21세 이상
- 신장 160cm 이상/Arm reach 212cm
- BMI(신체질량지수) 채용 기준에 적합한 자
- 고등학교 졸업 이상
- 영어 능통자 (말하기, 쓰기)
- 그 외 외국어 가능자 우대

★ 면접 절차

🛫 카타르항공

★ 응시 자격

- 고졸 이상
- 만 21세 이상
- Arm reach 212cm
- 영어 능통자 (말하기, 쓰기)
- 그 외 외국어 가능자 우대
- 신체 건강한 자
- 카타르 도하로 이주할 의향이 있는 자

★ 면접 절차

❷ 승무원 채용 요건

항공사는 다양한 방식의 면접을 통해서 항공사가 원하는 인재상과 승무원의 자질에 부합하는 인재를 선발하고자 한다. 대부분의 항공사가 공통적으로 지원자에게 요구하는 자질은 다음과 같다.

A passion for the job(일에 대한 열정)

면접관은 지원자에게서 일에 대한 열정을 확인하기를 원한다. 승무원이 되고 싶어 하는 대부분의 사람들은 승무원이 되고자 하는 이유를 묻는 질문에 대해 흔히 다양한 사람들을 만나고 전 세계를 여행하고 싶어서라고 대답한다. 그러나 이것은 적절하지 않은 대답이다. 지원자는 늘 고객 중심적인 생각을 갖고 일하면서 진심을 다해 사람들을 돌보고 도와주는 사람이라는 것을 어필할 필요가 있다. 승무원의 본질적인 역할, 즉 안전 업무를 수행하고, 승객에게 서비스를 제공하는 두 가지 측면에 있어서 책임감과 열의를 보여주는 것이 중요하다.

Favorable Impression(호감 가는 인상)

국내 항공사의 경우 지원자의 용모가 당락에 미치는 영향은 상당히 크다고 할 수 있다. 지원자는 승무원이라는 직업 이미지에 맞는 밝고 단정하며 편안하고 누구에게나 호감을 줄 수 있는 인상을 갖고 있어야 한다. 그러므로 지원자는 밝은 미소와 상대방을 편안하게 하는 표정, 단정한 용모와 복장, 올바른 자세 등 세련된 매너를 평소에 익혀야 한다.

Professionalism(프로 의식)

객실 승무원은 항공사의 '얼굴'이라 할 수 있다. 승객을 대할 때는 서비스 종사자로서 항상 전문가다운 모습으로 대해야 항공사에 충성하는 고객을 만들 수 있다. 자신의 직업에 필요한 기능 및 전문 지식에 대한 강한 자부심과 책임감을 갖고 있어야 한다.

Customer focused mindset(고객 중심 마인드)

서비스맨으로서 고객을 대할 때 프로정신과 더불어 희생과 봉사 정신이 요구된다. 늘 고객의 말을 주의 깊게 경청하고, 고객의 요구 사항을 파악해야 하며, 상황에 맞게 적절하게 응대할 수 있어야 한다. 따라서 평소 생활 속에서 혹은 서비스 현장에서 고객 서비스 경험을 통해 이러한 고객 중심 마인드를 갖추는 것이 필요하다.

Personal responsibility(책임감)

일을 하기 위해 정확한 시간과 장소에 맞춰 가는 것, 직업의 중압감을 극복하고 스트레스를 잘 관리하는 것, 훈련과 교육을 통해 직무에 필요한 기술과 지식을 철저히 익히는 것, 비상 상황을 포함해 기내에서 일어나는 모든 상황을 처리하는 것 등 이러한 모든 일들은 승무원 각자의 책임이다. 언제 어디서나 늘 책임감 있는 모습을 보여줘야 한다.

Flexibility and Adaptability(유연성과 적응력)

승무원의 업무와 근무 여건은 상당히 유연하다. 승무원으로서 이러한 다변한 상황에 유연하게 적응하고 대처할 수 있어야 한다. 또한 승무원은 국적, 문화, 성별, 학력, 연령 등이 각기 다른 다양한 사람들을 응대해야 하기 때문에 항상 유연한 접근 방식과 태도를 가져야 한다.

Teamwork and Communication(팀워크와 의사소통 능력)

승무원은 팀의 일원으로 일하기 때문에 하나의 공동 목표를 향해 팀 구성원과 원활하게 협업할 수 있어야 한다. 팀원으로써 맡은 바 일을 책임감을 가지고 완수하며 팀 구성원들과 효율적으로 소통할 줄 알아야 한다. 그뿐만 아니라 승객에게 좋은 서비스를 제공하기 위해서는 탁월한 의사소통능력이 요구된다. 이를 위해서 사회 전반에 관한 관심을 기울이고, 지식을 습득하는 것이 필요하다. 또한 다국적 승객을 응대해야 하는 승무원에게 외국어 실력은 필수 요건이라 할 수 있다.

승무원
영어 면접 가이드

Flight Attendant English Interview Guide: Ready for Takeoff

Chapter

02

입사 지원 서류
작성 요령

1. 항공사 입사 지원서

2. 영문 이력서

3. 영문 자기소개서

입사 지원 서류 작성 요령

① 항공사 입사 지원서(Job application letter)

대부분의 경쟁률이 높은 항공사 채용의 경우 1차적으로 서류 전형을 거치게 된다. 면접 전에 서류 전형을 통해 지원자의 입사 의지, 직무 적합도, 역량 등을 객관적으로 평가하는 것이다.

국내 항공사의 경우 지원서 양식은 각 항공사에서 원하는 지원 요건을 기술하도록 되어 있다. 이미 양식과 기술 항목이 정해져 있어서 그 항목에 맞게끔 내용을 작성하면 된다. 단, 해당 기업이 요구하는 직무에 맞게 이력서를 작성해야 한다. 따라서 업무와 밀접한 관련이 있는 특기나 활동, 자격증 등을 기술하는 것이 바람직하다.

면접 시에는 입사 지원서에 기입한 내용에 관련된 질문을 받게 되는 경우가 많으므로 다른 지원자들과 차별화될 수 있는 자신의 경력과 직무 능력을 중심으로 면접관의 관심을 끌 만한 내용을 기록하도록 한다.

외국계 항공사는 국내 항공사와 입사 지원서와는 달리 형식이 정해져 있지 않은 자유 형식의 입사지원서를 요구한다. 그렇다고 해서 제멋대로 써서는 안 되며, 기본적으로 정해진 틀과 기술해야 하는 항목들이 몇 가지 있다. 우선 Resume 혹은 Curriculum Vitae라고 불리는 영문 이력서에는 학력, 경력, 자격, 성격 등을 중점적으로 기재한다. 또한 이력서와 더불어 Cover letter라고 하는 자기소개서를 제출해야 한다. 자기소개서에는 해당 직무와 관련된 경험, 경력, 자원봉사 활동, 자격증, 전공과의 연관성, 가치관, 성격의 장점 등 회사에 필요한 인재라는 것을 강조할 수 있는 사항들을 기재한다. 나만의 개성이 드러나도록 써야 하며 명확하고 솔직하게 작성하는 것이 무엇보다 중요하다.

② 영문 이력서(Resume)

(1) 영문 이력서 작성 요령

Name Full name

Personal Data 신상 정보
Address 주소는 번지-동(리)-구(면)-시(도) 우편번호순으로 표기
Phone No. 연락처는 집과 휴대전화 모두 표기
E-mail 이메일 주소
Date of Birth 월, 일, 년순으로 표기
Gender 성별
Nationality 국적

Job objective 지원 분야 - 채용 공고에 명시된 position 기재

Education 학력 - 최종 학력 및 재학 년도, 전공 및 부전공, 학점 등 기재
신입 사원의 경우 학력 사항이 경력보다 우선함

Work Experience 경력 - 현재 종사하고 있는 업무나 최근에 재직한 회사의
경력부터 먼저 기재. 경력자의 경우 학력보다 경력을
먼저 기재

Skills 특기 - 보유 자격증 표기, 언어 실력, 컴퓨터 활용 능력 등을 기재
TOEIC, TOEFL 등 외국어 시험 점수 기입
Special Acrivities 직무 외 기타 활동 - 재학 시절 동아리 혹은 대내외적 활동
기재

Reward and Punishment 상벌 - 교내외 행사 수상 경력, 표창 경력
상벌 사항이 없으면 'None'이라고 표기하거
나 항목 삭제
Reference 신원보증인 - 회사에 따라 요구하는 경우 있음
특별한 요청이 없는 경우 요구가 있을 시 제출하겠다고 기
재하면 됨

(2) 영문 이력서 Sample

Kim Da Eun

Personal Data
Address   1576, Banghwa-dong, Gangseo-Gu, Seoul, South Korea
Home   (02)1234-5678   **Cell phone**   010-1234-5678
E-mail   email@email.com
Date of Birth   March 14, 1995
Gender   Female
Nationality   Korean

Job objective
Fresh and enthusiastic individual looking for a flight attendant position with ○○ Airways. Eager to attain the maximum level of passenger satisfaction through utilization of dynamic personality and customer care protocols.

Education
Hanguk University, Seoul, South Korea
Diploma in Airline Services
Graduation date : February 2018

Work Experience
Hana Hotel restaurant, Gangnam, Seoul, South Korea
July 2016 - February 2018
: Responsible for greeting and showing guests to seats
: Took orders from guests and served food
: Promptly and courteously addressed customer needs

Skills   Language : Korean (Native), English (Fluent, TOEIC score 900)

Special Activities   Member of a school newspaper club of the University : March 2021 - February 2023

Reward and Punishment   Scholarship for outstanding GPA : March 2022

Reference   Available on Request

3 영문 자기소개서(Cover letter)

(1) Cover Letter 작성 요령

   Cover Letter는 Resume(이력서)와 함께 보내는 자기소개서로, 일종의 자기 PR문이라고 할 수 있다. 이력서에서는 보여줄 수 없는 본인의 강점, 능력, 성격의 장점 등을 경험을 바탕으로 기술하며, 본인이 지원한 position에 적합한 사람임을 어필하는 것이다.

   이력서와 Cover Letter의 큰 차이점은 이력서는 경력과 학력 등을 체계적으로 나열해서 개인의 역사를 한눈에 볼 수 있게 한 것이라면, Cover Letter는 이러한 사항들을 지원자의 관점에 맞게 주관적으로 서술한 것이라 할 수 있다.

   대체로 외국 기업에서는 채용 담당자가 이력서보다는 Cover Letter를 먼저 읽기 때문에 이력서를 읽을 것인지의 여부가 Cover Letter에 달려 있다고 할 수 있다. 이력서를 읽고 싶은 마음이 들 수 있도록 지원자에 대한 호기심을 자극시켜야 한다.

   Cover Letter는 한글 자기소개서와는 달리 간단하고 명료하게 작성하는 것이 좋다. 또한 개인의 신상 명세에 관한 내용보다는 지원 동기와 경력 등의 내용을 밝힌 후 지원자의 장점을 기술하면 된다.

   Cover Letter 작성 시에 유의할 점은 다음과 같다.

★ Cover Letter는 특정인에게 보내는 것이어야 한다.

   수신인을 인사 담당자 이름으로 해서 보내거나 아니면 인사 담당 부서(Department of Human Resources) 또는 인사 담당자(Personnel Manager)로 명기해야 한다. 그리고 인사 담당자의 이름을 잘못 쓰게 되는 경우는 큰 결례이기 때문에 작성 후 기재 사항에 오류가 없는지 철저히 확인하여야 한다.

★ 자신만의 개성을 표현한다.

   인사 담당자는 수많은 Cover Letter를 읽어보게 되므로 자신만의 개성이 묻어나도록 독창적으로 작성하도록 한다. 또한 읽는 동안 지루하다는 느낌이 들지 않도록 필요한 이야기만 간단명료하게 기술하고, 그 글을 읽고 난 후 꼭 한번 이 사람을 만나고 싶다는 느낌이 들도록 해야 한다.

★ Cover Letter의 포맷과 외양을 보게 좋게 한다.

영문 편지의 서식에 어긋나지 않도록 하고, 외형적인 면과 서류의 작성 양식에서도 보기 좋게 작성함으로써 좋은 인상을 남길 수 있도록 하는 것이 바람직하다.

정리하자면, Cover Letter는 영문 이력서에는 다 풀어놓지 못한 자신의 성격, 가치관, 성장 과정, 지원 동기, 특기 사항 등을 부각시키는 데 의의가 있다. 가능한 한 목표하고 있는 기업이 요구하는 능력과 경력에 초점을 맞춰 작성하는 것이 중요하다.

Cover Letter에는 다음과 같은 내용이 들어가도록 작성한다.

이름
현주소 : 번지수, 동, 구, 시, 우편번호순으로 기재
날짜 : 월, 일, 년순으로 기재

수취인
• 채용 담당자 이름
• 채용 담장자의 직책, 부서명, 회사명, 주소
• 담당자 이름을 모를 시에는 Personnel Manager라고 기재

서두
• Dear Mr./Ms. 이름 (Dear Personnel Manager)
• 어떻게 알고 지원하게 되었는지 기록 (구인 광고, 다른 사람 소개, 채용 공고 등을 보고 지원)

본문
• 적성, 학력, 경력, 특기 사항 등을 기술
• 미경력자의 경우 실전에 투입되어도 괜찮을 만한 사무 능력과 인정받을 만한 학력, 미래의 포부, 의욕, 인품 등을 기술.
• 경력자의 경우 관련 직종에 종사했던 경험 위주로 기술

결미
• 자신의 능력이 회사에서 요구하는 수준에 부합했으면 좋겠다는 겸손을 보이면서도 동시에 적극성과 자신감을 강조
• 감사의 인사
• Sincerely yours 와 서명으로 마무리

---

(2) Cover Letter Sample 1

Kim Da Eun
1576 Banghwa-dong, Gangseo-Gu,
Seoul, South Korea
February 10 2023

Ms. Rachel Kim
Personnel Manager
OO Airways
Tap-dong, Jungno-Gu, Seoul

Dear Ms. Kim

I was excited to learn of the vacancy you have for a flight attendant and have enclosed my CV for your consideration. I am an enthusiastic, customer-focused individual who is able to meet the high standards of service demanded by your company.

You will see from my CV that I have experience in customer service and hospitality in several different environments. I am a friendly and approachable person. I also have excellent interpersonal skills and a professional attitude. I feel that these qualities will enable me to be successful in this position.

I am a good team player and can deal with customer issues in a polite and calm manner. I have experience in serving customers and feel sure that I would be successful in helping to provide a high quality and comfortable travel experience. I am trained in first aid and am able to learn new tasks quickly.

I am keen to discuss my application further and would love to attend an interview. Please contact me at (82) 10-1234-1234 or email@email.com at any time.

Thank you for your consideration. I look forward to hearing from you.

Sincerely yours,

Kim Da Eun

(3) Cover Letter Sample 2

Kim Da Eun
1576 Banghwa-dong, Gangseo-Gu,
Seoul, South Korea
February 10 2023

Ms. Rachel Kim
Personnel Manager
OO Airways
Tap-dong, Jungno-Gu, Seoul

Dear Ms. Kim

My name is Kim Da Eun and I just graduated from OO University with an associated degree in Airline Services. I am applying for a flight attendant position with your company. Please find a copy of my resume for your review attached with this letter.

While in college I took courses that will help me perform well as a flight attendant on both domestic and international flights. My course work ranged from foreign languages such as English, Japanese, and Chinese to air ticket reservations, ethics and service leadership, safety procedures, business communications, and food and beverage service.

While in college I worked at the restaurant of the Hana Hotel which gave me a great deal of customer service experience. I learned how to deal effectively with all kinds of customers to make sure that each one left the restaurant with a positive experience. I learned organizational, interpersonal and communication skills. My resume is attached and includes references letters from one of my college professors, Dr. Jeong Jiyoung as well as from my supervisor at Hana Hotel, Kim Jina.

I am willing and able to work during any period of the day or night and on any flight. I would appreciate being considered for any flight attendant position at OO Airways and I am available for a personal interview any time, at your convenience. I can be reached at 010-1234-1234 or via email at email@email.com. Thank you for your consideration.

Sincerely,

Kim Da Eun

승무원
영어 면접 가이드
Flight Attendant English Interview Guide
Ready for Takeoff

승무원
영어 면접 가이드

Flight Attendant English Interview Guide: Ready for Takeoff

Chapter

03

영어 인터뷰
준비 요령

영어 인터뷰 준비 요령

❶ 영어 인터뷰 평가 요소

국내 항공사 영어 인터뷰에서는 주로 지원자의 기술적인 영어 구사 능력을 평가한다. 영어 질문에 대한 이해력과 답변 시의 영어 표현 능력이 평가의 핵심이라 할 수 있다.

Understanding of the question : Does the applicant understand contents of the question accurately?
지원자가 질문의 내용을 정확히 이해하였는가?

간혹 면접관의 질문 의도를 제대로 파악하지 못해 엉뚱한 답변을 하거나 자신의 이야기만 하는 경우가 있는데 이렇게 되면 면접에서 좋은 성과를 내기는 어렵다. 영어 인터뷰 시 가장 중요한 것은 면접관의 질문을 명확하게 듣고 이해하는 것이다. 면접관이 원하는 답이 무엇인지 그 의도를 잘 파악해서 그 질문에 맞는 적절한 답변을 하도록 해야 한다. 면접이라는 것이 면접관과의 커뮤니케이션 과정이기 때문에 면접관의 질문의 의도를 파악하는 것은 영어 인터뷰에 있어서 가장 기본 핵심인 것이다. 그러므로 말하기 연습 이전에 충분한 듣기 연습이 필요하다.

Language proficiency : Does the applicant have adequate ability to express him/herself in English?
지원자가 영어로 자신의 생각을 충분히 전달하였는가?

국내 항공사 영어 인터뷰에서는 특히 영어 구사 능력을 평가하는 데 초점을 맞춘다. 여기에서 말하는 영어 구사 능력이란 원어민 화자처럼 유창하게 영어로 말하는 것을 의미하지 않는다. 본인이 말하고자 하는 바를 얼마나 간결하고 명확하며 논리적으로 전달하느냐가 중요한 핵심이다. 따라서 어렵고 복잡한 어휘나 문장을 구사하려 하지 말고, 간단하면서도 쉬운 문장으로 정확하게 내용을 전달하는 것이 효과적이다.

② 성공적인 답변 요령

Be active and positive.
능동적이고 긍정적으로 답변하라

영어 인터뷰에서는 능동적으로 자신을 표현할 필요가 있다. 면접장에 입실과 동시에 적극적으로 "How are you?" 라고 먼저 인사를 건넨다. 면접관이 건네는 인사에도 정확하고 자연스럽게 가능한 한 단답형이 아닌 완전한 문장으로 답하도록 한다. 영어가 아주 유창하지 않더라도 자신이 답을 할 수 있는 범위 내에서 자신감 있게 답하는 것이 중요하다.

Prepare for common interview questions.
기출문제에 대한 답변을 준비하라

영어 면접 질문은 기존의 기출문제의 범주에서 크게 벗어나지 않는다. 영어 면접 노트를 만들어서 자주 출제되는 질문에 대한 답변을 적어놓도록 하자. 그리고 자신이 말한 답변을 중심으로 면접관이 꼬리질문을 할 수 있는 상황을 만드는 게 좋다. 예상 가능한 꼬리질문까지 생각해보고 준비한 답변을 최대한 활용해 면접을 주도할 수 있도록 해야 한다.

Converse naturally.
자연스럽게 대화하라

영어 인터뷰 시 예상 질문에 대한 답을 줄줄 외워 오는 지원자들이 많이 있다. 그렇게 되면 면접관은 지원자의 실제 영어 실력을 파악하기 위해 예상하지 않은 질문을 던지기 마련이다. 미리 연습했던 표현이라도 그 자리에서

생각해서 답변하는 것처럼 자연스럽게 말하는 것 또한 연습해야 한다. 답변을 준비해 연습할 때는 발음과 강세, 억양에 신경을 쓰고, pause를 두어 가면서 자연스럽게 대화하듯이 연습하도록 한다.

Speak simply and clearly.
간단명료하게 답변하라

국내 항공사 면접의 경우 지원자가 원어민 화자처럼 유창하게 말하는 것을 기대하지 않는다. 영어 인터뷰를 통해 평가하고자 하는 것은 지원자가 영어로 의사소통을 할 수 있는 능력이 있는가 하는 것이다. 너무 복잡하거나 어려운 표현을 쓰는 것보다는 흔히 듣고 쓰는 쉬운 말로 간결하고 명료하게 대답하는 것이 좋다.

Non verbal communication matters.
비언어적 커뮤니케이션이 중요하다

면접에서는 적절한 eye-contact와 함께 반응, 제스처 등의 body language가 중요하다. 면접관과 eye-contact를 함으로써 자신감을 보여줄 수 있으며, 적절한 eye-contact를 통해 자신에게 시선을 고정시키는 효과도 얻을 수 있다. 면접관의 눈을 피하지 말고 밝은 표정을 유지하며 답변해야 한다. 또한 자신이 말하고 있는 내용과 동작이 일치하도록 자연스럽게 제스처를 취하는 것도 인터뷰를 부드럽게 하는 데 좋다.

❸ 상황별 답변 요령

(1) 인터뷰를 시작하면서 인사할 때

I am pleased(excited) to be here.
이 자리에 있게 되어 기쁩니다.

I am pleased to meet you.
만나 뵙게 되어 기쁩니다.

I am honored to have this interview opportunity.
이 인터뷰 기회를 갖게 되어 영광입니다.

It's a pleasure to be considered for this role.
이 직책에 저를 고려해 주셔서 기쁩니다.

I am honored to introduce myself to you.
제 소개를 할 수 있게 되어 영광입니다.

Thank you for having me here today.
오늘 제가 이 자리에 올 수 있게 해주셔서 감사합니다.

First of all, thank you for interviewing me today.
먼저, 오늘 면접을 볼 수 있게 해주셔서 감사합니다.

I appreciate the opportunity to interview for this position.
이 직무에 대해 인터뷰를 할 수 있는 기회를 주셔서 감사합니다.

(2) 면접관의 질문을 알아듣지 못했을 때

I beg your pardon?

다시 한 번 말씀해 주시겠습니까?

I'm sorry, could you please say that again?

죄송하지만, 다시 한 번 말씀해 주시겠습니까?

Would you mind repeating that for me?

다시 한 번 말씀해 주시겠습니까?

I'm sorry, could you please repeat the question?
I didn't quite understand it.

죄송하지만, 질문을 한 번 더 해주실 수 있을까요?

제가 잘 이해하지 못했습니다.

I apologize, but I'm having trouble understanding the question. Could you please explain it again?

죄송하지만, 질문을 이해하지 못했습니다.

다시 설명해주실 수 있을까요?

I'm sorry, I didn't fully get the question.
Could you provide more details?

죄송하지만, 질문을 완전히 이해하지 못했습니다.

좀 더 자세한 설명을 해주시겠어요?

I'm sorry, I didn't fully grasp the question.
Would you mind elaborating on it a bit?

죄송하지만, 질문을 완전히 이해하지 못했습니다.

좀 더 자세히 설명해주실 수 있을까요?

(3) 대답하기 어려운 질문을 받았을 때

Well, it's hard to define in a word.
한마디로 말씀드리기가 쉽지 않습니다.

Well, it's difficult to explain briefly.
간단히 설명하기가 좀 어렵습니다.

It's hard to say in a nutshell.
한마디로 말씀드리기가 좀 어렵습니다.

I'm sorry, could you give me a second to think about it? It's a bit challenging to answer briefly.
죄송합니다만, 잠시 생각해 볼 시간 좀 주시겠습니까? 간단히 대답하기가 좀 어렵습니다.

Well, let me think. Would you give me a second to consider it? Your question requires careful thought.
글쎄요, 생각 좀 해보겠습니다. 그 답변에 대해 생각해 볼 시간을 잠시만 주시겠습니까? 질문에 대해 신중하게 생각해봐야 할 것 같습니다.

I'm sorry, I would like to take a moment to organize my thoughts. Your question is challenging for me, but I'll do my best to give you an answer.
죄송합니다만 생각을 정리할 시간이 필요할 것 같습니다. 질문이 좀 어렵지만 최선을 다해 답변해 보겠습니다.

(4) 인터뷰를 마치면서 인사할 때

Thank you for your time.
시간 내주셔서 감사합니다.

Thank you for listening.
들어주셔서 감사합니다.

Thank you for making me very comfortable.
저를 편안하게 해주셔서 감시합니다.

I've enjoyed talking with you.
오늘 이야기를 나누게 되어 즐거웠습니다.

It's been a pleasure talking with you.
오늘 이야기를 나누게 되어 즐거웠습니다.

It's been very nice talking with you.
오늘 이야기를 나누게 되어 즐거웠습니다.

Lastly, I would like to thank you for meeting me today.
마지막으로, 오늘 만나주셔서 감사합니다.

승무원
영어 면접 가이드
Flight Attendant English Interview Guide
Ready for Takeoff

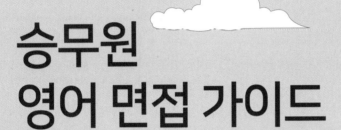

승무원
영어 면접 가이드

Flight Attendant English Interview Guide: Ready for Takeoff

Chapter

04

Sample Questions and Answers

Chapter 04 Sample Questions and Answers

1 Greetings & Warm-up Questions

🎙 **Interview tips!**

면접을 시작할 때는 지원자가 긴장을 풀 수 있도록 대부분 인사나 일상생활과 관련된 가벼운 주제로 대화를 시작한다. 이러한 질문에 답변할 때 주의해야 할 점은 당황하지 않고 무성의한 대답을 피하는 것이다. 대신, 자신의 언어 능력과 자신감을 보여줄 수 있는 기회이므로 자주 물어보는 질문에 대한 답변을 준비하여 처음부터 여유 있게 대화를 이어나갈 수 있도록 준비하는 것이 좋다. 이를 통해 성공적인 인터뷰를 진행할 수 있을 것이다.

Q1. How are you? 안녕하세요?

🎙 **Interview tips!**

실제 영어권 문화에서 "How are you?"는 우리가 교과서에서 배운 대로 "어떻게 지내시나요?" "오늘 기분이 어때요?"라는 의미보다는 일상적인 대화에서의 가벼운 인사이다. 그래서 이에 대한 캐주얼한 대답은 "Hey, Hi?", "Good, how are you?" 등으로 하면 되는 것이다. 그러나 면접 상황에서는 격식을 갖추어야 하므로 답변 시에는 적절한 정중함과 진지함을 유지해야 한다. 짧고 간결하면서도 예의 바른 표현을 사용하여 면접관에게 긍정적인 인상을 전달할 수 있도록 한다.

• be excited about: ~에 대해 기대하다. 신나다

❶ I'm good, thank you. I'm excited about this interview.
좋습니다. 감사합니다. 이 인터뷰가 기대됩니다.

• be ready to+동사: ~할 준비가 되다

❷ I'm doing well, thanks. I'm here and ready to show my skills.
좋습니다. 감사합니다. 여기서 제 능력을 보여드릴 준비가 되어 있습니다.

• looking forward to+명사/동명사: ~을 기대/고대하다

❸ I am pleased to be here. I'm looking forward to the interview.
이 자리에 오게 되어 기쁩니다. 이 인터뷰가 무척 기대됩니다.

4 I'm feeling great, thank you for asking. I'm fully prepared for this opportunity to share my passion for this job.

기분 좋습니다. 물어봐 주셔서 감사합니다. 이 일에 대한 열정을 보여드릴 수 있는 지금 저는 만반의 준비가 되어 있습니다.

- fully: 충분히
- be prepared for+명사: ~에 준비가 되다
- opportunity: 기회
- passion: 열정

5 Couldn't be better. I am eager to learn more about the position and how I can contribute to your team.

더할 나위 없이 좋습니다. 이 직책과 귀사에 기여할 수 있는 방법에 대해 더 알고 싶습니다.

- couldn't be 비교급: 정말 ~하다
  - couldn't be happier: 정말 행복합니다.
- contribute to+명사/동명사: ~에 기여하다, 공헌하다

6 I'm nervous, of course, but I am also excited to have this interview opportunity. I feel like I am getting closer to my dream.

물론 떨리기도 하지만, 이런 인터뷰 기회를 갖게 되어 또한 기쁩니다. 꿈에 점점 가까워지는 것 같습니다.

- close[klous]: 가까운

Q2. Are you nervous? 긴장이 되나요?

1 I'm a little nervous, but I'll be fine soon.

조금 긴장되긴 하지만 곧 괜찮아질 겁니다.

2 Yes, but I'm ready to make a great impression.

네, 하지만 멋진 인상을 남길 준비가 되어 있습니다.

- make an impression: 인상을 남기다

3 Yes, I'm a bit nervous, but I'm confident in my abilities and passion for the role. I'm eager to show what I can bring to the team.

네, 조금 긴장되긴 하지만 제 능력과 역할에 대한 열정은 자신 있습니다. 제가 팀에 기여할 수 있는 것을 보여드리고 싶습니다.

- confident: 자신 있는, 확신하는
- role: 역할
- be eager to: ~을 하고 싶어 하다

4 To be honest, I'm feeling nervous, but I'm also excited for this opportunity. I've prepared a lot for this interview and I'm ready to do my best.

솔직히 긴장도 되지만 이 기회에 대한 기대도 큽니다. 이번 면접을 위해 많은 준비를 했고 최선을 다할 준비가 되어 있습니다.

- big=important: 중요한
- prove: 증명하다

⑤ Yes, of course. It's a big day, but I'm confident in my skills and experience for this role. I'm eager to prove it.

네, 물론입니다. 중요한 날이니까요, 하지만 이 역할에 대한 제 능력과 경험에 대해서 자신이 있으며, 그것을 증명해 보이고 싶습니다.

Q3. What time did you go to bed last night?
어젯밤에 몇 시에 잠자리에 들었나요?
Did you sleep well last night?
어젯밤에 잘 잤나요?

Key expressions!

I go(went) to bed around (시간). 저는 ~시경에 잠자리에 듭니다(들었습니다).	
I usually go to bed around 11 PM.	저는 보통 오후 11시경에 잠자리에 듭니다.
I went to bed around midnight.	저는 자정쯤에 잠자리에 들었습니다.

I couldn't sleep well because I was too ~. 너무 ~해서 잠을 잘 못 잤습니다.	
I couldn't sleep well because I was too excited.	너무 흥분되어 잠을 잘 못 잤습니다.
I couldn't sleep well because I was too nervous.	너무 긴장되어 잠을 잘 못 잤습니다.

잠에 관한 유용한 표현	
I got a good sleep last night.	지난밤에 잠을 잘 잤습니다.
I slept very well last night.	지난밤에 잠을 잘 잤습니다.
I had a sound sleep last night.	지난밤에 숙면을 취했습니다.
I didn't sleep much(well) last night.	지난밤에 잠을 잘 못 잤습니다.
I had trouble falling asleep.	잠들기 힘들었습니다.
I was tossing and turning last night.	지난 밤 뒤척이느라 잠을 설쳤습니다.

- go to bed: 잠자리에 들다
- sound: 깊은, 푹 잠든
- fall asleep: 잠들다
- have trouble ~ing: ~하는 데 어려움을 겪다
- toss and turn: 잠을 설치다

- prepare for: ~을 대비/준비 하다
  - prepare for the test: 시험을 대비하다
  - prepare for the future: 미래를 대비하다

❶ I went to bed at 10 PM last night so that I could get up early and prepare for my interview today.

어젯밤 10시에 잠자리에 들어 일찍 일어나서 오늘 면접을 준비할 수 있었습니다.

❷ I went to bed pretty early, around 11 PM. I wanted to make sure I got a good night's sleep before the interview today.

저는 밤 11시쯤에 꽤 일찍 잠자리에 들었습니다. 오늘 면접을 보기 전에 숙면을 취하고 싶었습니다.

* make sure: 확실하게 하다, 반드시 ~하다

❸ I went to bed early last night in order to get a good night's sleep for my interview. However, I couldn't sleep well because I was too excited.

면접을 위해 숙면을 취하려고 어젯밤 일찍 잠자리에 들었습니다. 하지만 너무 흥분한 나머지 잠을 이루지 못했습니다.

* in order to+동사: ~하기 위해

❹ I was concerned about this interview, so I stayed up a bit later than usual last night. I finally went to bed around 1 AM.

인터뷰가 걱정되어 어젯밤에는 평소보다 조금 더 늦게 잠자리에 들었습니다. 결국 새벽 1시경에 잠자리에 들었습니다.

* be concerned about: ~대해 우려/걱정하다
* stay up: 안 자다, 깨어 있다
* later than usual: 평소보다 늦게

❺ I usually go to bed around midnight, but last night I was a bit nervous about today's interview, so I didn't get as much sleep as I wanted. However, now I'm feeling better.

보통 자정 무렵에 잠자리에 들지만 어젯밤에는 오늘 인터뷰 때문에 약간 긴장해서 잠을 잘 못 잤습니다. 하지만 지금은 기분이 나아졌습니다.

* be nervous about: ~에 대해 긴장하다
* a bit: 약간, 조금
* as much (명사) as ~: ~만큼 많은 (명사)

❻ I had trouble falling asleep, tossing and turning in bed for a while before finally dozing off at dawn. It seems like I might be feeling nervous about today's interview.

한동안 잠들지 못하고 침대에서 뒤척이다가 새벽에야 겨우 잠들었습니다. 오늘 인터뷰 때문에 긴장한 것 같습니다.

* have trouble ~ing: ~하는 데 어려움을 겪다
* for a while: 잠시 동안
* doze off: 졸다
* at dawn: 새벽에
* seem like: ~처럼 보이다

Memo

Q4. **What do you usually do before going to bed?**
잠자리에 들기 전에 보통 무엇을 하나요?

What did you do last night?
어젯밤에 무엇을 했나요?

Key expressions!

평상시 하는 일을 표현하는 유용한 동사구	
take a shower 샤워하다	go to bed 잠자리에 들다
read books 책을 읽다	listen to music 음악을 듣다
browse(surf) the Internet/net/web 인터넷 검색을 하다	browse(access/check) social media SNS를 보다(접속하다/확인하다)
make status updates on ○○ (SNS)에 상태 업데이트를 하다	do my homework 숙제를 하다
check my emails 이메일을 확인하다	write in my journal 일기를 쓰다
read the newspaper online 온라인으로 신문을 읽다	take a rest 휴식을 취하다
study for TOEIC 토익 공부를 하다	study for an exam 시험공부를 하다
study English 영어공부를 하다	do light exercise 가벼운 운동을 하다
do stretching 스트레칭을 하다	work out at home 홈 트레이닝을 하다
do some chores 집안일을 하다	work part-time 아르바이트를 하다
watch YouTube videos 유튜브 동영상을 시청하다	watch TV shows on Netflix 넷플릭스로 TV 프로그램을 보다
see(watch) a movie 영화를 보다	take a walk(stroll), go for a walk 산책하다
go to church 교회에 가다	go to the library 도서관에 가다
catch up on (news/TV shows/ sleep/work/studying) ~을 따라잡다, 밀린 일을 하다	make plans for tomorrow 내일 계획을 세우다
clean the house 집 청소를 하다	help my mother 어머니를 돕다
hang out with friends 친구들과 어울리다	stay (at) home 집에 있다
talk to friends on the phone 친구와 전화 통화를 하다	spend time with my family 가족과 시간을 보내다

take a shower:

❶ I like to take a relaxing shower before bed to wash away the day's stress.

잠자리에 들기 전에 하루의 스트레스를 씻어내기 위해 편안한 샤워를 즐겨합니다.

- relaxing: 마음을 느긋하게 해주는, 편한
- wash away: 씻어내다

❷ I always take a shower before bed to help me fall asleep faster.

잠 들기 전에 항상 샤워를 하면 더 빨리 잠들 수 있습니다.

- help+목적어+동사원형: ~가 …하게 하다

read books:

❸ I love to read books before bed, it helps me relax and calm my mind.

잠자리에 들기 전에 책을 읽는 것을 좋아하는데, 긴장을 풀고 마음을 진정시키는 데 도움이 됩니다.

- calm: 진정시키다

❹ I usually read for about an hour before bed to wind down.

보통 자기 전에 한 시간 정도 책을 읽으며 긴장을 푸는 편입니다.

- wind[waind] down: 긴장을 풀다(=unwind)

listen to music:

❺ I enjoy listening to music before bed as it helps me relax and fall asleep faster.

저는 잠자리에 들기 전에 음악을 듣는 것을 좋아하는데, 긴장을 풀고 더 빨리 잠들 수 있도록 도와줍니다.

- enjoy ~ing: ~하는 것을 즐기다
- fall asleep: 잠이 들다

❻ Last night, I put on my favorite playlist and listened to music to unwind and prepare for sleep.

어젯밤에는 좋아하는 플레이리스트를 틀어놓고 음악을 들으며 긴장을 풀고 수면을 준비했습니다.

- put on: 재생하다, 켜다
- unwind: 긴장을 풀다
- prepare for: ~을 준비하다

browse(surf) the Internet/net/web:

❼ I often surf the Internet before going to bed to catch up on the latest news and trends.

잠자리에 들기 전에 최신 뉴스와 트렌드를 알아보기 위해 인터넷을 서핑하는 편입니다.

- catch up on: (뒤떨어진 일을) 만회하다, (소식, 정보를) 알아내다
- latest: 최근의

- browse: 훑어보다, 대강 읽다, 인터넷을 찾아다니다
- discover: 발견하다, 찾다

⑧ I enjoy browsing the web in the evening, discovering new information and interesting websites.

저녁에 웹 서핑을 즐기며 새로운 정보와 흥미로운 웹사이트를 발견하는 것을 좋아합니다.

browse(access/check) social media:

- keep up with someone: ~와 계속 연락하고 지내다

⑨ I like to browse social media before bed, it's a good way to keep up with friends and family.

저는 잠자리에 들기 전에 소셜 미디어를 검색하는 것을 좋아하는데, 친구 및 가족들과 소식을 주고받을 수 있는 좋은 방법입니다.

- briefly: 간단히
- ensure: 반드시 …하게 하다, 보장하다

⑩ I usually check social media briefly before bed to ensure I haven't missed any important messages.

보통 잠자리에 들기 전에 소셜 미디어를 간단히 확인해서 중요한 메시지를 놓치지 않도록 합니다.

write in my journal:

- journal: 일기
- reflect: 반성하다, 되돌아보다, 생각하다

⑪ I like to write in my journal before bed as it's a good way to reflect on the day.

잠자리에 들기 전에 일기를 쓰는 것을 좋아하는데, 하루를 돌아볼 수 있는 좋은 방법입니다.

⑫ Last night, I wrote in my journal before bed to remember all the things that happened during the day.

어젯밤 잠자리에 들기 전에 하루 동안 있었던 모든 일을 기억하기 위해 일기를 썼습니다.

read the news online:

- stay informed: 최신 정보를 얻다, 정보를 지속적으로 얻다

⑬ I like to read the news online before bed because it's a good way to stay informed.

잠자리에 들기 전에 온라인으로 뉴스를 읽는 것을 좋아하는데, 최신 정보를 얻을 수 있는 좋은 방법입니다.

- keep up with something: ~을 따라잡다, 뒤처지지 않다, 최신 정보를 얻다
- go on: 일어나다, 벌어지다

⑭ I like to read the news on the web before going to bed. It helps me keep up with what's going on in the world.

저는 잠자리에 들기 전에 웹에서 뉴스를 읽는 것을 좋아합니다. 세상에서 무슨 일이 일어나고 있는지 파악하는 데 도움이 됩니다.

take a rest:

⑮ I like to take a rest before bed. It helps me recharge for the next day.

    잠자리에 들기 전에 휴식을 취하는 것을 좋아하는데, 다음 날을 위해 재충전하는 데 도움이 됩니다.

    • recharge: 재충전하다

⑯ I like to take a rest and meditate before going to bed to relax both my body and mind.

    몸과 마음을 편안하게 하기 위해 잠자리에 들기 전에 휴식을 취하고 명상하는 것을 좋아합니다.

    • meditate: 명상하다
    • both A and B: A와 B 둘 다

study for TOEIC:

⑰ I spend some hours studying for TOEIC before bed. It's a good way to improve my English.

    자기 전에 몇 시간 동안 토익 공부를 하는데, 영어 실력을 향상시키는 좋은 방법입니다.

    • study for: ~을 목표로 공부하다
    • improve: 향상시키다

⑱ Studying for TOEIC before bed has become a routine for me. It helps me focus on my goals before I fall asleep.

    자기 전에 토익을 공부하는 것이 제게는 일상이 되었습니다. 잠들기 전에 목표에 집중할 수 있도록 도와줍니다.

    • routine: 일상
    • focus on: ~에 집중하다
    • goal: 목표
    • fall asleep: 잠이 들다

study English:

⑲ Every night before bed, I set aside some time to study English to improve my speaking skills.

    매일 밤 잠자리에 들기 전에는 말하기 실력을 향상시키기 위해 영어 공부 시간을 따로 마련합니다.

    • set aside: 확보하다, 챙겨두다

⑳ As a flight attendant, I understand the importance of being proficient in English. That's why I make sure to study it on a regular basis.

    승무원으로서 영어를 능숙하게 구사하는 것이 얼마나 중요한지 잘 알고 있습니다. 그렇기 때문에 정기적으로 영어를 공부합니다.

    • proficient: 능숙한, 능한
    • on a regular basis=regularly: 정기적으로, 규칙적으로

do light exercise:

• take care of: 돌보다

㉑ I like to do light exercise before bed. It helps me relax and take care of my body.

자기 전에 가벼운 운동을 하는 것을 좋아합니다. 긴장을 풀고 몸을 관리하는 데 도움이 됩니다.

• make it a habit to 동사: 하나의 버릇(습관)으로 …하다
• relaxed: 편안한, 여유 있는

㉒ I make it a habit to do light exercise before bed. It helps me keep my body relaxed.

잠자리에 들기 전에 가벼운 운동을 하는 습관을 들이고 있습니다. 몸을 편안하게 유지하는 데 도움이 됩니다.

catch up on:

• article: 기사
• catch up on: (뒤떨어진 일을) 만회하다, (소식, 정보를) 알아내다

㉓ I usually use the evening to catch up on the news or read articles before going to bed.

보통 잠자리에 들기 전에 뉴스를 보거나 기사를 읽는 데 시간을 내서 최신 정보를 습득합니다.

• connect ~with: ~와 연락하다

㉔ Before going to bed, I usually spend the time to catch up on social media and connect with friends.

보통 잠자리에 들기 전에 소셜 미디어를 확인하고 친구들과 소통하는 시간을 가집니다.

Q5. **What time did you get up this morning?**

오늘 아침 몇 시에 일어났습니까?

What time do you usually get up in the morning?

아침에 보통 몇 시에 일어납니까?

Key expressions!

I get(got) up ~. 저는 ~에 일어납니다(일어났습니다).	
I usually get up at six o'clock.	저는 보통 6시에 일어납니다.
I got up around seven.	저는 7시경에 일어났습니다.
I got up very early today.	저는 오늘 일찍 일어났습니다.
I got up earlier than usual this morning.	저는 오늘 아침 평소보다 일찍 일어났습니다.

❶ I got up very early because I wanted to present myself in the best way possible. So it took me some time to put on makeup and get my hair done.

가능한 한 최고의 모습을 보여드리고 싶어서 아주 일찍 일어났습니다. 그래서 화장을 하고 머리를 다듬는 데 시간이 좀 걸렸습니다.

* present: 보여주다
* in the best way possible: 가능한 최선의 방법으로
* put on makeup: 화장을 하다
* get my hair done: 머리를 하다

❷ I got up at six o'clock this morning. I live far away from here so I had to leave my home early.

오늘 아침 여섯 시에 일어났습니다. 사는 곳이 멀기 때문에 집에서 일찍 나와야 했습니다.

* far away: 멀리 떨어진
* leave: 떠나다

❸ I got up around seven and did some light exercise for relaxation.

일곱 시쯤 일어나서 긴장을 풀기 위해 가벼운 운동을 했습니다.

* relaxation: 휴식

❹ I got up at 5 a.m. I got up earlier than usual this morning and prepared for this interview.

5시에 일어났습니다. 오늘 아침에는 보통 때보다 일찍 일어나서 인터뷰 준비를 했습니다.

* earlier than usual: 평소보다 일찍

❺ I usually get up at half past six because it takes about an hour to get to school.

학교에 가는 데 한 시간이 걸리기 때문에 보통 6시 반에 일어납니다.

* half past six: 6시 30분

Q6. What did you do this morning?

오늘 아침에 무엇을 했습니까?

❶ It was a typical (usual/regular) morning. I woke up early to catch up on the news and get my body moving.

오늘은 여느 때와 다름이 없었습니다. 뉴스를 보고 몸을 움직이기 위해 일찍 일어났습니다.

* typical: 보통의
* wake up: 잠이 깨다, 일어나다

❷ It was a busy (hectic) morning. I spent an hour this morning preparing for today's interview.

오늘은 바쁜 하루였습니다. 아침에 한 시간 동안 오늘의 인터뷰를 준비했습니다.

* hectic: 정신없이 바쁜, 빡빡한
* spend 시간 ~ing: ~하는 데 시간을 보내다, 쓰다

❸ I usually spend about 30 minutes in the morning doing some light exercise.

저는 보통 아침에 30분 정도 가벼운 운동을 합니다.

• do stretching: 스트레칭을 하다
• limber: 나긋나긋한, 유연한

❹ I always do stretching to make my body limber after I wake up.

저는 기상 후 항상 스트레칭을 통해 몸을 유연하게 만듭니다.

• chore: 일

❺ I got up early to study English and do some chores.

영어 공부와 집안일을 하기 위해 일찍 일어났습니다.

Q7. What did you do last weekend?
지난 주말에 무엇을 했습니까?

• household chore: 집안일
• tidy up: ~을 깔끔하게 정리하다
• clear: 맑은
• refreshed: (기분이) 상쾌한

❶ I stayed home and took care of some household chores. After tidying up the house, I found that my thoughts became clearer and my mood refreshed.

집에 있으면서 집안일을 좀 했습니다. 집안을 정리하고 나니 생각이 더 명료해지고 기분이 상쾌해졌습니다.

• work part-time: 아르바이트를 하다
• put in: (시간, 노력, 자금)을 투자하다, 들이다
• on the weekend: 주말에

❷ I work part-time at a family restaurant, putting in 4 hours only on the weekends.

저는 패밀리 레스토랑에서 주말에만 4시간씩 아르바이트를 하고 있습니다.

• exam season: 시험 기간
• catch up on my studies: 밀린 공부를 하다

❸ I went to the library to catch up on my studies since it was exam season at school.

학교 시험 기간이라 밀린 공부를 하기 위해 도서관에 갔습니다.

• hang out with: ~와 어울리다
• life: 삶, 인생 (복수: lives)

❹ I hung out with my friends. We spent some time catching up on each other's lives.

친구들과 어울려 놀았습니다. 서로에 대해 밀린 이야기를 나누며 시간을 보냈습니다.

• meet up (with somebody): (특히 약속을 하여) ~와 만나다

❺ I met up with some old friends for coffee and dinner. It was a lot of fun to see them after all these years.

오랜 친구들을 만나 커피와 저녁을 먹었습니다. 오랜만에 만나서 정말 반가웠습니다.

6 I went out to lunch with my entire family, and I try to spend as much time as possible with them on weekends.

저는 온 가족과 함께 점심을 먹으러 나갔습니다. 주말에는 가능한 한 많은 시간을 가족과 함께 보내려고 노력합니다.

- go out to lunch: 점심 먹으러 나가다
- entire: 전체의
- as much time as possible: 가능한 한 많은 시간을

7 I didn't do anything special. I just stayed home, relaxed, and read some books. I need time to recharge and unwind on weekends.

저는 특별한 일을 하지 않았습니다. 그냥 집에 머물면서 휴식을 취하고 책을 읽었습니다. 주말에는 재충전하고 긴장을 풀 시간이 필요합니다.

- recharge: 재충전하다
- unwind: 긴장을 풀다

8 I watched a really touching movie with my friend last weekend. I usually go to the movies or go for a walk in the park with my friends on the weekends.

지난 주말에 친구와 함께 정말 감동적인 영화를 봤습니다. 저는 보통 주말에 친구들과 영화를 보러 가거나 공원을 산책하곤 합니다.

- touching: 감동적인
- go for a walk: 산책을 하다

Q8. What did your parents say to you this morning?
오늘 아침 부모님께서 무슨 말씀을 하셨나요?

🔑 Key expressions!

격려의 말을 전하는 유용한 표현	
They wished me good luck.	제게 행운을 빌어 주셨습니다.
They told me not to get nervous.	제게 긴장하지 말라고 말씀해주셨습니다.
They told me to think positively as usual.	평상시처럼 긍정적으로 생각하라고 말씀해주셨습니다.
They encouraged me to do my best.	최선을 다하라고 격려해주셨습니다.
They said "Believe in yourself and have confidence."	부모님께서는 "너 자신을 믿고 자신감을 가져라"라고 말씀해주셨습니다.

- the way you are: 네 모습 그대로
- appreciate: 감사하다
- be supportive of: ~을 지지하다

❶ My parents wished me good luck saying "Don't be nervous because you are great just the way you are." I really appreciate that my parents have been very supportive of my dreams.

부모님께서는 제게 행운을 빌어주시며 "네 모습 그대로 훌륭하니까 너무 긴장하지 마라"라고 말씀해주셨습니다. 늘 제 꿈을 지지해주신 부모님께 정말 감사합니다.

- encourage+목적어+to부정사: ~에게 …하도록 격려하다
- calm=composed: 침착한, 차분한
- shine: 빛나게 하다
- You've got this!: 넌 할 수 있어! (파이팅!)

❷ My parents encouraged me to stay calm and composed during the interview. They said, "Take a deep breath, relax, and let your true self shine. You've got this!"

부모님은 인터뷰 중에 침착하고 차분한 태도를 유지하라고 격려해 주셨고, "심호흡하고, 긴장 풀면서, 진정한 네 모습이 빛나도록 해. 넌 할 수 있어!"라고 말씀해주셨습니다.

- tell+목적어+to부정사: ~에게 …하라고 말하다
- positively: 긍정적으로
- as usual: 평소처럼
- thanks to: ~덕분에
- support: 지원, 지지
- make it: 해내다

❸ My parents told me not to get nervous and think positively as usual. They encouraged me to do my best. Thanks to their support, I am confident that I can make it today.

부모님께서는 평상시처럼 긴장하지 말고 긍정적으로 생각하라고 말씀해주셨고, 최선을 다하라고 격려해 주셨습니다. 부모님의 응원 덕분에 오늘 잘 해낼 자신이 있습니다.

- remind+목적어+of …: ~에게 …을 상기시키다
- hard work: 노력
- put into: 투자하다, 노력하다
- ability: 능력
- be capable of~: ~할 수 있다

❹ My parents reminded me of all the hard work I had put into this opportunity. They said, "You've worked so hard for this moment, and we believe in your abilities. Trust yourself and show them what you're capable of."

부모님은 제가 이 기회를 위해 얼마나 열심히 노력했는지 상기시켜 주셨습니다. "이 순간을 위해 네가 정말 열심히 노력했고, 우리는 너의 능력을 믿는다. 네 자신을 믿고 네가 할 수 있는 것을 보여줘라."라고 말씀하셨습니다.

- supporter: 지원자, 후원자
- pursue one's dream: 꿈을 추구하다
- constantly: 지속적으로
- remind+목적어+to …: ~에게 …하라고 상기시키다
- believe in~: ~을 (~의 능력을) 믿다
- confidence: 자신감
- incredibly: 매우
- be grateful for~: ~을 고맙게 여기다

❺ My parents have always been my biggest supporters, encouraging me to pursue my dreams. They constantly remind me to believe in myself and have confidence. I am incredibly grateful for their constant belief in me.

부모님은 항상 제가 꿈을 이루도록 격려해 주시는 가장 큰 지원자였습니다. 제 자신을 믿고 자신감을 가지라고 끊임없이 말씀해 주십니다. 저에 대한 변함없는 믿음에 정말 감사하고 있습니다.

Q9. Did you have breakfast today(this morning)?
아침 식사는 했습니까?

What did you have for breakfast?
아침 식사로 무엇을 먹었나요?

❶ Yes, I have breakfast every morning. Typically, my go-to breakfast is a bowl of rice with a flavorful soup.

네, 매일 아침 아침을 먹습니다. 저는 보통 맛있는 국과 함께 밥을 먹습니다.

- typically: 보통, 일반적으로
- go-to: 기본적인, 늘 찾는
- flavorful: 맛있는

❷ Yes, I did. I think breakfast is a very important meal to start the day, so I always make sure to have it every morning. Today, I had a light breakfast of cereal and a mix of different fresh fruits.

네, 먹었습니다. 아침 식사는 하루를 시작하는 매우 중요한 식사라고 생각하기 때문에 매일 아침 꼭 챙겨 먹습니다. 오늘은 시리얼과 여러 가지 신선한 과일을 섞은 가벼운 아침 식사를 했습니다.

❸ I just had a glass of milk this morning. Because my house is far away, I was busy getting ready for this interview and didn't have much time for a complete breakfast.

오늘 아침에는 우유 한 잔만 마셨습니다. 집이 멀리 떨어져 있어서 인터뷰 준비로 바빠 아침 식사를 제대로 할 시간이 없었습니다.

- be busy ~ing: ~하느라 바쁘다
- complete: 완전한, 충분한

❹ No, I didn't have breakfast this morning. I usually prefer to have a late brunch instead. It works better for me because I feel most energetic during that time of the day.

아니요, 저는 오늘 아침을 먹지 않았습니다. 저는 보통 늦은 브런치를 선호합니다. 하루 중 그 시간대에 가장 활기차기 때문에 저에게는 더 잘 맞습니다.

- prefer: ~을 선호하다
- instead: 대신에
- work: 효과가 있다
- energetic: 활기찬, 활동적인

Memo

Q10. What did you do before you came in today?
여기 오기 전에 무엇을 했습니까?

Key expressions!

면접장 입실 전에 한 일을 나타내는 유용한 표현	
I went over my interview notes.	면접 노트를 살펴보았습니다.
I went over the possible questions I might be asked.	제가 받을 수 있는 질문들을 살펴봤습니다.
I tried to picture what the interview would be like.	면접이 어떨지 머릿속으로 그려보았습니다.
I tried to focus on the upcoming interview.	저는 다가오는 면접에 집중하려고 노력했습니다.
I talked with other applicants about the interview.	다른 지원자들과 면접에 관해 이야기를 나눴습니다.
I tried to calm down.	침착해지려고 노력했습니다.
I tried to relax.	여유를 가지려고 노력했습니다.

* go over(=review): ~을 검토하다, 다시 살펴보다
* key: 핵심의, 중요한

❶ I went over my interview notes. I reviewed important points and refreshed my memory on key information. It helped me feel more prepared and confident.

면접 노트를 살펴보았습니다. 중요한 포인트를 복습하고 핵심 정보를 다시 한 번 기억했습니다. 덕분에 더 준비되고 자신감이 생겼습니다.

* picture: ~를 상상하다
* anticipate: 예상하다

❷ I tried to picture what the interview would be like and I've anticipated questions I might get.

면접이 어떻게 진행될지 상상해보고 어떤 질문을 받을지 예상해 보았습니다.

* look through: (~을 넘기듯) 살펴보다, 훑어보다
* calm down: 진정하다
* consciously: 의식적으로
* focus on: ~에 집중하다
* upcoming: 다가오는

❸ Looking through my interview notes, I tried to calm down and consciously focused on the upcoming interview.

면접 노트를 살펴보면서 마음을 차분하게 가라앉히고 의식적으로 다가올 면접에 집중하려고 노력했습니다.

❹ I woke up early to prepare for my interview. It took me an hour to do my hair and makeup to present myself in the best possible way. I also reviewed my interview notes and went over the possible questions I might be asked.

면접을 준비하기 위해 일찍 일어났습니다. 최상의 모습을 보여주기 위해 헤어와 메이크업을 하는 데 한 시간이 걸렸습니다. 또한 면접 노트를 검토하고 예상되는 질문을 검토했습니다.

- take: 시간이 걸리다
- do my hair: 머리를 하다
- do my makeup: 화장을 하다
- present: 보여주다
- possible: 가능한, 있을법한

❺ I talked with other applicants about the interview and tried to relax. It helped me feel more prepared and calm before the upcoming interview.

다른 지원자들과 면접에 대해 이야기하고 긴장을 풀려고 노력했습니다. 다가오는 면접을 앞두고 더 준비되고 차분해지는 데 도움이 되었습니다.

- applicant: 지원자
- help+목적어+동사원형: ~가 … 하게 하다/돕다

Q11. What time did you come in?

몇 시에 왔습니까?

💡 **Key expressions!**

면접장 도착 시간을 나타내는 유용한 표현	
I arrived at 1 o'clock.	한 시에 도착했습니다.
I got here quite early.	꽤 일찍 도착했습니다.
I arrived here an hour before my scheduled interview.	예정된 인터뷰 시간보다 한 시간 일찍 도착했습니다.
It took longer than expected.	예상한 것보다 시간이 더 걸렸습니다.

❶ I arrived here an hour before my scheduled interview. I didn't want to be late on such an important day of my life.

면접 예정 시간 한 시간 전에 도착했습니다. 제 인생에서 중요한 날에 늦고 싶지 않았기 때문입니다.

- scheduled: 예정된
- such a+형용사+명사: 정말(아주) ~한 (명사)

❷ I got here around 1 o'clock. I arrived quite early to ensure I could start my interview calm and relaxed.

1시경에 도착했습니다. 차분하고 편안하게 면접을 시작하기 위해 꽤 일찍 도착했습니다.

- quite: 꽤
- ensure: 반드시 …하게 하다, 보장하다

❸ I arrived here about 30 minutes ago. It took longer than expected due to a traffic jam.

약 30분 전에 도착했습니다. 교통 체증으로 인해 예상보다 시간이 오래 걸렸습니다.

❹ I left home early so that I could reach this place well in advance, and I arrived here quite early. This gave me some time to relax.

이곳에 미리 도착하기 위해 일찍 집을 나서서 꽤 일찍 왔습니다. 덕분에 긴장을 풀 수 있는 시간을 가졌습니다.

Q12. How long did it take to get here?
이곳에 도착하는 데 얼마나 걸렸습니까?

Key expressions!

소요 시간을 나타내는 유용한 표현	
It took 50 minutes to arrive.	50분이 걸렸습니다.
It took me about an hour to get here.	여기 오는 데 한 시간이 걸렸습니다.

교통수단을 나타내는 유용한 표현	
I got here by train.	기차를 타고 왔습니다.
I came here by subway.	지하철을 타고 왔습니다.
I took an airplane from Busan.	부산에서 비행기를 타고 왔습니다.
I flew with ○○ air from Jeju.	제주에서 ○○항공 비행기를 타고 왔습니다.
I walked here.	걸어서 왔습니다.

❶ I live relatively close by, so it only took me about 20 minutes to get here. It allowed me to feel relaxed and composed for the interview.

저는 비교적 가까운 곳에 살고 있어서 여기까지 오는 데 20분 정도밖에 걸리지 않았습니다. 덕분에 편안하고 침착하게 인터뷰에 임할 수 있게 되었습니다.

❷ It took me about an hour to arrive. I took a subway, which helped me avoid any potential traffic delays.

도착하는 데 한 시간 정도 걸렸습니다. 지하철을 이용해서 생길지도 모르는 교통 체증을 피할 수 있었습니다.

❸ The journey here took me around 2 hours. I had to switch from the bus to the subway, but overall, it was a smooth trip.

여기까지 오는 데 약 2시간이 걸렸습니다. 버스에서 지하철로 갈아타야 했지만 전반적으로 순조로운 여행이었습니다.

* journey: 여정
* switch: 바꾸다, 변경하다
* from A to B: A에서 B로
* overall: 전반적으로
* smooth: 순조로운
* trip: 여행

❹ The travel time was surprisingly quick. It took me roughly 30 minutes to reach this location, thanks to the direct bus route I took.

이동 시간은 의외로 빨랐습니다. 제가 이용한 직행 버스 노선 덕분에 이곳까지 오는 데 약 30분이 걸렸습니다.

* surprisingly: 놀랍게도, 의외로
* roughly: 대략
* location: 위치, 장소
* thanks to: ~덕분에
* direct: 직통의
* route: 노선

Q13. How did you get here?
How did you come here?
Can you tell me how you got here?
여기에 어떻게 왔습니까?

❶ I didn't want to be late, so I took the subway to avoid the traffic jam.

지각하고 싶지 않아 교통 정체를 피하기 위해 지하철을 탔습니다.

* avoid: 피하다
* traffic jam: 교통 정체/체증

❷ I arrived here from Daegu by taking the KTX. It was a comfortable and quick trip.

대구에서 KTX를 타고 이곳에 도착했습니다. 편안하고 빠른 여행이었습니다.

* comfortable: 편안한
* quick: 빠른, 신속한

❸ I came from Suwon, and I took the express bus to get here. It took me about two hours due to some traffic on the way.

수원에서 고속버스를 타고 여기까지 왔습니다. 도중에 차가 좀 막혀서 2시간 정도 걸렸습니다.

* express bus: 고속버스
* due to: ~때문에
* on the way: 도중에

❹ I flew with ○○ Air from Busan, and the friendly crew made me even more excited about working there in the near future. The flight itself was enjoyable and it boosted my desire to be part of your company.

부산에서 ○○항공을 타고 왔는데, 친절한 승무원들을 보니 머지않은 미래에 그곳에서 일하고 싶다는 생각이 더욱 커졌습니다. 비행 자체가 즐거웠고 귀사의 일원이 되고 싶다는 열망이 더욱 커졌습니다.

* fly with 항공편/항공사: ~ 비행기를 타다
* friendly: 친절한, 친근한
* even: 훨씬
* enjoyable: 즐거운
* boost: 북돋우다
* desire: 열망

Q14. Are you comfortable with wearing our uniform?

저희 회사 유니폼을 입고 있는 것이 편안합니까?

Key expressions!

유니폼 착용 상태를 나타내는 유용한 표현	
It is very comfortable.	무척 편안합니다.
It fits me very well.	저한테 딱 맞습니다.
It's a little bit tight.	조금 타이트합니다.
It's a bit loose.	조금 큰 것 같습니다.
It's perfectly good.	더할 나위 없이 좋습니다.
I feel so happy to wear this uniform.	이 유니폼을 입게 되어 매우 행복합니다.
I am so excited to wear the uniform that I have always dreamed of.	제가 늘 꿈꾸던 유니폼을 입게 되어 기분이 무척 좋습니다.

- be required to: ~하도록 요구를 받다. ~해야 한다
- throughout: 동안, 쭉
- at all: 조금도
- incredibly: 엄청나게, 매우
- appealing: 매력적인

❶ I was required to wear a uniform throughout my university years, so I have no problem with it at all. It is incredibly comfortable and appealing.

대학 시절 내내 유니폼을 입어야 했기 때문에 전혀 문제가 없습니다. 유니폼이 매우 편안하고 매력적입니다.

- fit: 맞다
- finally: 드디어, 마침내
- dream of: ~을 꿈꾸다

❷ It fits me well, and I feel very comfortable wearing it. I am so excited to finally wear the uniform I have always dreamed of.

제 몸에 잘 맞고 착용감이 매우 편안합니다. 항상 꿈꿔왔던 유니폼을 드디어 입게 되어 너무 기쁩니다.

- a little=a bit: 약간, 다소
- tight: 꽉 끼는
- loose: 느슨한
- joy: 기쁨, 즐거움
- look forward to+명사/동명사: ~하기를 기대/고대하다
- put on: 입다
- work for 회사명: ~를 다니다

❸ It's a little tight (a bit loose), but wearing this uniform brings me so much joy. I really look forward to putting it on and working for your company in the near future.

조금 타이트하지만 (약간 헐렁하지만) 이 유니폼을 입게 되어 정말 기분이 좋습니다. 조만간 이 유니폼을 입고 귀사에서 일하게 되길 바랍니다.

❹ Yes. Every time I saw a flight attendant wearing a Korean Air uniform during their commute, I would imagine myself in that very uniform. Now, it feels like a dream come true.

네. 출퇴근길에 대한항공 유니폼을 입은 승무원을 볼 때마다 제가 바로 그 유니폼을 입고 있는 모습을 상상하곤 했습니다. 이제 꿈이 이루어진 것 같습니다.

* commute: 통근, 통학
* feel like: ~한 느낌이 있다

Q15. What are you going to do after this interview?

이 인터뷰 후에는 무엇을 할 예정입니까?

Key expressions!

인터뷰 후 계획을 나타내는 유용한 표현	
I'd like to give myself a break.	저한테 휴식 시간을 주고 싶습니다.
I would like to take some time off.	좀 쉬고 싶습니다.
I'll just go home and take a rest.	집에 가서 쉬도록 하겠습니다.
I'm probably going to a movie with my friends.	친구들과 영화를 보러 갈 것 같습니다.
I will give my mother a call.	어머니께 전화를 하겠습니다.
I plan to enjoy a meal with my friends.	친구들과 함께 식사를 즐길 계획입니다.
I will think about my performance at this interview.	오늘 제가 한 면접에 대해 생각해 보겠습니다.

❶ I've been working hard on this interview, and I'd like to give myself a break for a while, and maybe go get some fresh air nearby.

이번 인터뷰를 위해 열심히 준비했습니다. 잠시 휴식을 취하고 근처에 바람을 쐬러 가고 싶습니다.

* break: 휴식
* get some air: 바람을 쐬다
* nearby: 근처에

❷ While I've been preparing for this interview, I haven't had the chance to watch any movies lately, so I would like to take some time off and go to a movie with my friends.

이번 인터뷰를 준비하면서 최근 영화를 볼 기회가 없었습니다. 그래서 좀 쉬면서 친구들과 함께 영화를 보러 가고 싶습니다.

* prepare for~: (~을 대비하여) 준비하다
* lately: 최근에
* take some time off: 쉬는 시간을 갖다

- first of all: 우선
- give a call: 전화하다
- be worried about: ~에 대해 걱
  정하다
- all day long: 하루 종일
- after that: 그 후
- savor: ~을 맛보다
- get ready for: ~을 대비/준비
  하다(= get prepared for)

❸ First of all, I will give my mother a call. I know she has been worried about my interview all day long. After that, I plan to enjoy a meal with my friends and savor some delicious food.

우선 어머니께 전화를 드리겠습니다. 하루 종일 제 인터뷰 때문에 걱정하고 계실 겁니다. 그 후에는 친구들과 함께 맛있는 음식을 먹으며 식사를 할 계획입니다.

❹ After today's interview, I'm going to think about the questions I was asked and how I answered them. I want to see where I can do better and get ready for my next interview.

오늘 면접이 끝나면 어떤 질문을 받았고 어떻게 대답했는지 생각해 보려고 합니다. 제가 더 잘할 수 있는 부분을 찾아서 다음 면접을 준비하려고 합니다.

Memo

2 Introduction - About Yourself

Q1. **Would you please tell me something about yourself?**
Could you tell me about yourself?
Could you introduce yourself?
How would you describe yourself?

자기소개를 해주세요.

🎤 Interview tips!

면접에서 가장 먼저 묻는 질문이면서 제일 많이 물어보는 질문으로 미리 조리 있게 준비해 두지 않으면 의외로 가장 힘든 질문일 수 있다. 자기소개라고 하면 개인의 신상에 관한 이야기를 해야 할 것 같지만, 태어난 장소, 학교, 나이와 같은 천편일률적인 답변은 바람직하지 않다. 또한 답변이 너무 상세하거나 장황해 면접관을 지루하게 만들 수 있으므로 가능한 1분 이내에서 간결하게 승무원의 직업과 관련한 자신의 강점을 드러낼 수 있도록 준비해보자. 자기소개 답변에는 다음과 같은 내용이 들어가도록 준비한다.

- 성장 배경 (early background)
- 교육 배경 (educational background)
- 직무 경험 (professional experience)
- 특기 및 능력 (skills & abilities)
- 결어: 말의 끝을 맺는 부분으로 자기소개 내용 뒤에 연결해 마무리하는 문장

🔑 Key expressions!

마무리 문장으로 쓸 수 있는 유용한 표현	
I'm sure I'm ready to be a flight attendant at your company.	저는 귀사에서 승무원으로 일할 준비가 되어 있다고 확신합니다.
I'm confident that I am well-prepared to work as a flight attendant at your company.	저는 귀사의 승무원으로 일할 준비가 잘 되어 있다고 확신합니다.
I'm confident that I'm qualified for this job.	저는 제가 이 직업에 충분한 자격을 갖추고 있다고 확신합니다.
I am confident that I am well-suited for this job.	저는 제가 이 일에 적합하다고 확신합니다.

마무리 문장으로 쓸 수 있는 유용한 표현	
I'm sure I will be a valuable asset to your company.	저는 귀사의 소중한 자산이 될 것을 확신합니다.
I believe I possess the necessary qualifications for this job.	저는 이 직무에 필요한 자격을 갖추고 있다고 생각합니다.
That background leads me to apply for this position.	(앞에서 언급한) 그러한 배경으로 인해 이 직책에 지원하게 되었습니다.

- service industry: 서비스 산업
- dedicate oneself to ~ing: ~하는 데 (시간, 노력을) 바치다. 전념하다
- acquire: 습득하다, 얻다
- knowledge: 지식
- attitude: 자세, 태도
- essential: 필수적인
- describe: 말하다
- warm-hearted: 마음이 따뜻한
- valuable: 소중한
- asset: 자산
- strive to 동사: ~하려고 노력하다

❶ I have always wanted to work in the service industry, and that's why I chose to major in Airline Services. Throughout my studies, I have dedicated myself to acquiring professional knowledge, the right attitude, and the essential service skills required for this position. My friends often describe me as warm-hearted and someone who can make them feel comfortable. I am confident that I will be a valuable asset to your company and strive to be the best flight attendant at ○○ Air.

저는 항상 서비스 업계에서 일하고 싶었습니다. 그래서 항공 서비스를 전공하기로 결정했습니다. 공부하는 동안 전문 지식, 올바른 태도, 이 직책에 필요한 필수 서비스기술을 습득하는 데 전념했습니다. 제 친구들은 종종 저를 마음이 따뜻하고 상대방을 편안하게 해줄 수 있는 사람이라고 말합니다. 귀사의 소중한 자산이 될 것을 확신하며 ○○항공에서 최고의 승무원이 되기 위해 노력하겠습니다.

- currently: 현재
- passion: 열정
- actively: 적극적으로
- participate in ~: ~에 참여하다
- major in ~: ~을 전공하다
- extracurricular: 교과 외의, 과외 활동의
- publicity: 홍보
- in addition to~: ~에 더해
- maintain: 유지하다
- possess: 소유하다, 지니다
- necessary: 필요한
- qualification: 자격
- confident: 자신감이 있는
- abilities: 능력

❷ I am currently a second-year college student majoring in Airline Services. I work hard and have a strong passion for what I do. During my time in school, I actively participated in various extracurricular activities such as the school newspaper and broadcasting club, and the publicity club. In addition to this, I maintained a strong focus on my studies and never missed a day of school. I believe I possess the necessary qualifications for this job and feel confident in my abilities.

저는 현재 항공 서비스를 전공하는 대학교 2학년 학생입니다. 저는 제가 하는 일에 대한 열정이 강하고 열심히 하는 학생입니다. 재학 중 학교 신문 및 방송 동아리, 홍보 동아리 등 다양한 과외 활동에 적극적으로 참여했습니다. 이 외에도 학업에 집중하여 하루도 빠지지 않고 학교를 다녔습니다. 저는 이 직무에 필요한 자질을 갖추고 있다고 생각하며 제 능력에 자신감을 가지고 있습니다.

❸ I am currently a senior student majoring in Airline Tourism. I chose this major because I have a strong passion for traveling and meeting people. Learning about new places and cultures is always exciting for me. Throughout my academic journey, I have taken various courses related to in-flight service, safety procedures, international manners, and foreign languages including English, Chinese, and Japanese. I believe I am well-prepared to work as a flight attendant at your company.

저는 현재 항공관광학을 전공하는 4학년 학생입니다. 저는 여행과 사람들과의 만남에 대한 강한 열정을 가지고 있어서 이 전공을 선택했습니다. 새로운 장소와 문화에 대해 배우는 것은 항상 흥미진진합니다. 학업을 통해 기내 서비스, 안전 절차, 국제 매너, 영어, 중국어, 일본어 등 외국어와 관련된 다양한 과목을 수강했습니다. 저는 귀사에서 승무원으로 일할 준비가 잘 되어 있다고 믿습니다.

- academic journey: 학업, 학교의 교육 과정
- take a course: 수강하다
- related to: ~과 관련된
- procedure: 절차
- manners: 예절
- foreign language: 외국어
- including: ~을 포함한
- well-prepared: 잘 준비된

❹ I am majoring in Airline Services. As a student representative of my major, I gained valuable experience in active listening and understanding different perspectives. Through these experiences, I have developed strong communication and interpersonal skills. I prioritize the needs of others and aim to provide excellent service. Based on my qualifications and abilities, I am confident that I am well-suited for this job.

저는 항공 서비스를 전공하고 있습니다. 과대표로 활동하면서 적극적으로 경청하고 다양한 관점을 이해하는 소중한 경험을 쌓았습니다. 이러한 경험을 통해 커뮤니케이션과 대인 관계 능력이 향상되었습니다. 저는 타인의 니즈를 우선시하고 우수한 서비스를 제공하기 위해 노력합니다. 이러한 자질과 능력을 바탕으로 제가 이 직무에 적합하다고 확신합니다.

- representative: 대표
- gain: 습득하다
- valuable: 소중한
- perspective: 관점
- develop: 발전시키다
- interpersonal skills: 대인 관계 능력
- prioritize: 우선순위를 정하다
- aim to 동사: ~을 목표로 하다
- provide: 제공하다
- based on: ~을 바탕으로
- well-suited: 적합한

obtain: 얻다, 취득하다
associate degree: 준학사 학위
respect: 존중하다
deliver: 제공하다
improve: 향상시키다
different: 다양한
career: 직업, 직장 생활
be ready to 동사: ~할 준비가 되어 있다

⑤ I have obtained an associate degree in Airline Services and gained valuable work experience in the service industry during my college years. I worked part-time at a café, a family restaurant, and a hotel. It taught me the importance of respecting others and delivering excellent customer service. Also, I traveled to different parts of the world, which improved my communication, interpersonal, and career skills necessary for being a flight attendant. Based on my experiences and qualifications, I am confident I'm ready to be a flight attendant at your company.

저는 항공 서비스 준학사 학위를 취득했으며 대학 시절 서비스 업계에서 소중한 업무 경험을 쌓았습니다. 카페, 패밀리 레스토랑, 호텔에서 아르바이트를 했습니다. 이를 통해 타인을 존중하고 훌륭한 고객 서비스를 제공히는 것의 중요성을 배웠습니다. 또한 세계 여러 지역을 여행하면서 승무원이 되기 위해 필요한 의사소통 능력과 대인 관계 능력, 직무 능력을 향상시켰습니다. 제 경험과 자격을 바탕으로 제가 승무원이 될 준비가 되어 있다고 확신합니다.

graduate from: ~를 졸업하다
acquire: 얻다, 획득하다
attitude: 자세, 태도
succeed: 성공하다
aspire to 동사: ~하기를 열망하다, 바라다
be determined to 동사: 각오를 다지다, 결심하다
reality: 현실

⑥ I graduated from ○○ University with a major in Airline Services. I worked hard to acquire the necessary knowledge, skills, and attitude to succeed as a flight attendant. My motto in life is to find happiness and enjoy every moment. From a young age, I've always aspired to be a flight attendant, and I'm determined to make my dream a reality.

저는 ○○대학교에서 항공 서비스과를 졸업했습니다. 승무원으로서 성공하기 위해 필요한 지식, 기술, 태도를 갖추기 위해 열심히 노력했습니다. 제 인생의 모토는 행복을 찾고 매 순간을 즐기는 것입니다. 어렸을 때부터 승무원이 되고 싶다는 꿈을 키워왔고, 그 꿈을 꼭 이루겠다는 각오를 다지고 있습니다.

real-life experience: 실전/실무 경험
attitude: 능력
profession(=job): 일, 직업
additionally: 추가로
proficiency: 숙련도
confidently: 자신있게
interact with: ~와 교류하다
assist(=help): 돕다
extensive: 광범위한
be dedicated to ~ing: ~에 전념하다
exceed: ~을 넘어서다, 뛰어넘다
expectation: 기대

⑦ I majored in ○○ at ○○ University. Through my studies and real-life experiences, I have acquired the necessary skills and attitude required for a flight attendant profession. Additionally, my proficiency in English and Japanese allows me to confidently interact with and assist foreign passengers. With extensive experience in the service industry, I am dedicated to addressing customer needs and always strive to exceed their expectations. I am confident in my qualifications for this job.

저는 ○○대학교에서 ○○을 전공했습니다. 학업과 실무 경험을 통해 승무원이라는 직업에 필요한 소양과 능력을 갖추게 되었습니다. 또한 영어와 일본어에 능통하여 외국인 승객과도 자신 있게 대화하고 도움을 줄 수 있습니다. 서비스 업계에서 폭넓은 경

험을 쌓은 저는 고객의 요구를 충족시키기 위해 최선을 다하며 항상 고객의 기대를 뛰어넘기 위해 노력합니다. 저는 이 직무에 대한 저의 자질을 확신합니다.

8 I enjoy reading different types of books. Through my studies and extensive reading, I have been exposed to a wide range of experiences and have gained a broad understanding of the world. I am a good listener and have strong communication skills. People often find me approachable and comfortable to be around. As a flight attendant, my goal is to always make my passengers feel happy and at ease.

* extensive reading: 폭넓은 독서
* be exposed to 명사: ~에 노출되다
* a wide range of: 광범위한
* broad: 폭넓은
* approachable: 말 붙이기 쉬운
* at ease: 마음이 편안한

저는 다양한 종류의 책을 읽는 것을 즐깁니다. 공부와 폭넓은 독서를 통해 다양한 경험을 접하고 세상에 대해 폭넓게 이해하게 되었습니다. 저는 경청을 잘하고 의사소통 능력이 뛰어납니다. 사람들은 종종 저를 친근하고 편안하게 생각합니다. 승무원으로서 제 목표는 승객들이 항상 행복하고 편안하게 느끼도록 하는 것입니다.

9 I've always dreamed of being a flight attendant and have a strong passion for providing excellent customer service. I enjoy interacting with people and making them feel comfortable. I also have extensive experience in the service industry, which has taught me how to remain composed in any situation. Regardless of the challenges that may arise during a flight, I am confident in my ability to stay calm and effectively resolve them.

* passion: 열정
* interact with: ~와 교류하다
* extensive: 광범위한
* composed: 차분한, 침착한
* regardless of: ~와 상관없이
* challenge: 문제, 어려움
* arise: 일어나다, 발생하다
* effectively: 효과적으로
* resolve: 해결하다

저는 항상 승무원을 꿈꿔왔고 훌륭한 고객 서비스를 제공하고자 하는 강한 열정을 가지고 있습니다. 저는 사람들과 교류하고 편안함을 느끼게 하는 것을 즐깁니다. 또한 서비스 업계에서 폭넓은 경험을 쌓은 덕분에 어떤 상황에서도 침착함을 유지하는 방법을 배웠습니다. 비행 중 어떤 문제가 발생하더라도 침착함을 유지하고 효과적으로 해결할 수 있다고 확신합니다.

MP3

Q2. **When were you born?**
When is your birthday?
What is your date of birth?
언제 태어났습니까?

🔑 **Key expressions!**

시간에 잘 쓰이는 전치사	
in + 비교적 긴 시간: 연도, 계절, 월, morning/afternoon/evening)	in 2004, in summer, in December, in the morning
on + 특정 시간: 날짜, 요일, 요일 + morning/afternoon/evening	on July 20th, on Sunday, on Friday evening
at + 비교적 짧은 시간: 시각, noon/night/midnight	at 6 o'clock, at noon, at night, at midnight

❶ I was born on July 20th, 2005.
2005년 7월 20일에 태어났습니다.

❷ It's October 10th, 2004.
2004년 10월 10일에 태어났습니다.

❸ It's the third of June, 2005.
2005년 6월 3일에 태어났습니다.

• bear: 낳다
• was born: 태어났다
• turn: (나이)살이 되다

❹ I was born in May 2005. I am turning 21 next month.
2005년 5월에 태어났습니다. 다음 달에 스물한 살이 됩니다.

❺ I was born in October 2004. Since I was born in the fall, I really like that time of year.
2004년 10월에 태어났습니다. 가을에 태어나서인지 가을을 무척 좋아합니다.

Q3. Where were you born?
What is your birthplace?

어디에서 태어났습니까?

Key expressions!

출신지나 거주지를 나타내는 유용한 표현	
I was born in Seoul.	저는 서울에서 태어났습니다.
I was raised in Gwangju.	저는 광주에서 자랐습니다.
I grew up in Busan.	저는 부산에서 자랐습니다.
I moved to Bundang.	저는 분당으로 이사를 했습니다.
I have lived here(there) until now.	여기에서(거기에서) 지금까지 살고 있습니다.

❶ I was born and raised in Seoul.

서울에서 태어나고 컸습니다.

❷ I was born in Seoul but grew up in Busan.

서울에서 태어나 부산에서 자랐습니다.

❸ I was born and grew up in Ilsan until I turned 16, and then I moved to Bundang.

일산에서 태어나 16살 때까지 살았고, 그 후에 분당으로 이사를 했습니다.

❹ I was born in Changwon, located in the south of Gyeongsang Province.

경상남도에 있는 창원에서 태어났습니다.

❺ I was born in Gimje which is a small town. I always enjoy visiting home to see my friends and spend time with my family.

저는 작은 마을인 김제에서 태어났습니다. 고향에 내려가 친구들을 만나고 가족들과 시간을 보내는 것을 언제나 좋아합니다.

❻ I was born in Seoul and have lived here until now. I love Seoul for its abundant opportunities and diverse experiences it offers. It's a city that I truly love and call my home.

저는 서울에서 태어나 지금까지 서울에서 살고 있습니다. 저는 서울이 제공하는 풍부한 기회와 다양한 경험 때문에 서울을 사랑합니다. 서울은 제가 진정으로 사랑하며 고향이라고 부르는 도시입니다.

* raise: 키우다
* was born and raised in: ~에서 태어나고 자랐다
* grow up: 자라다, 성장하다
* move to: ~로 이사 가다
* located in: ~에 위치한
* spend time with: ~와 시간을 보내다
* abundant: 풍부한
* opportunity: 기회
* diverse: 다양한
* truly: 진정으로

Q4. Where do you live?
어디에 살고 있습니까?

How long have you lived there?
거기에서 얼마나 오랫동안 살았습니까?

Key expressions!

I live in ~ . ~에 삽니다.	
I live in the dormitory with a roommate.	룸메이트와 기숙사에 삽니다.
I live in Anyang with my family.	가족과 함께 안양에 삽니다.
I live alone in a studio apartment.	원룸에 혼자 삽니다.

I've lived there ~ . 그곳에서 ~ 살았습니다.	
I've lived there all my life.	그곳에서 평생 살았습니다.
I've lived there since middle school.	그곳에서 중학교 때부터 살았습니다.
I've been living there for three years.	그곳에서 3년째 살고 있습니다.

- one of+복수명사: ~들 중의 하나
- convenient: 편리한
- transportation: 교통

❶ I was born in Seoul, and when I was 13, my family moved to Bundang. Bundang is a wonderful place to live with its beautiful parks, great restaurants, and large shopping malls. One of the best things about living here is the convenient transportation.

저는 서울에서 태어나 13살 때 가족이 분당으로 이사를 왔습니다. 분당은 아름다운 공원, 훌륭한 레스토랑, 대형 쇼핑몰이 있는 살기 좋은 곳입니다. 이곳에 살면서 가장 좋은 점 중 하나는 편리한 교통입니다.

- currently: 현재
- vibrant: 활기찬, 생기가 넘치는
- filled with: ~로 가득한
- youthful: 젊은, 청춘의
- location: 위치, 장소
- a variety of: 다양한, 여러 가지의
- unique: 독특한

❷ I currently live near Hongik University station in Seoul, and I have been living there for three years. The area is vibrant and filled with youthful energy. It's a fantastic location with a wide variety of restaurants and unique shops.

저는 현재 서울 홍대입구역 근처에서 3년째 살고 있습니다. 이 지역은 활기차고 젊은 에너지로 가득합니다. 다양한 레스토랑과 개성 있는 숍들이 즐비한 환상적인 장소입니다.

❸ I live in Busan with my family, and I have been living there since elementary school. It's been about 15 years now.

저는 가족과 함께 부산에 살고 있는데, 초등학교 때부터 그곳에서 생활하고 있습니다. 거기에 산 지 15년 정도 됐습니다.

❹ My family lived in Gwangju when I was young, but we moved to Seoul because of my father's work when I was 14. It's been around 7 years since then.

저희 가족은 제가 어렸을 때 광주에 살았습니다만 14살 때 아버지의 일 때문에 서울로 이사했습니다. 그 후로 7년 정도 지났습니다.

- because of: ~때문에
- around: 대략
- since then: 그때부터

❺ During the week, I live in Anyang where my college is located, and on weekends, I go back to Daejeon where my family lives.

주중에는 학교가 있는 안양에서 생활하고, 주말에는 가족이 있는 대전으로 내려갑니다.

❻ I am from Jeonju, known for its famous dish, Bibimbap. Currently, I live in a college dormitory near the campus.

저는 비빔밥으로 유명한 전주 출신입니다. 현재는 캠퍼스 근처의 대학 기숙사에 살고 있습니다.

- known for: ~로 알려져 있는
- currently: 현재
- dormitory: 기숙사

❼ I am from Busan, a city famous for its beautiful beaches and the international film festival. I've lived there all my life.

저는 아름다운 해변과 국제 영화제로 유명한 도시 부산 출신입니다. 평생 그곳에서 살았습니다.

- be from: ~출신이다
- famous for: ~로 유명한
- international: 국제의
- all my life: 평생

❽ I have always lived in Gangnam, the southern part of Seoul, since I was born. It's a lively neighborhood with lots to see and do. I've grown up surrounded by its vibrant culture and diverse community.

저는 태어날 때부터 서울의 남쪽 지역인 강남에 살았습니다. 볼거리와 즐길 거리가 많은 생기 넘치는 동네입니다. 활기찬 문화와 다양한 커뮤니티에 둘러싸여 자랐습니다.

- southern: 남쪽의
- lively: 활기찬, 생기 넘치는
- neighborhood: 동네, 지역
- surrounded by: ~로 둘러싸인
- vibrant: 활기찬
- culture: 문화
- diverse: 다양한
- community: 지역 사회

Q5. Where are you from?
Could you tell me about your hometown?

고향에 대해서 이야기해주세요.

🔑 **Key expressions!**

I am from (지역명). 저는 ~출신입니다.	
I am from (Gyeongju) which is famous for (many historical monuments).	저는 (많은 역사 유적)으로 유명한 (경주) 출신입니다.
I am from (Gimpo) which is close to (Seoul).	저는 (서울)과 가까운 (김포) 출신입니다.
I am from (Jeju), where I spent my childhood.	저는 (제주도 출신)으로 어린 시절을 그곳에서 보냈습니다.
I am from a small city called (Icheon).	저는 (이천)이라는 작은 도시 출신입니다.
It's famous for its ~ . ~으로 유명합니다.	
It is famous for its hot springs.	온천으로 유명합니다.
It is famous for its beautiful scenery.	아름다운 풍경으로 유명합니다.
It's famous for its fresh seafood.	신선한 해산물로 유명합니다.
It has a lot of ~ . ~이 아주 많습니다.	
It has a lot of tourist attractions.	관광 명소가 아주 많습니다.
It has a lot of things to see.	볼 것들이 아주 많습니다.
It has a lot of places to go.	갈 곳이 아주 많습니다.
마무리 문장	
I think ○○ is a perfect place to live.	저는 ○○이 살기 좋은 곳이라고 생각합니다.
I would like to recommend that you visit my hometown, ○○.	제 고향 ○○을 꼭 방문해 보시길 추천하고 싶습니다.

★ 아래와 같은 표현으로 대체 가능하다.
- ~ historical landmarks (역사 유적지)
- ~ cultural festivals(문화 축제)
- ~ delicious street food (맛있는 길거리 음식)
- ~ natural wonders(자연 경관)

★ 아래와 같은 표현으로 대체 가능하다.
- ~ cultural attractions (문화적 명소)
- ~ restaurants and cafes (음식점과 카페)
- ~ parks and green spaces (공원과 녹지)

I highly recommend visiting ○○.	○○을 방문해 보시길 적극 추천합니다.
I strongly recommend a visit to my hometown.	제 고향을 방문해 보시길 강력히 추천합니다.
I take pride in calling ○○ my hometown.	저는 ○○을 고향이라고 부르는 것에 자부심을 느낍니다.
I'm proud to call ○○ my hometown.	저는 ○○을 고향이라고 부르는 것이 자랑스럽습니다.
I hope you can visit ○○ someday.	언젠가 ○○에 방문해 보셨으면 좋겠습니다.

❶ I'm from Jamsil in Seoul. Jamsil offers convenient transportation and a variety of attractions. For example, Lotte World is the largest indoor amusement park in Asia, and Seokcheon Lake is a beautiful spot for walking and relaxation. The Olympic Park is also a historic and cultural venue that hosts many events. I think Jamsil is a perfect place to live.

저는 서울 잠실 출신입니다. 잠실은 교통이 편리하고 다양한 볼거리가 있는 곳입니다. 예를 들어 롯데월드는 아시아 최대 규모의 실내 놀이공원이고, 석촌 호수는 산책과 휴식을 즐길 수 있는 아름다운 명소입니다. 올림픽 공원은 다양한 행사가 열리는 역사적, 문화적 장소이기도 합니다. 저는 잠실이 살기 좋은 곳이라고 생각합니다.

- convenient: 편리한
- transportation: 교통수단
- a variety of: 다양한
- spot: 장소, 지역
- relaxation: 휴식, 편안함
- historic: 역사적인
- cultural: 문화적인
- venue: 장소
- host: 주최하다

❷ I'm from Busan, a coastal city known for its beautiful beaches and delicious seafood. It's a great place to relax by the sea and enjoy fresh, tasty dishes from the ocean. Busan also hosts the annual Busan International Film Festival. I would like to recommend that you visit my hometown, Busan.

저는 아름다운 해변과 맛있는 해산물로 유명한 해안 도시 부산에서 왔습니다. 바다에서 휴식을 취하고 신선하고 맛있는 바다 요리를 즐기기에 좋은 곳입니다. 부산은 매년 부산국제영화제도 개최합니다. 제 고향 부산을 꼭 방문해 보시길 추천하고 싶습니다.

- coastal: 해안의
- known for: ~으로 유명한
- seafood: 해산물
- tasty dish: 맛있는 요리
- ocean: 바다
- host: 주최하다
- annual: 연례적인, 매년 열리는
- recommend: 추천하다

❸ I'm from Gwangju, a city known for its delicious food. You'll be amazed by the wide variety of tasty Korean dishes you can try here. Gwangju also holds many cultural events throughout the year, so there's always something fun to do. I highly recommend visiting Gwangju and experiencing it all for yourself.

저는 맛있는 음식으로 유명한 도시 광주에서 왔습니다. 이곳에서 맛볼 수 있는 다양하고 맛있는 한국 요리에 놀라실 겁니다. 또한 광주에서는 일 년 내내 다양한 문화 행사가 열리기 때문에 항상 즐길 거리가 많습니다. 광주를 방문해서 직접 경험해 보시길 강력히 추천합니다.

- be amazed by: ~에 감탄하다
- tasty: 맛있는
- cultural event: 문화 행사
- throughout the year: 연중 내내
- highly: 매우
- for yourself: 직접

❹ I'm from Daegu, a great place to enjoy authentic Korean food. Seomoon Market was my go-to place for a variety of delicious street food. Daegu is also known for its advanced technology and fashion industry. I take pride in calling Daegu my hometown.

저는 대구 출신으로 정통 한식을 즐기기에 좋은 곳입니다. 서문 시장은 다양하고 맛있는 길거리 음식을 먹으러 자주 가는 곳이었습니다. 대구는 첨단 기술과 패션 산업으로도 유명합니다. 저는 대구를 고향이라고 부르는 것에 자부심을 느낍니다.

❺ I'm from Incheon, Korea's third most populous city. Incheon is an international city that has hosted many global events, like the Incheon Asian Games. In my hometown, you'll find the famous Incheon International Airport. It's a fantastic place for tourists. Incheon has beautiful islands like Muuido and Wolmido that offer a variety of enjoyable activities. I'm proud to call Incheon my hometown.

저는 한국에서 세 번째로 인구가 많은 도시인 인천 출신입니다. 인천은 인천 아시안게임과 같은 세계적인 행사를 많이 개최한 국제적인 도시입니다. 제 고향에는 유명한 인천 국제공항이 있습니다. 관광객들에게 환상적인 장소입니다. 인천에는 무의도, 월미도 같은 아름다운 섬이 있어 다양한 즐길 거리를 제공합니다. 저는 인천을 고향이라고 부르는 것이 자랑스럽습니다.

❻ I'm from Uijeongbu, a city near Seoul. One of the highlights of my hometown is the delicious food, particularly the famous Budae-jjigae. It is a spicy stew made with ham, sausage, kimchi and instant noodles. It's surrounded by beautiful natural landscapes, including Dobongsan Mountain, perfect for outdoor activities. I strongly recommend a visit to my hometown.

저는 서울 근교 도시인 의정부 출신입니다. 제 고향의 하이라이트 중 하나는 맛있는 음식, 특히 유명한 부대찌개입니다. 부대찌개는 햄, 소시지, 김치, 라면을 넣어 끓인 매콤한 찌개입니다. 도봉산을 비롯한 아름다운 자연 경관으로 둘러싸여 있어 야외 활동을 즐기기에 안성맞춤입니다. 제 고향을 꼭 방문해 보시길 추천합니다.

❼ I was born in Changwon and raised in Masan. Thinking about my hometown, Masan surely brings back a lot of memories. Masan is famous for its coastal charm, with beautiful beaches and bustling fish markets that offer fresh and delicious seafood. My hometown makes me feel comfortable and happy. I can't wait to visit my hometowns again soon.

저는 창원에서 태어나 마산에서 자랐습니다. 고향 마산을 생각하면 많은 추억이 떠오릅니다. 마산은 아름다운 해변과 싱싱하고 맛있는 해산물을 파는 북적이는 어시장이 있는 해안가의 매력으로 유명합니다. 고향은 저를 편안하고 행복하게 만들어줍니다. 빨리 고향을 다시 방문하고 싶습니다.

- surely: 확실히, 반드시
- bring back: 되돌리다, 떠올리다
- a lot of: 많은
- memory: 추억
- be famous for: ~로 유명하다
- coastal: 해안의, 해변의
- charm: 매력
- beach: 해변
- bustling: 붐비는, 활기찬
- fish market: 어시장, 수산시장
- can't wait 너무 기대된다

❽ My hometown is Chungju located in the central part of Korea. It is a small and peaceful city. It is famous for its apples and it also has many tourist attractions, such as Chungjuho Lake and Gyemyungsan Nature Recreation Forest. I love my hometown and I hope you can visit it someday.

제 고향은 대한민국 중앙에 위치한 충주입니다. 충주는 작고 평화로운 도시입니다. 사과로 유명하고 충주호, 계명산 자연 휴양림 등과 같은 관광 명소도 많이 있습니다. 저는 제 고향을 사랑하고 언젠가 면접관님도 꼭 방문해 보시면 좋겠습니다.

- located in: ~에 위치한
- central: 중심부의
- peaceful: 평화로운
- tourist attraction: 관광 명소
- such as: ~와 같은
- someday: 언젠가

❾ I was born and raised in Gimpo which is close to Seoul. Gimpo is famous for its delicious rice, sweet grapes, and nourishing ginseng. In recent years, Gimpo has rapidly developed, thanks to its convenient location near Seoul. It's a hometown I'm proud of.

저는 서울에서 가까운 김포에서 태어나고 자랐습니다. 김포는 맛있는 쌀과 달콤한 포도, 영양이 풍부한 인삼으로 유명합니다. 최근 몇 년 사이 김포는 서울과 가까운 편리한 위치 덕분에 빠르게 발전하고 있습니다. 자랑스러운 고향입니다.

- be close to: ~에 가깝다
- nourishing: 영양이 풍부한
- ginseng: 인삼
- rapidly: 빠르게
- develope: 발전하다
- convenient: 편리한
- be proud of: ~을 자랑스럽게 여기다

❿ I am from Boeun, a peaceful city located in Chungcheong Province. One notable attraction is the famous Beopjusa Temple in Songnisan National Park. This grand temple boasts a rich history and offers breathtaking scenic spots. I highly recommend visiting this remarkable place.

저는 충청도에 위치한 평화로운 도시 보은 출신입니다. 속리산 국립공원에 있는 유명한 법주사는 유명한 명소 중 하나입니다. 이 웅장한 사찰은 풍부한 역사를 자랑하며 아주 아름다운 경치를 자랑합니다. 이 놀라운 장소를 꼭 방문해 보시길 강력히 추천합니다.

- peaceful: 평화로운
- located in: ~에 위치한
- notable: 주목할 만한
- attraction: 명소, 관광지
- temple: 사원
- national park: 국립공원
- grand: 웅장한
- boast: 자랑스럽게 여기다
- rich: 풍부한
- breathtaking: 숨이 막히게 하는
- scenic spot: 경치 좋은 장소
- remarkable: 놀라운, 주목할 만한

③ Family

🎙 **Interview tips!**

　　면접에서 가족이나 가정 환경에 대해 묻는 이유는 지원자의 인성과 가치관, 대인 관계 등을 파악하고자 하는 것이다. 가족 사항을 묻는 질문에는 단순히 가족 구성원의 수만 언급하는 것보다는 가정의 분위기나 가족 구성원들 간의 관계에 대해 이야기 하는 것이 좋다. 또한 부모님으로부터 배운 교훈이나 가정 내에 중요하게 여기는 가치들을 언급하는 것이 좋다.

Q1. **Please tell me about your family.**
How many members are in your family?
How many people do you have in your family?
Do you have any siblings?

가족 소개를 해주세요.
가족 구성원은 몇 명인가요?
형제자매가 있나요?

💡 **Key expressions!**

가족 수 (Family Size)	
There are 3 people(members) in my family.	저희 가족은 3명입니다.
I come from a family of four.	저희 가족은 4명입니다.
I have a large family with six members.	저희 가족은 6명의 대가족입니다.

출생 순서 (Birth Order)	
I am the oldest/eldest daughter(son) in my family.	저는 장녀(장남)입니다.
I am the second oldest in my family.	저는 둘째입니다.
I am the youngest of three children.	저는 셋 중 막내입니다.

가족 구성원의 유사성 (Familial Resemblance)	
I take after my grandmother.	저는 할머니를 닮았습니다.
I take after my mother in looks.	저는 어머니와 외모가 닮았습니다.
I take after my father in personality.	저는 아버지와 성격이 닮았습니다.

• take after=resemble(~를 닮다)

I take after my mother more than my father.	저는 아버지보다 어머니를 더 닮았습니다.

가족 관계와 유대감 (Family Relationships and Connections)	
We are very family-oriented.	우리는 매우 가족 중심적입니다.
We are a very close-knit family.	우리는 매우 끈끈한 가족입니다.
We all share a close bond in our family.	우리 가족은 끈끈한 유대감을 갖고 있습니다.
We have a strong bond and support each other.	우리는 강한 유대감을 가지고 서로를 지지합니다.
My family members are the foundation of my happiness in life.	가족은 제 삶의 행복의 기반입니다.
Family is the heart and soul of my life.	가족은 제 삶의 중심이자 영혼입니다.
Our family is like a team, always united.	우리 가족은 항상 단합된 팀과 같습니다.
We have a lot in common and share similar interests.	우리는 공통점이 많고 관심사가 비슷합니다.
My father and I share a lot of similarities.	아버지와 저는 닮은 점이 많습니다.
I am so grateful to my parents for their sacrifices.	부모님의 희생에 정말 감사하고 있습니다.
I was raised in a loving environment.	저는 사랑이 넘치는 환경에서 자랐습니다.

❶ There are four people in my family: my parents, older sister, and me. I consider myself lucky because my parents have always shown deep love and affection for each other. I have never witnessed them argue in front of us. My sister and I used to argue a lot while growing up, but now we have a great relationship and get along well. She is my best friend.

저희 가족은 부모님, 언니, 저 이렇게 네 명입니다. 부모님은 항상 서로에 대한 깊은 사랑과 애정을 보여주셨기 때문에 저는 운이 좋다고 생각합니다. 부모님이 저희 앞에서 다투시는 모습을 본 적이 없습니다. 언니와 저는 어렸을 때 많이 다투곤 했지만, 지금은 사이가 좋아서 잘 지내고 있습니다. 언니는 저의 가장 친한 친구입니다.

- parents: 부모
- consider+목적어+형용사:~을 …라 생각하다, 여기다
- affection: 애정
- each other: 서로
- witness: 목격하다
- argue: 논쟁하다, 싸우다
- in front of: ~ 앞에서
- used to: 과거에 ~하곤 했다
- relationship: 관계
- get along well: 원만하게 지내다

- chore: 일, 잡일
- unimportant: 중요하지 않은
- get along well: 잘 지내다
- respect: 존경하다
- value: 소중히 여기다

❷ I live with my parents and younger sister. When I was younger, my sister and I used to argue a lot over toys, candies, and chores. But as we grew up, these little things became unimportant. Now, we get along well and have a lot of respect for each other. Since we're busier now, we try to spend as much time together as we can. We really value our family and enjoy being together.

저는 부모님과 여동생과 함께 살고 있습니다. 어렸을 때 여동생과 장난감, 사탕, 집안 일 때문에 많이 다투곤 했습니다. 하지만 자라면서 이런 사소한 일들은 중요하지 않게 되었습니다. 지금은 사이가 좋고 서로를 많이 존중합니다. 지금은 저희가 더 바빠져서 가능한 한 많은 시간을 함께 보내려고 노력합니다. 저희는 가족을 정말 소중히 여기고 함께 있는 것을 즐깁니다.

- wise: 현명한
- look up to: 존경하다
- supportive: 지지하는, 협조하는
- generous: 관대한
- encourage: 격려하다
- pursue one's dream: ~의 꿈을 추구하다
- have faith in: ~를 믿다
- currently: 현재
- grade: 학년
- college entrance exam: 대학 입시 시험
- get into: (대학 등에) 합격하다
- close-knit: 밀접한, 친밀한
- support: 지원하다, 응원하다

❸ I live with my grandmother, parents, and younger brother. I really love my grandmother. She is kind and wise, and I look up to her. My parents are very supportive and generous. They always encourage me to pursue my dreams and have faith in me. My brother is currently in the 3rd grade of high school and studying hard for his college entrance exam. I hope he does well on the test so he can get into the college he wants. We are a close-knit family, and we all support each other.

저는 할머니, 부모님, 남동생과 함께 살고 있습니다. 저는 할머니를 정말 사랑합니다. 할머니는 친절하고 현명하셔서 할머니를 존경합니다. 부모님은 지원을 아끼지 않으시고 너그러우신 분들입니다. 항상 제가 꿈을 추구하도록 격려해주시고 저를 믿어 주십니다. 제 동생은 현재 고등학교 3학년으로 대학 입시를 위해 열심히 공부하고 있습니다. 시험에서 좋은 성적을 거둬 원하는 대학에 진학할 수 있기를 바랍니다. 저희 가족은 끈끈한 가족애로 서로를 응원하고 있습니다.

- strong: 강한
- close: 가까운, 밀접한
- bond: 유대, 결속
- extended family: 대가족
- aunty: 이모, 고모
- get together: 모이다
- connection: 연결, 관계
- gather: 모이다
- loving: 사랑스러운
- environment: 환경
- present: 현재의, 있는

❹ Our family has a strong and close bond. I have two older brothers, and we've always been really close. I also have an extended family with three uncles, two aunties, and six cousins. We get together often, and we have a deep connection whenever we gather. I can say that I was raised in a loving environment and always felt surrounded by love.

저희 가족은 끈끈한 유대감을 가지고 있습니다. 두 명의 오빠가 있는데, 늘 친하게 지냈습니다. 그리고 삼촌 세 명, 이모 두 명, 사촌 여섯 명으로 구성된 대가족에서 자랐습니다. 저희는 자주 모이며, 모일 때마다 깊은 유대감을 느낍니다. 저는 사랑이 넘치는 환경에서 자라 늘 사랑받는 걸 느낄 수 있었다고 말할 수 있습니다.

❺ We are a family of five, including my parents, older sister, younger brother, and me. I am the second daughter. Even though both of my parents worked when we were growing up, they always made time for us when they came home, and I am truly grateful for that now. I was raised to have a good relationship with my siblings, and we all share a close bond in our family.

* including: 포함하여
* even though: 비록 ~이지만
* make time: 시간을 내다
* truly: 진심으로
* be grateful for: ~에 감사하다
* have a good relationship: 좋은 관계를 가지다
* sibling: 형제자매
* share a close bond: 끈끈한 유대감을 가지다

저희 가족은 부모님, 언니, 남동생, 그리고 저까지 다섯 식구입니다. 저는 둘째 딸입니다. 어렸을 때 부모님 모두 일을 하셨지만, 집에 오시면 항상 저희를 위해 시간을 내주셨고, 지금 생각하면 정말 감사하게 생각합니다. 저는 형제들과 좋은 관계를 유지하며 자랐고 저희 가족은 모두 끈끈한 유대감을 가지고 있습니다.

❻ There are four of us in my family. My father and I have a lot in common. We both have a cheerful personality and enjoy sports. My father is the funniest person I've ever known. On the other hand, my mother and sister are a bit more quiet and calm. They prefer reading and watching movies. Despite our differences, my sister and I get along very well. We never argue.

* have a lot in common: 공통점이 많다
* cheerful: 명랑한, 쾌활한
* on the other hand: 반면에
* a bit: 조금
* calm: 차분한, 평온한
* prefer: 선호하다
* despite: ~에도 불구하고
* difference: 차이

저희 가족은 네 명입니다. 아버지와 저는 공통점이 많습니다. 둘 다 쾌활한 성격이고 스포츠를 좋아합니다. 아버지는 제가 아는 사람 중 가장 재밌는 분이십니다. 반면에 어머니와 여동생은 좀 더 조용하고 차분한 편입니다. 독서와 영화 감상을 선호합니다. 서로 다르지만, 여동생과 저는 사이가 매우 좋습니다. 다투는 일도 없습니다.

❼ We are a very close family. We have our ups and downs, but we always stick together. When something good happens to one of us, we all share in their joy. And when someone needs help, we are always there for them. My family members are the foundation of my happiness in life.

* ups and downs: 기복
* stick together: 단결하다, 서로를 지지하다
* joy: 기쁨, 즐거움
* foundation: 기반, 토대

저희 가족은 매우 친하게 지내고 있습니다. 좋을 때도 있고 안 좋을 때도 있긴 하지만 항상 함께합니다. 저희 중 한 명에게 좋은 일이 생기면 모두 그 기쁨을 함께 나눕니다. 그리고 누군가 도움이 필요할 때 항상 곁에 있어 줍니다. 가족은 제 삶의 행복의 토대입니다.

- leave for work: 출근하다
- make an effort: 노력하다
- at least: 적어도
- meal: 식사
- catch up on: (소식을) 알아내다
- deeply: 깊이, 매우
- care for: 돌보다, 사랑하다
- one another: 서로, 상호
- bond: 유대, 결속

❽ My family members have busy schedules. They leave for work early and come home late, so it's not easy for us to spend a lot of time together. However, we make an effort to have at least one meal together on weekends. During those meals, we catch up on each other's lives and share our experiences. Even though we don't see each other often, we all deeply care for one another and that bond is strong.

가족들은 모두 바쁘게 지냅니다. 일찍 출근하고 늦게 퇴근하기 때문에 함께 많은 시간을 보내기가 쉽지 않습니다. 하지만 주말에는 적어도 한 번은 함께 식사하려고 노력합니다. 식사하면서 서로의 근황을 묻고 서로의 경험을 함께 나눕니다. 자주 만나지는 못하지만 서로를 깊이 아끼는 마음과 유대감이 강합니다.

- take care of: 돌보다, 책임지다
- a sense of responsibility: 책임감
- trust: 신뢰하다
- mature: 성숙한
- handle: 처리하다, 다루다
- benefit: 혜택, 이익
- be grateful for: ~에 대해 감사하다
- sacrifice: 희생

❾ Both my parents worked, so I had to take care of my two brothers after school. It was a big responsibility, but my parents trusted me and believed I was mature enough to handle it. I believe that this sense of responsibility will benefit me in my future life. I'm grateful for their sacrifices and trust.

부모님 모두 일을 하셨기 때문에 저는 방과 후 두 동생을 돌봐야 했습니다. 큰 책임감이 따랐지만, 부모님은 저를 믿어 주셨고 제가 그런 일들을 감당할 만큼 충분히 성숙했다고 믿어 주셨습니다. 이런 책임감이 앞으로 제 인생에 도움이 될 것이라고 믿습니다. 부모님의 희생과 신뢰에 감사하고 있습니다.

- the only child: 외동
- attention: 주의, 관심
- humble: 겸손한
- spoiled: 버릇없는, 응석받이의
- incredibly: 엄청나게
- supportive: 지지하는, 협조적인
- immensely: 극도로, 대단히
- unconditional: 무조건적인
- endless: 끝없는
- patience: 인내, 참을성
- appreciate: 감사하다

❿ I am the only child in my family, and I received all the love and attention from my parents. However, they raised me to be humble and not to become spoiled. My parents have been incredibly supportive throughout my life. I am immensely grateful for their unconditional love and endless patience. Without them, I wouldn't be the person I am today. I appreciate everything they have done for me.

저는 외동딸로 부모님으로부터 모든 사랑과 관심을 받았습니다. 하지만 부모님은 저를 겸손하고 버릇없이 굴지 않게 키우셨습니다. 부모님은 내내 저에게 큰 힘이 되어주셨습니다. 부모님의 무조건적인 사랑과 끝없는 인내심에 무한한 감사를 드립니다. 부모님이 없었다면 지금의 저는 없었을 것입니다. 부모님이 저를 위해 해주신 모든 것에 감사합니다.

Q2. **What are the principles in your family?**
What are your family values?

가족의 생활 신조는 무엇입니까?

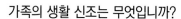 **Key expressions!**

가훈이나 생활 신조를 나타내는 유용한 표현	
Treat others as you would like to be treated.	내가 대접받고 싶은 대로 다른 사람을 대하라.
Think before you act.	행동하기 전에 생각하라.
Learn from mistakes(failures).	실수(실패)로부터 배워라.
No pain, no gain.	고통 없이는 이득도 없다.
Be generous to others, be strict with myself.	다른 사람에게는 관대하고 나 자신에게는 엄격하라.
Put your best effort toward every task.	모든 일에 최선을 다하라.
Always continue to learn. (=Never stop learning.)	항상 배움을 계속하라. (=배움을 멈추지 마라.)
Life is full of ups and downs, but it is also full of possibilities.	인생은 기복이 가득하지만, 가능성도 가득하다.
Experience is the best teacher. (=Learn by doing.)	경험은 최고의 스승이다. (=행동함으로써 배워라.)
Never put off till tomorrow what may be done today. (=Don't procrastinate, take action.)	오늘 할 일을 내일로 미루지 마라. (=미루지 말고 행동으로 옮겨라.)
Not to sweat the small stuff.	사소한 일에 걱정하지 마라.
The door of opportunity is opened by pushing.	기회의 문은 밀고 나갈 때 열린다.
Think of today as my last day of my life.	오늘이 내 인생의 마지막 날이라고 생각하라.

- treat: 대하다
- kindness: 친절함
- respect: 존경, 존중
- towards: ~에 대한
- others: 다른 사람들
- emphasize: 강조하다
- kind-hearted: 친절한 마음을 가진
- considerate: 배려하는
- shape: 형성하다
- value: 가치관
- interact with: ~와 교류하다

❶ My family motto is "Treat others as you would like to be treated." I believe in the power of kindness and respect towards others. My parents always emphasized the importance of being kind-hearted and considerate. It has shaped my values and how I interact with others.

저희 가훈은 "남에게 대접받고 싶은 대로 남을 대하라"입니다. 저는 타인에 대한 친절과 존중의 힘을 믿습니다. 부모님은 항상 친절과 배려의 중요성을 강조하셨습니다. 이는 저의 가치관과 다른 사람들과 교류하는 방식에 영향을 미쳤습니다.

- live by: ~에 따라 살다
- remind: 상기시키다
- carefully: 신중하게
- consider: 고려하다
- consequence: 결과, 영향
- make a choice: 선택하다
- decision: 결정
- affect: 영향을 미치다

❷ In my family, we live by the motto "Think before you act." It reminds me to carefully consider the consequences of my actions. My parents taught me to make wise choices and think about how my decisions affect others.

저희 가족은 "행동하기 전에 생각하라"는 모토를 가지고 살아갑니다. 이는 행동의 결과를 신중하게 고려하도록 해줍니다. 부모님은 저에게 현명한 선택을 하고 제 결정이 다른 사람에게 어떤 영향을 미치는지 생각하라고 가르치셨습니다.

- failure: 실패
- setback: 좌절, 역경
- opportunity: 기회
- be afraid of: 두려워하다
- foster: 촉진하다, 육성하다
- resilience: 회복 탄력성
- growth mindset: 성장 마인드

❸ "Learn from mistakes" is our family motto. We believe that failures can teach us important lessons. My parents taught me to see setbacks as opportunities for growth and to never be afraid of trying again. It has fostered resilience and a growth mindset within me.

"실수로부터 배우자"는 저희 가족의 좌우명입니다. 실패가 저희에게 중요한 교훈을 줄 수 있다고 믿습니다. 부모님은 좌절을 성장의 기회로 여기고 다시 시도하는 것을 두려워하지 말라고 가르치셨습니다. 이는 제 안에 회복 탄력성과 성장 마인드를 키워주었습니다.

- hard work: 노력
- perseverance: 끈기
- strive for: 목표로 삼다, 노력하다
- excellence: 우수함, 뛰어남
- mindset: 마인드셋, 사고방식
- achieve: 성취하다
- personal: 개인적인
- academic: 학업적인, 학문적인

❹ Our family motto is "No pain, no gain." We believe in the importance of hard work and perseverance. My parents have always encouraged me to strive for excellence and not to give up on my goals. This mindset has driven me to achieve personal and academic success.

저희 가족의 가훈은 "고통 없이는 이득도 없다"입니다. 저희는 노력과 인내의 중요성을 믿습니다. 부모님은 항상 탁월함을 위해 노력하고 목표를 포기하지 말라고 격려해주셨습니다. 이러한 마음가짐 덕분에 저는 개인적으로, 그리고 학업적으로도 성공할 수 있었습니다.

❺ My family lives by the motto "Life is full of ups and downs, but it is also full of possibilities." We choose to focus on the bright side of life and believe that there are always new opportunities ahead. My parents taught me to have a positive mindset and to be open to new experiences.

저희 가족은 "인생은 기복으로 가득하지만 가능성도 가득하다"라는 모토를 가지고 살아갑니다. 저희는 인생의 긍정적인 면에 초점을 맞추고 항상 새로운 기회가 있다고 믿습니다. 부모님은 저에게 긍정적인 사고방식을 갖고 새로운 경험에 열린 자세를 갖도록 가르치셨습니다.

- live by: ~를 지키다, 실천하다
- be full of: ~로 가득한
- ups and downs: 좋은 때와 나쁜 때, 기복, 부침
- possibility: 가능성
- focus on: ~에 집중하다
- bright side: 긍정적인 면, 밝은 면
- opportunity: 기회
- ahead: 앞으로, 앞을 향해
- a positive mindset: 긍정적 마인드
- open: 열린, 개방적인

❻ "Learn by doing" is our family motto. We believe in the power of hands-on experiences. My parents have encouraged me to explore and learn from the world around me.

"행동함으로써 배워라"는 저희 가족의 좌우명입니다. 저희는 직접 경험하는 것의 힘을 믿습니다. 부모님은 제가 주변 세계를 탐험하고 배우도록 격려해 주셨습니다.

- hands-on experience: 실전 경험
- explore: 탐구하다, 탐험하다

❼ Our family motto is "Don't procrastinate, take action." We value being proactive and getting things done in a timely manner. My parents have taught me the importance of being responsible and taking initiative. It has shaped me into a responsible and organized person.

저희 가족의 좌우명은 "미루지 말고 행동하라"입니다. 저희는 능동적으로 행동하고 적시에 일을 끝내는 것을 중요하게 생각합니다. 부모님은 저에게 책임감과 주도권을 갖는 것의 중요성을 가르쳐 주셨습니다. 그 덕분에 저는 책임감 있고 체계적인 사람으로 성장했습니다.

- procrastinate: 미루다
- take action: 행동을 취하다
- value: 중요하게 여기다
- proactive: 적극적인
- in a timely manner: 시기적절하게
- take initiative: 주도적으로 행동하다
- shape: 형성하다, 만들다
- organized: 체계적인, 계획적인

❽ My family motto is "Responsibility and diligence." It means that we believe in taking ownership of our actions and doing our best in everything we do. Working hard means putting in effort and staying focused on our goals. By following this motto, we try to make a positive impact in our lives and the world.

저희 집 가훈은 "책임과 근면"입니다. 이는 자신의 행동에 주인 의식을 갖고 모든 일에 최선을 다해야 한다는 의미입니다. 열심히 일한다는 것은 노력을 기울이고 목표에 집중하는 것을 의미합니다. 저희는 이 좌우명에 따라 저희의 삶과 세상에 긍정적인 영향을 미치기 위해 노력합니다.

- diligence: 꾸준함, 성실함
- ownership: 책임감, 소유권
- put in effort: 노력하다
- stay focused on: ~에 집중하다
- follow: 따르다, 순응하다
- make an impact: 영향을 미치다

- honest: 정직한
- try my best: 최선을 다하다
- truthful: 진실한
- trust: 신뢰하다
- broken: 망가진, 깨진
- earn back: 되찾다, 회복시키다
- value: 가치관
- build relationships: 관계를 형성하다
- based on: ~을 바탕으로
- openness: 개방성, 열린 마음
- integrity: 성실함

9 In my family, being honest and loyal are really important. I always try my best to be truthful with myself and others. Once trust is broken, it's hard to earn it back. That's why keeping others' trust in me is very important to me. These values help me build strong relationships based on openness and integrity.

저희 가족은 정직과 신뢰를 정말 중요하게 생각합니다. 저는 항상 저 자신과 다른 사람들에게 진실하려고 노력합니다. 신뢰는 한 번 깨지면 다시 회복하기 어렵습니다. 그렇기 때문에 저에 대한 다른 사람들의 신뢰를 유지하는 것은 제게 매우 중요합니다. 이러한 가치관은 열린 마음과 성실성을 바탕으로 강력한 인간관계를 구축하는 데 도움이 됩니다.

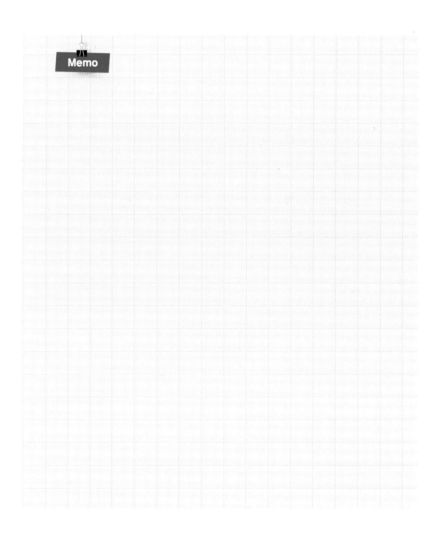

Memo

④ University/College Major

🎙 **Interview tips!**

영어 면접에서 대학 전공과 학교에 관한 질문은 자주 등장하는 질문 중 하나이므로, 간결하고 효과적으로 설명할 수 있도록 준비하는 것이 필요하다. 항공 관련 전공을 가진 지원자의 경우, 다음과 같은 내용을 중점으로 답변을 준비할 수 있다.

- **전공 선택 동기**: 항공 관련 전공을 선택한 이유와 그에 대한 동기를 간략하게 설명한다. 예를 들어, 비행기와 공항에 대한 흥미나 열정, 승무원 업무의 다양성 등이 전공 선택의 동기가 될 수 있다.
- **승무원 업무와의 연관성**: 전공을 통해 배운 내용과 승무원 업무와의 관련성을 강조한다. 서비스 업무와 관련된 실제 경험, 업무의 중요성, 안전과 서비스 측면에서 배운 점 및 느낀 점에 대해 언급한다.
- **기술과 지식**: 학교 교육을 통해 얻은 지식과 기술에 대해 소개한다. 전공 관련 강의, 실습, 프로젝트 등을 통해 얻은 학문적인 경험과 실무 능력을 강조하는 것이 좋다.

비전공자의 경우, 서비스 업무에 관심을 두게 된 동기를 자연스럽게 풀어나가도록 한다.

Q1. What school did you graduate from?
어느 학교를 졸업했습니까?

MP3

💡 **Key expressions!**

I graduated from ~. 저는 ~학교를 졸업했습니다.	
I graduated from ○○ University with an associated(a bachelor's) degree.	저는 ○○대학교를 준학사 학위(학사 학위)로 졸업했습니다.
I graduated from ○○ University with a degree in Airline Services.	저는 ○○대학교 항공 서비스과를 졸업했습니다.
I graduated from ○○ University with an honors degree.	저는 ○○대학교를 우등생으로 졸업했습니다.
I graduated from ○○ University with a(an) ○○ major.	저는 ○○ 전공으로 ○○대학교를 졸업했습니다.

- graduate from: ~를 졸업하다
- bachelor's degree: 학사 학위
- attend: 참석하다, 다니다
- scholarship: 장학금
- be recognized as: ~로 인정받다
- honor student: 우등생, 우수 학생
- diligent: 근면한, 부지런한
- well-prepared: 준비가 잘 된
- complete: 완료하다, 마치다
- gain: 얻다
- valuable: 가치 있는, 소중한
- knowledge: 지식
- skills: 기술, 기능
- relevant to: ~와 관련된
- dedicated: 헌신적인
- effort: 노력
- achieve: 성취하다, 이루다
- result: 결과
- course: 과목, 수업

> **I graduated from ~. 저는 ~학교를 졸업했습니다.**

I'll be graduating from ○○ University in 2024	2024년에 ○○대학교를 졸업할 예정입니다.

❶ I graduated from ○○ University in 2023 with a bachelor's degree in Airline Services.

2023년에 ○○대학교에서 항공서비스학 학사 학위를 받았습니다.

❷ I attended ○○ University on a full scholarship.

저는 전액 장학생으로 ○○대학교를 다녔습니다.

❸ I graduated from ○○ University with a major in ○○. I was recognized as an honor student. I was diligent and well-prepared for my classes.

○○대학교에서 ○○전공으로 졸업했습니다. 저는 우등생이었습니다. 저는 성실한 학생이었으며 수업 준비를 잘했습니다.

❹ I completed my studies at ○○ University last February. During my time at college, I gained valuable knowledge and skills relevant to this job. Through my dedicated efforts, I achieved excellent results in all of my courses.

저는 지난 2월에 ○○대학교에서 학업을 마쳤습니다. 대학 생활을 하면서 이 직업과 관련된 소중한 지식과 기술을 습득했습니다. 저의 헌신적인 노력으로 모든 과목에서 우수한 성적을 거두었습니다.

Q2. What is your major?

전공은 무엇입니까?

What did you learn from this major?
How has your education (college experience) prepared you for this job?

전공을 통해 무엇을 배웠습니까?

Key expressions!

전공을 나타내는 유용한 표현	
I major in ~./I am majoring in ~	저는 ~을 전공하고 있습니다.
I majored in ~.	저는 ~을 전공했습니다.
My major is ~.	제 전공은 ~입니다.
I chose ~ as my major.	저는 ~을 제 전공으로 선택했습니다.

I learned how to ~ from my major. 저는 전공을 통해 ~하는 방법을 배웠습니다.

I learned how to serve customers from my major.	저는 전공을 통해 고객에게 서비스하는 방법을 배웠습니다.
I learned how to give good service from my major.	저는 전공을 통해 고객에게 좋은 서비스를 제공하는 방법을 배웠습니다.
I learned how to satisfy passengers from my major.	저는 전공을 통해 승객들을 만족시키는 방법을 배웠습니다.
I learned how to efficiently communicate with customers from my major.	저는 전공을 통해 고객과 효율적으로 소통하는 방법을 배웠습니다.
I learned how to respond to customer complaints from my major.	저는 전공을 통해 고객 불만에 응대하는 방법을 배웠습니다.

My studies have helped me (to) 동사 ~. 전공 공부를 통해 ~할 수 있었습니다.	
My studies have helped me gain the relevant knowledge.	전공 공부를 통해 관련 지식을 습득할 수 있었습니다.
My studies have helped me improve interpersonal skills.	전공 공부를 통해 대인 관계 기술을 향상시킬 수 있었습니다.
My studies have helped me develop my professional skills.	전공 공부를 통해 전문 기술을 발전시킬 수 있었습니다.
My studies have helped me acquire the general knowledge and skills needed to become a flight attendant.	전공 공부를 통해 승무원이 되는 데 필요한 일반 상식과 기술들을 습득했습니다.

My studies have equipped me with ~. 전공 공부를 통해 ~를 갖추게 되었습니다.	
My studies have equipped me with excellent communication skills and a customer-oriented approach.	전공 공부를 통해 뛰어난 의사소통 능력과 고객 지향적 접근 방식을 갖추게 되었습니다.
My studies have equipped me with a strong understanding of in-flight safety and emergency procedures.	전공 공부를 통해 기내 안전 및 비상 절차에 대한 깊은 이해를 갖추게 되었습니다.
My studies have equipped me with the ability to handle customer complaints effectively and professionally.	전공 공부를 통해 고객 불만을 효과적이고 전문적으로 처리할 수 있는 능력을 갖추게 되었습니다.
My studies have equipped me with the necessary knowledge to provide top-notch service to passengers from diverse cultural backgrounds.	전공 공부를 통해 다양한 문화적 배경을 가진 승객에게 최고의 서비스를 제공하는 데 필요한 지식을 갖추게 되었습니다.

❶ I am majoring in Airline Services, which includes practical and hands-on experience. My courses range from learning foreign languages such as English, Japanese, and Chinese to studying aviation business, beauty coordination, and food and beverage service. Through my studies, I have gained valuable knowledge and feel well-prepared for a career in this field.

저는 항공 서비스를 전공하고 있으며, 전공을 통해 실무 경험을 해볼 수 있습니다. 영어, 일본어, 중국어 등 외국어 학습부터 항공 비즈니스, 뷰티 코디네이션, 식음료 서비스까지 다양한 과목을 공부하고 있습니다. 학업을 통해 귀중한 지식을 얻었고 이 분야에서 경력을 쌓을 준비가 잘 되어 있다고 느낍니다.

- major in: ~를 전공하다
- include: ~을 포함하다
- practical: 실질적인, 실용적인
- hands-on experience: 실무 경험
- course: 강의, 과정
- range from ~to ⋯: 범위가 ~에서 ⋯에 이르다
- aviation business: 항공 업무
- beverage: 음료
- valuable: 가치 있는
- career: 직업, 경력
- field: 분야

❷ I majored in Airline Tourism. My major coursework in international manners, customer service, and aviation business has equipped me with the essential service skills required to work for your company. Moreover, my studies have prepared me well to have a global perspective and foster a broader understanding of diverse cultures and people.

저는 항공 서비스를 전공했습니다. 국제 매너, 고객 서비스 및 항공 비즈니스에 대한 전공 교과목을 통해 귀사에서 일하는 데 필요한 필수 서비스 기술을 갖추게 되었습니다. 또한, 전공 공부를 통해 다양한 문화와 사람들에 대한 폭넓은 이해와 글로벌한 시각을 갖추게 되었습니다.

- tourism: 관광업
- major coursework: 전공 교과목
- aviation business: 항공 업무
- equip with: ~을 갖추다
- essential: 필수적인
- required to: ~하는 데 필요한
- work for: ~에서 일하다
- moreover: 게다가
- perspective: 시각, 관점
- foster: 육성하다
- broad: 넓은
- understanding: 이해
- diverse: 다양한

❸ I am majoring in Airline Services. My studies have helped me improve my people skills, consideration for others, and teamwork while working on group projects. I also possess customer-oriented service skills and effective communication abilities, which are essential for being a flight attendant. I am confident that I can handle demanding passengers with these skills.

저는 항공 서비스를 전공하고 있습니다. 제 학업은 그룹 프로젝트를 수행하면서 인간관계 기술, 타인에 대한 배려, 팀워크를 향상시키는 데 도움이 되었습니다. 또한 승무원에게 필수적인 고객 지향적 서비스 기술과 탁월한 커뮤니케이션 능력도 갖추게 되었습니다. 이러한 기술을 바탕으로 까다로운 승객을 응대할 수 있다고 자신합니다.

- improve: 개선하다
- consideration: 배려, 고려
- teamwork: 팀워크
- possess: 소유하다, 지니다
- customer-oriented: 고객 지향적인
- effective: 탁월한, 효과적인
- ability: 능력
- be essential for: ~에 필수적이다
- handle: 처리하다
- demanding: 요구가 많은, 힘든

- effectively: 효과적으로
- provide: 제공하다
- satisfy: 만족시키다
- different: 다른, 다양한
- demonstrate: 증명하다, 보여주다

④ As an Airline Services major, I learned how to effectively communicate with customers, provide excellent service, and satisfy people from different cultures. I believe this job is the perfect chance to demonstrate my abilities in your company.

항공 서비스 전공자로서 고객과 잘 소통하고, 우수한 서비스를 제공하며, 다양한 문화권의 사람들을 만족시키는 방법을 배웠습니다. 이 직업은 귀사에서 제 능력을 발휘할 수 있는 완벽한 기회라고 생각합니다.

- practical: 실용적인
- subject: 과목
- take: 수강하다
- such as: 예를 들어
- in-flight: 비행 중의
- announcement: 안내 방송
- aircraft feature: 항공기 특징
- basic: 기본적인
- professor: 교수
- provide 사람 with: ~에게 제공하다
- hands-on experience: 실무 경험
- useful: 유용한

⑤ As an Airline Services major, the practical subjects I have taken in university, such as in-flight announcements, cabin English for flight attendants, and aircraft features, have helped me gain the basic skills needed for this job. Moreover, my professors have provided me with a lot of hands-on experience. I am confident it will be very useful throughout my future career.

항공 서비스 전공자로서 기내 안내 방송, 승무원을 위한 기내 영어, 항공기 특징 등 대학에서 수강한 실무 과목은 이 직업에 필요한 기본 기술을 습득하는 데 도움이 되었습니다. 또한 교수님들은 제가 많은 실무 경험을 해볼 수 있도록 해주셨습니다. 앞으로 경력을 쌓아가는 데 큰 도움이 될 것이라고 확신합니다.

- exchange: 교환
- curriculum: 교육 과정
- study abroad: 해외에서 유학하다
- cover: 다루다
- in-flight safety and service: 기내 안전 및 서비스
- handle customer complaints: 고객 불만을 처리하다
- present a professional image: 전문적인 이미지를 표현하다
- well-prepared: 잘 준비된
- apply: 적용하다

⑥ I studied Airline Services in school. My university offers various international exchange programs and a great curriculum. I got a chance to study abroad, and my English got better, so now I feel confident talking with foreigners. My major covered many topics, like in-flight safety and service, handling customer complaints, and presenting a professional image. I'm well-prepared and ready to apply what I've learned in the real world.

저는 대학에서 항공 서비스를 공부했습니다. 저희 대학은 다양한 국제 교류 프로그램과 훌륭한 커리큘럼을 제공합니다. 해외에서 공부할 기회를 얻었고 영어 실력이 향상되어 이제는 외국인들과 대화하는 데 자신감이 생겼습니다. 제 전공은 기내 안전과 서비스, 고객 불만 처리, 프로페셔널한 이미지 연출 등 다양한 주제를 다루고 있습니다. 제가 배운 내용을 실제 업무에 적용할 준비가 잘 되어있습니다.

❼ I studied Airline Services in college, and my experience has prepared me for my future career. I actively participated in extracurricular activities to work with diverse people. Through interactions with fellow students, professors, internship supervisors, and coworkers, I developed important people and social skills needed for a flight attendant.

대학에서 항공 서비스를 전공했고, 그 경험을 통해 미래의 직업을 위해 준비할 수 있었습니다. 저는 다양한 사람들과 함께 일하기 위해 과외 활동에 적극적으로 참여했습니다. 동료 학생, 교수, 인턴십 상사, 동료들과의 교류를 통해 승무원에게 필요한 중요한 인간관계와 사회성을 기를 수 있었습니다.

- actively: 적극적으로
- participate in: 참여하다
- extracurricular activity: 과외 활동
- diverse: 다양한
- interaction: 상호 작용
- fellow: 동료
- supervisor: 감독자
- coworker: 동료 직원
- develop: 발전시키다
- social skills: 사회적 기술
- needed for: ~에 필요한, 요구되는

Q3. Why did you choose this major?

왜 이 전공을 선택했습니까?

 Interview tips!

항공서비스학을 전공으로 선택한 이유에 대해서는 승무원 지원 동기와 유사한 방식으로 답변을 하는 것이 좋다. 항공 산업에 대한 관심과 열정으로 이 전공을 선택하게 되었고, 승무원으로의 목표와 역량을 갖추기 위해 선택했다고 답하면 된다. 항공서비스학 전공을 통해 항공 산업에서 승무원으로서 필요한 다양한 역량(이문화 이해, 의사소통 능력, 고객 서비스 역량, 비상상황 관리 등)을 배우고 향상시켰으므로 승무원이 될 수 있는 자질이 충분한 지원자임을 강조하는 것으로 마무리한다.

Key expressions!

I've always wanted to ~. 항상 ~하기를 원했습니다.	
I've always wanted to serve as a flight attendant and create unforgettable travel experiences.	항상 승무원이 되어 잊지 못할 여행 경험을 선사하고 싶었습니다.
I've always wanted to meet diverse people and ensure their comfort as a flight attendant.	승무원으로서 다양한 사람들을 만나고 승객들의 편안함을 보장하고 싶었습니다.
I've always wanted to pursue a career as a flight attendant due to my passion for travel and strong communication skills.	여행에 대한 열정과 뛰어난 커뮤니케이션 능력 덕분에 승무원으로 커리어를 쌓고 싶다는 생각을 항상 해왔습니다.
I decided to major in ⋯ because ~. ~때문에 ⋯을 전공하기로 결정했습니다.	
I decided to major in Airline Services because becoming a flight attendant felt natural to me.	승무원이 되는 것이 자연스럽게 느껴져서 항공 서비스를 전공하기로 결정했습니다.
I decided to major in Airline Services because I've always wanted to work in the aviation industry and serve passengers with excellent service.	항상 항공업계에서 일하며 승객들에게 훌륭한 서비스를 제공하고 싶었기 때문에 항공 서비스를 전공하기로 결정했습니다.
I decided to major in Airline Services because I love traveling and interacting with people from different cultures.	여행과 다양한 문화권의 사람들과 교류하는 것을 좋아하기 때문에 항공 서비스를 전공하기로 결정했습니다.

• have (always) wanted 현재완료: '전부터 지금까지 원해왔다' 라는 의미

• decide to:~하기로 결심하다
• major in: ~을 전공하다

I found it useful because ~. ~하기 때문에 (제 전공이) 유용했습니다.	
I found it useful because it helped me develop excellent customer service skills.	뛰어난 고객 서비스 기술을 개발하는 데 도움이 되었기 때문에 유용했습니다.
I found it useful because it broadened my understanding of diverse cultures and people.	다양한 문화와 사람들에 대한 이해의 폭이 넓어져서 유용했습니다.
I found it useful because it prepared me well for handling challenging situations as a flight attendant.	승무원으로서 어려운 상황에 대처할 수 있는 준비가 잘 되어 있어서 유용했습니다.
I found it useful because it provided practical training on in-flight safety and emergency procedures.	기내 안전 및 비상 절차에 대한 실질적인 교육이 제공되어 유용했습니다.

* find it 형용사: (형용사)하다고 깨닫다, 알게 되다, 생각하다

❶ I chose to major in Airline Services because becoming a flight attendant felt natural to me. I love traveling and meeting people from different countries, and my listening skills and patience help me connect with passengers.

승무원이 되는 것이 제게 자연스러운 일이라 항공 서비스를 전공하기로 결정했습니다. 저는 여행과 다양한 나라 사람들을 만나는 것을 좋아하고, 제가 가진 경청 능력과 인내심이 승객들과 소통하는 데 도움이 됩니다.

* natural: 자연스러운, 당연한
* patience: 인내심
* help+목적어+동사원형: ˙목적어가 ~하도록 돕다
* connect with: ~와 소통하다

❷ My dream job was to be a flight attendant, so I decided to major in Airline Services. I knew it was the right choice from the very first class. Graduating with diverse experience and knowledge makes me excited for my future.

제 꿈이 승무원이었기 때문에 항공 서비스를 전공하기로 결정했습니다. 첫 수업부터 올바른 선택이라는 것을 알았습니다. 다양한 경험과 지식을 쌓고 졸업하니 제 미래가 더욱 기대됩니다.

* right: 올바른, 적절한
* choice: 선택
* the very: 정말, 매우
* diverse: 다양한

❸ I've always wanted to be a flight attendant, so I picked Airline Services as my major. I found it useful because it helped me develop excellent customer service skills. I can't wait to utilize my strengths along with what I've learned in my major.

저는 항상 승무원이 되고 싶었기 때문에 항공 서비스를 전공으로 선택했습니다. 뛰어난 고객 서비스 기술을 개발하는 데 도움이 되었기 때문에 유용하다고 생각했습니다. 전공에서 배운 지식과 함께 제 강점을 살릴 수 있는 기회가 빨리 오기를 기대합니다.

* pick: 선택하다, 고르다
* develop: 발전시키다
* can't wait: 너무 기대된다
* utilize: 이용하다, 활용하다
* strength: 강점, 장점
* along with: ~와 함께

- first step: 첫 걸음, 시작 단계
- toward: ~을 향해, ~을 목표로
- fulfill: 성취하다, 이루다
- practical: 실용적인
- manners: 예의
- valuable: 가치 있는, 소중한

- be fascinated by: ~에 매료되다
- people skills: 대인 관계 기술
- different: 다른, 다양한
- feel like: ~인 것 같다
- perfect: 완벽한
- fit: 적합, 꼭 맞는 것

❹ This major is the first step toward fulfilling my dreams. I learned practical service skills and international manners, which will be valuable when I work as a flight attendant.

이 전공은 제 꿈을 이루기 위한 첫걸음입니다. 실용적인 서비스 기술과 국제 매너를 배웠는데, 이는 승무원으로 일할 때 큰 도움이 될 것입니다.

❺ I was always fascinated by the idea of being a flight attendant, so I majored in Airline Services. The major improved my communication and people skills, helping me understand and work better with people from different cultures. It felt like the perfect fit for me.

저는 항상 승부원이 되고 싶다는 생긱에 매료되어 항공 서비스를 전공했습니다. 이 전공은 의사소통과 인간관계 기술을 향상시켜 다른 문화권의 사람들을 더 잘 이해하고 함께 일할 수 있도록 도와주었습니다. 제 적성에 딱 맞았습니다.

5 Student Life/School Life

🎙 **Interview tips!**

대학시절의 학업, 교우 관계, 자원봉사, 교내 활동 등에 관한 질문에는 가능한 상세하게 예를 들어 설명하는 것이 좋다. 대학 생활에 관한 질문은 다음과 같은 맥락으로 생각해보자.

- –전공을 선택하게 된 동기
- –전공을 통해 배운 점과 그것이 업무에 긍정적으로 영향을 미칠 수 있다는 점
- –동아리 및 봉사활동과 같은 다양한 과외 활동 경험
- –과외 활동을 통해 배운 점

Q1. **Can you tell me about your college life?**

대학 생활에 대해 이야기해주세요.

💡 **Key expressions!**

대학 생활을 나타내는 유용한 표현	
I made the honor roll.	저는 우등생이었습니다.
I was able to obtain(get) a scholarship.	저는 장학금을 받을 수 있었습니다.
It was a rewarding(useful) experience.	그것은 보람 있는(유익한) 경험이었습니다.
I never neglected my studies.	결코 학업을 게을리하지 않았습니다.
I enjoyed myself immensely when I was in college.	대학 생활을 무척 즐겼습니다.

I participated in ~. (took part in/was involved in) 저는 ~에 참여했습니다.

I participated in an internship program.	인턴십 프로그램에 참여했습니다.
I participated in every school event.	모든 학교 행사에 참여했습니다.
I participated in many extracurricular activities.	다양한 과외 활동에 참여했습니다.
I participated in study groups to enhance my learning experience.	학습 경험을 향상시키기 위해 스터디 그룹에 참여했습니다.

I learned how to ~. 저는 ~하는 방법을 배웠습니다.	
I learned how to deal with unexpected situations.	저는 예기치 못한 상황을 다루는 법을 배웠습니다.
I learned how to get along well with different people.	저는 다양한 사람들과 어울리는 법을 배웠습니다.
I learned how to work as part of a team.	저는 팀의 일원으로 일하는 법을 배웠습니다.

• gain: 얻다, 얻게 되다
• valuable: 가치 있는, 귀중한
• course: 강의, 수업
• fascinating: 매혹적인, 흥미로운
• offer: 제공하다
• plenty: 풍부한, 많은
• explore: 탐험하다, 탐구하다
• plus: 또한
• opportunity: 기회
• pursue degree: 학위를 취득하다

❶ My college days were the happiest days of my life. Being an Airline Services major was a fantastic experience because I gained valuable knowledge about working as a flight attendant. The courses were always fascinating, offering plenty to learn and explore. Plus, I had the opportunity to meet new people and try new things while pursuing my degree.

대학 시절은 제 인생에서 가장 행복한 시절이었습니다. 항공 서비스 전공은 승무원으로서 일하는 것에 대한 귀중한 지식을 얻을 수 있는 멋진 경험이었습니다. 수업은 항상 흥미로웠고 배우고 탐구할 것이 많았습니다. 또한 학위를 취득하는 동안 새로운 사람들을 만나고 새로운 것을 시도할 수 있는 기회도 가졌습니다.

• incredibly: 엄청나게
• supportive: 지지하는
• motivated: 동기 부여된, 의욕적인
• achieve: 달성하다, 성취하다
• share: 나누다, 공유하다
• instead of: ~대신에
• compete: 경쟁하다
• support: 지원하다, 응원하다
• encourage: 격려하다, 장려하다
• each other: 서로
• make progress: 진전을 이루다
• significant: 상당한, 중요한
• hopeful: 희망적인

❷ I had a wonderful time during my college years. My professors were incredibly supportive and motivated me to achieve my goals of becoming a flight attendant. I made amazing friends who shared the same dream, and instead of competing, we supported and encouraged each other every step of the way. We've made significant progress in the past two years, and I'm hopeful that our dreams will come true soon.

대학 시절은 정말 즐거웠습니다. 교수님들은 제가 승무원이 되겠다는 목표를 달성할 수 있도록 많은 도움을 주셨고 동기를 부여해 주셨습니다. 같은 꿈을 가진 멋진 친구들을 사귀었고, 경쟁하는 대신 모든 단계에서 서로를 지지하고 격려했습니다. 지난 2년 동안 상당한 진전을 이뤘고, 곧 꿈이 실현될 수 있을 거라 믿습니다.

❸ My college was located in ○○. Since it was far from my home, I decided to rent a room nearby and live with my friends. We had a great time together, sharing our thoughts and creating pleasant memories. We also worked hard to achieve our goals. We made sure to participate in all the school events to gain different experiences. Every moment of my college life is precious to me.

제가 다니던 대학은 ○○에 있었습니다. 집과 거리가 멀어서 근처 방을 빌려 친구들과 함께 생활하기로 결정했습니다. 저희는 함께 생각을 나누고 즐거운 추억을 만들며 좋은 시간을 보냈습니다. 또한 목표를 달성하기 위해 열심히 노력했습니다. 다양한 경험을 쌓기 위해 학교 행사에도 빠짐없이 참여했습니다. 대학 생활의 모든 순간이 저에게는 소중합니다.

- rent: 임대하다, 빌리다
- nearby: 가까운, 인근의
- thought: 생각
- create: 창조하다, 만들다
- pleasant: 즐거운
- achieve: 달성하다, 성취하다
- goal: 목표, 목적
- make sure: 확실히 하다, 확인하다
- participate in: 참가하다, 참여하다
- gain: 얻다, 획득하다
- precious: 귀중한, 소중한

❹ When I started college, my focus was on studying diligently to become a skilled flight attendant. Because of my hard work, I received a scholarship every semester. During one summer break, I had the chance to intern at an ○○ hotel. It taught me how to get along with different people and work effectively as part of a team.

대학에 입학했을 때 저는 숙련된 승무원이 되기 위해 열심히 공부하는 데 집중했습니다. 열심히 공부한 덕분에 매 학기 장학금을 받았습니다. 어느 여름 방학에는 ○○ 호텔에서 인턴으로 일할 기회가 있었습니다. 다양한 사람들과 어울리고 팀의 일원으로서 효과적으로 일하는 방법을 배웠습니다.

- diligently: 부지런하게, 성실히
- skilled: 숙련된, 능숙한
- hard work: 노력, 열심히 일함
- scholarship: 장학금
- semester: 학기
- summer break: 여름 방학
- intern: 인턴, 수습생
- get along with: ~와 잘 지내다
- effectively: 효과적으로

❺ Throughout the year, my college organized various events like academic fairs, sports events, and school trips. As a member of the students' association, I actively planned and managed these events with my classmates, professors, and college staff. These experiences taught me how to handle unexpected situations and develop qualities needed to be a good team player.

저희 대학은 일 년 내내 학술 박람회, 스포츠 행사, 수학여행 등 다양한 행사를 개최했습니다. 저는 학생회의 일원으로서 동기들, 교수님, 대학 직원들과 함께 이러한 행사를 적극적으로 기획하고 관리했습니다. 이러한 경험을 통해 예기치 않은 상황에 대처하는 방법을 배우고 훌륭한 팀 플레이어가 되기 위해 필요한 자질을 키울 수 있었습니다.

- organize: 준비하다, 만들다
- various: 다양한
- academic fair: 학술 박람회
- students' association: 학생회
- actively: 적극적으로
- manage: 관리하다
- classmate: 동기
- handle: 처리하다
- unexpected: 예상치 못한
- quality: 품질

- truly: 정말로
- get involved in: ~에 참여하다
- a variety of: 다양한
- activity: 활동
- have a part-time job: 아르바이트를 하다
- extracurricular activity: 과외 활동
- flexible: 유연한
- mindset: 마인드, 사고방식
- valuable: 가치 있는, 소중한

❻ College life was truly exciting for me. I learned so much for my future career and got involved in a variety of activities. I had part-time jobs in the service industry and traveled to different places. Additionally, I participated in many extracurricular activities. These experiences helped me develop a flexible mindset, which I believe will be valuable for my future work at your company.

대학 생활은 저에게 정말 흥미진진했습니다. 앞으로의 커리어를 위해 많은 것을 배웠고 다양한 활동에 참여했습니다. 서비스 업계에서 아르바이트를 하고 여러 곳을 여행했습니다. 또한 많은 과외 활동에도 참여했습니다. 이러한 경험은 유연한 사고방식을 기르는 데 도움이 되었으며, 이는 앞으로 귀사에서 일할 때 유용하게 쓰일 것이라고 믿습니다.

- even though: 비록 ~일지라도
- face: 직면하다, 마주치다
- personal: 개인적인
- challenge: 도전, 어려움
- get in the way: ~에 방해되다
- practical: 실용적인
- despite: ~에도 불구하고
- difficulty: 어려움, 곤란
- manage to: ~할 수 있다
- make the honor roll: 성적 우수자 명단에 오르다
- semester: 학기

❼ Even though I faced personal challenges at home during my school days, I never let them get in the way of my studies. My professors offered practical advice and helped me find ways to improve my situation. Despite these difficulties, I managed to make the honor roll every semester.

학창 시절에 집에서 개인적인 어려움에 직면했지만 학업에 방해가 되지 않도록 했습니다. 교수님들은 실용적인 조언을 해주셨고 상황을 개선할 수 있는 방법을 찾도록 도와주셨습니다. 이러한 어려움에도 불구하고 저는 매 학기 우등생 명단에 이름을 올렸습니다.

Q2. What was the most impressive thing in your college life?
Describe your most rewarding college experience.

대학 생활 중 가장 인상 깊었던 일은 무엇입니까?

- be interested in: ~에 관심이 있다
- opportunity: 기회
- field trip: 현장 학습
- firsthand: 직접적으로
- take care of: 돌보다, 챙기다
- explore: 탐험하다, 탐구하다
- aircraft: 항공기
- further: 더 나아가서
- inspire: 영감을 주다
- passion: 열정
- profession: 직업, 전문 분야

❶ One of the best things about my college life was being able to study what I was truly interested in. As an Airline Services major, I had the opportunity to learn about the job of a flight attendant, which had always been my dream. During a field trip to Bangkok, I got to experience in-flight service firsthand, observing how flight attendants took care of passengers and exploring the aircraft. It further inspired my passion for the cabin crew profession.

대학 생활에서 가장 좋았던 점 중 하나는 제가 진정으로 관심 있는 분야를 공부할 수 있었다는 점입니다. 항공 서비스 전공자로서 저는 항상 꿈이었던 승무원이라는 직업에 대해 배울 수 있는 기회를 가졌습니다. 방콕으로 현장 학습을 떠났을 때 승무원이 승객

을 어떻게 돌보는지 관찰하고 항공기를 둘러보며 기내 서비스를 직접 경험할 수 있었습니다. 승무원이라는 직업에 대한 열정이 더욱 커졌습니다.

② One of the most impressive moments in my college life was participating in a speech contest. The preparation for the contest was quite challenging, but it pushed me to put in substantial effort. It was an opportunity for me to learn a lot and gain confidence in speaking in front of an audience.

대학 생활에서 가장 인상 깊었던 순간 중 하나는 스피치 대회에 참가했을 때였습니다. 대회 준비는 상당히 어려웠지만 그 덕분에 많은 노력을 기울일 수 있었습니다. 많은 것을 배우고 청중 앞에서 말하는 것에 대한 자신감을 얻을 수 있는 기회였습니다.

* impressive: 인상적인
* moment: 순간, 에
* participate in: ~에 참가하다
* preparation: 준비
* quite: 상당히, 꽤
* challenging: 도전적인, 어려운
* put in effort: 노력을 기울이다
* substantial: 상당한, 중요한
* confidence: 자신감
* in front of: ~ 앞에서
* audience: 청중, 관객

③ The most memorable experience for me was the opportunity to study in Australia with the support of my college. Students who achieved a certain TOEIC score were eligible for this opportunity. I studied hard to perform well on the TOEIC test and thoroughly enjoyed my life in Australia. Not only did I improve my English skills significantly, but I also had the chance to experience various aspects of Australian culture.

가장 기억에 남는 경험은 학교의 지원으로 호주에서 공부할 수 있었던 기회였습니다. 일정 토익 점수를 획득한 학생에게만 이 기회가 주어졌습니다. 저는 토익 시험에서 좋은 성적을 거두기 위해 열심히 공부했고 호주에서의 생활을 정말 즐겼습니다. 영어 실력이 크게 향상되었을 뿐만 아니라 호주 문화의 다양한 측면을 경험할 수 있는 기회도 가졌습니다.

* memorable: 기억에 남는
* support: 지원하다, 응원하다
* achieve: 달성하다, 성취하다
* certain: 확실한, 특정한
* be eligible for: 자격이 있다
* perform: 수행하다
* thoroughly: 철저히, 완전히
* not only A but also B: A뿐만 아니라 B도
* various: 다양한
* aspect: 측면, 면

④ During my first year of college, I volunteered to help high school students who wanted to become flight attendants. They came to our school for a career exploration experience, and I was there to assist them. It was incredibly fulfilling to see these students, who initially had little information and felt anxious, leave with a sense of relief and confidence in themselves.

대학 1학년 때 승무원이 되고 싶어 하는 고등학생들을 돕는 자원봉사를 했습니다. 진로 탐색 체험을 위해 학교에 온 학생들을 도와주는 일이었습니다. 처음에는 정보가 거의 없고 불안해하던 학생들이 안도감과 자신감을 갖고 돌아가는 모습을 보면서 큰 보람을 느꼈습니다.

* volunteer: 자원봉사하다
* career exploration: 직업 탐색
* assist: 도움을 주다
* fulfilling: 성취감 있는
* initially: 처음에는, 최초로
* little: 조금, 약간
* anxious: 불안한
* a sense of relief: 안도감
* confidence: 자신감

- in-flight safety: 기내 안전
- memorable: 기억에 남는
- real situation: 실제 상황
- practice: 연습하다
- escape slide: 탈출용 슬라이드
- in case of: ~의 경우에는
- emergency: 비상 상황
- strengthen: 강화하다
- desire: 열망
- be responsible for: ~에 책임을 지다
- ensure: 확실히 하다, 보장하다

❺ The in-flight safety class was the most memorable experience for me. It felt like a real situation where we practiced using the escape slides in case of an emergency. I learned a lot about in-flight safety and it strengthened my desire to become a flight attendant. I want to be responsible for ensuring the passengers' safety when I become a flight attendant in the future.

기내 안전 수업이 가장 기억에 남는 경험이었습니다. 비상시 탈출 슬라이드를 사용하는 연습을 하는 것이 실제 상황처럼 느껴졌습니다. 기내 안전에 대해 많은 것을 배웠고 승무원이 되고 싶다는 열망이 더욱 강해졌습니다. 앞으로 승무원이 되면 승객의 안전을 책임지는 승무원이 되고 싶습니다.

- have a partnership with: ~와 협력 관계를 갖다
- close relationship: 긴밀한 관계
- train: 훈련시키다
- motivating: 동기를 부여하는
- one day: 언젠가

❻ My school has a partnership with ○○ Airlines, which means we have a close relationship with them. I would often see their flight attendants training at our campus, and it was really motivating for me. It made me work hard in school, dreaming of becoming a flight attendant myself one day.

우리 학교는 ○○항공과 파트너십을 맺고 있어 긴밀한 관계를 맺고 있습니다. 승무원들이 우리 학교에서 훈련하는 모습을 자주 보곤 했는데, 정말 동기 부여가 됐습니다. 언젠가 저도 승무원이 되고 싶다는 꿈을 꾸면서 학교 공부를 열심히 하게 되었습니다.

- rewarding: 보람 있는
- diploma: 졸업장
- provide 사람 with: ~에게 …을 제공하다
- education: 교육
- face: 직면하다
- challenge: 도전
- course: 과목, 수업
- earn my degree: 학위를 받다
- incredibly: 매우
- proud: 자랑스러운
- moment: 순간

❼ The most rewarding experience of my college life was receiving my diploma. I chose my college because I knew it would provide me with an excellent education. Every day, I faced challenges in my courses, and I worked hard to earn my degree. Graduating from college was an incredibly proud moment for me.

대학 생활 중 가장 보람 있었던 경험은 졸업장을 받았을 때였습니다. 저는 저희 대학이 훌륭한 교육을 제공할 것이라는 확신이 있었기 때문에 이 곳을 선택했습니다. 매일 수업에서 도전에 직면했고 학위를 취득하기 위해 열심히 노력했습니다. 대학 졸업은 저에게 매우 자랑스러운 순간이었습니다.

Q3. How have you studied English?
What did you do to help improve your English proficiency?

영어 공부를 어떻게 하고 있습니까?

 Interview tips!

승무원에게 영어 구사 능력은 외국인 승객과 원활한 의사소통을 위해 필수적이다. 평소 회화, 어휘, 문법, 발음 등을 공부해온 방법을 구체적으로 설명하는 것이 좋다. 영어에 다소 자신이 없는 지원자의 경우에는 소극적인 태도보다는 의사소통에는 어려움이 없음을 강조하고, 앞으로의 영어 실력 향상 계획과 학습 의지를 언급하는 것이 좋다.

 Key expressions!

영어 공부 방법을 나타내는 유용한 표현

I listen to English podcasts, which has been helpful in improving my listening skills.	영어 팟캐스트를 들은 것이 듣기 실력을 향상시키는 데 도움이 되었습니다.
I enjoy watching American dramas as they provide exposure to real English conversations.	미국 드라마를 즐겨 보는데, 그것은 실제 영어 회화를 접하게 해주기 때문입니다.
I regularly read English novels to improve my vocabulary and reading comprehension.	어휘력과 독해력을 향상시키기 위해 영어 소설을 정기적으로 읽습니다.
I'm currently taking an English conversation course at an academy to practice speaking.	현재 말하기 연습을 위해 학원에서 영어 회화 수업을 수강하고 있습니다.
I've been taking online TOEIC classes.	온라인 토익 수업을 듣고 있습니다.
I use language learning apps and resources on my smartphone to study English.	저는 스마트폰의 언어 학습 앱과 자료를 이용해 영어를 공부합니다.

영어 실력을 나타내는 유용한 표현

These methods really help me improve my English.	이 방법들은 제 영어 실력 향상에 정말 도움이 됩니다.

I'm confident in my English speaking skills.	영어 말하기 실력에 자신 있습니다.
I'm determined to keep studying and improve my fluency.	계속 공부를 해서 유창성을 향상시키겠습니다.
I believe my English skills are good enough to excel as a flight attendant.	제 영어 실력은 승무원으로서 충분히 뛰어나다고 생각합니다.
I'm confident that I have the necessary English skills to work as a flight attendant at your company.	귀사에서 승무원으로 근무하는 데 필요한 영어 실력을 갖추고 있다고 확신합니다.
Although I'm not fluent yet, I'm determined to keep improving my English skills.	아직 유창하지는 않지만 계속 영어 실력을 향상시키려고 노력하고 있습니다.

- study abroad: 해외 유학을 하다
- surround: 둘러싸다
- as much as I can: 최대한 많이
- confident: 자신 있는

❶ I haven't studied English abroad, but I surround myself with English as much as I can. I listen to pop music, watch American dramas, and read English books every day. I'm confident in my English speaking skills.

해외에서 영어를 공부한 적은 없지만, 최대한 많이 영어에 노출되도록 노력합니다. 매일 팝 음악을 듣고, 미국 드라마를 보고, 영어 책을 읽습니다. 영어 말하기에 자신이 있습니다.

- listen to: ~을 듣다
- listening skills: 청취력
- practice: 연습하다
- exchange: 교환

❷ I listen to English podcasts to improve my listening skills. I also practice speaking with native English speakers in conversation clubs and language exchange programs. It helps me become better at understanding and speaking English.

듣기 실력을 향상시키기 위해 영어 팟캐스트를 듣습니다. 또한 회화 클럽이나 언어 교환 프로그램에서 영어 원어민과 함께 말하기 연습을 하기도 합니다. 영어를 더 잘 이해하고 말하는 데 도움이 됩니다.

❸ I enjoy watching American dramas as they provide exposure to real English conversations. While watching the dramas, I pay close attention to the actors' lines, repeat them out loud to improve my pronunciation, and practice speaking them myself. This method helps me develop my speaking skills and gain confidence in using English in real-life situations.

미국 드라마를 즐겨 보는데, 그것은 실제 영어 회화를 접하게 해주기 때문입니다. 드라마를 보면서 배우들의 대사에 주의를 기울이고 발음을 향상시키기 위해 큰 소리로 따라하고 직접 말하는 연습을 합니다. 이 방법은 말하기 실력을 키우고 실생활에서 영어를 사용하는 데 있어 자신감을 얻는 데 도움이 됩니다.

* provide: 제공하다
* exposure: 노출, 체험
* pay (close) attention to: (세심한) 주의를 기울이다
* actors' line: 배우들의 대사
* out loud: 소리를 내어
* pronunciation: 발음
* method: 방법
* develop: 개발하다, 키우다
* confidence: 자신감
* real-life situation: 실생활

❹ I regularly read English novels to improve my vocabulary and reading comprehension. I started with easy and short books, and now I enjoy reading regular novels. Reading has not only enhanced my English skills but also broadened my general knowledge and understanding of the world.

저는 어휘력과 독해력을 향상시키기 위해 정기적으로 영어 소설을 읽습니다. 처음에는 쉽고 짧은 책으로 시작했지만 지금은 일반 소설도 즐겨 읽습니다. 독서는 영어 실력을 향상시켰을 뿐만 아니라 세상에 대한 상식과 이해의 폭을 넓혀주었습니다.

* regularly: 정기적으로
* novel: 소설
* comprehension: 이해력
* not only A but also B: A뿐만 아니라 B도
* enhance: 향상시키다
* broaden: 넓히다
* general knowledge: 상식

❺ I've been taking online TOEIC classes for a while now and managed to score 800, thanks to my hard work. To improve my conversational skills, I also engage in occasional conversations with foreign friends through language exchange apps. Although I'm not fluent yet, I'm determined to keep improving my English skills.

한동안 온라인 토익 수업을 들었는데, 열심히 공부한 덕분에 800점을 받을 수 있었습니다. 또한 회화 실력을 향상시키기 위해 언어 교환 앱을 통해 외국인 친구들과 가끔씩 대화를 나누기도 합니다. 아직 유창하지는 않지만 계속 영어 실력을 향상시키려고 노력하고 있습니다.

* take a class: 수업을 듣다
* manage to: 성공하다, 해내다
* score: 점수를 얻다
* hard work: 노력
* conversational skills: 회화 실력
* engage in: ~에 참여하다
* occasional: 가끔의, 때때로
* fluent: 유창한
* be determined to: ~하기로 결심하다
* keep ~ing: 계속 ~하다

- language learning: 언어 학습
- resource: 자료, 자원
- convenient: 편리한
- access: 이용하다
- available: 이용 가능한
- for free: 무료로
- additionally: 게다가
- greatly: 크게, 매우
- overall: 전반적으로
- proficiency: 능숙함, 기량

❻ I use language learning apps and resources on my smartphone to study English. It's convenient because I can access them anytime, anywhere. There are so many helpful resources available for free. Additionally, I watch a lot of English videos on YouTube, which has greatly improved my overall English proficiency.

저는 스마트폰에서 언어 학습 앱과 자료를 이용하여 영어를 공부합니다. 언제 어디서나 이용할 수 있어서 편리합니다. 무료로 제공되는 유용한 자료가 정말 많습니다. 또한 You-Tube에서 영어 동영상을 많이 시청하여 전반적인 영어 실력이 크게 향상되었습니다.

- put in effort: 노력하다
- competent: 능숙한
- good enough to: ~하기에 충분히 좋은
- excel: 뛰어나다, 능가하다

❼ I'm currently taking different English classes, including conversation, TOEIC, and job interview classes. Additionally, I attend an English academy after school every day. I've put in a lot of effort to study English and become a competent flight attendant. I believe my English skills are good enough to excel as a flight attendant.

저는 현재 회화, 토익, 면접 수업 등 다양한 영어 수업을 듣고 있습니다. 또한 방과 후에는 매일 영어 학원에 다니고 있습니다. 영어를 공부하고 유능한 승무원이 되기 위해 많은 노력을 기울이고 있습니다. 제 영어 실력은 승무원으로서 충분히 뛰어나다고 생각합니다.

- memorize: 암기하다
- meaning: 의미
- tough: 어려운, 힘든
- tackle: 대처하다, 해결하다
- surround: 둘러싸다
- aloud: 소리 내어, 큰 소리로
- method: 방법, 방식

❽ For those of us learning English as a foreign language, memorizing words and their meanings can be tough. To tackle this, I surround myself with English by watching movies and TV shows, reading aloud, and thinking in English. These methods really help me improve my English.

외국어로서 영어를 배우는 사람들에게 단어와 그 의미를 암기하는 것은 어려울 수 있습니다. 이 문제를 해결하기 위해 저는 영화와 TV 프로그램을 보고, 소리 내어 읽고, 영어로 생각하면서 영어에 노출되려고 노력합니다. 이러한 방법은 영어 실력을 향상시키는 데 정말 도움이 됩니다.

6 Friendships and Relationships

Q1. **Can you describe one of your best friends?**
Tell me something about your best friend.

친한 친구에 대해 이야기해주세요.

Key expressions!

친구 소개를 할 때 유용한 표현	
She is a childhood friend of mine.	그녀는 제 어린 시절 친구입니다.
We have a deep understanding of each other.	저희는 서로에 대해 깊이 이해하고 있습니다.
Ever since I first met her, we just clicked.	그녀를 처음 만났을 때부터 죽이 잘 맞았습니다.
We are similar in many ways.	저희는 여러 면에서 비슷합니다.
She always makes me comfortable.	그녀는 항상 저를 편안하게 해줍니다.
We're like sisters to each other.	저희는 서로에게 자매와도 같습니다.
We are lifelong friends.	저희는 평생 친구입니다.
She's a precious gift in my life.	그녀는 제 인생에서 소중한 선물입니다.
Having her in my life is a true blessing.	제 인생에 그녀가 있다는 것은 진정한 축복입니다.

- the kindest person:
  가장 친절한 사람
- the most generous person:
  가장 관대한 사람
- the most talented person:
  가장 재능있는 사람
- the most optimistic person:
  가장 낙관적인 사람
- the most patient person:
  가장 인내심이 많은 사람

- for+기간: ~동안
- since+시점: ~부터

~ is the (최상급) person I know. ~는 제가 아는 사람 중 가장 …합니다.	
She is the funniest person I know.	그녀는 제가 아는 사람 중 가장 웃깁니다.
He is the most reliable person I know.	그는 제가 아는 사람 중 가장 신뢰할 수 있는 사람입니다.
She is the smartest person I know.	그녀는 제가 아는 사람 중 가장 똑똑한 사람입니다.

I have known her(him) for/since ~ 동안/때부터 그녀(그)를 알고 지냈습니다.	
I have known her for three years.	3년 동안 그녀를 알고 지냈습니다.
I have known her sincc (we were in) high school.	고등학교 때부터 그 친구를 알고 지냈습니다.
I have known her for a very long time.	오랜 기간 동안 그녀를 알고 지냈습니다.

- each other: 서로
- communicator: 의사소통을 잘 하는 사람
- sense: 감지하다, 느끼다
- feelings: 감정, 기분
- comfortable: 편안한, 안락한

❶ My best friend is ○○. We've known each other for a long time and understand each other really well. She's an amazing communicator and can sense my feelings without me saying anything. Being with her always makes me feel comfortable.

제 가장 친한 친구는 ○○입니다. 우리는 오랫동안 알고 지냈고 서로를 정말 잘 이해합니다. 그녀는 소통 능력이 탁월하며, 제가 아무 말도 하지 않아도 제 감정을 알아차릴 수 있습니다. 그녀와 함께 있으면 항상 마음이 편안해집니다.

- introduce: 소개하다
- childhood: 어린 시절
- be filled with: ~로 가득 차다
- laughter: 웃음
- tough: 힘든, 어려운
- blessing: 축복, 기쁨

❷ Let me introduce my friend, ○○. We've been friends since childhood. She's the funniest person I know. Growing up with her was filled with laughter. She taught me how to stay happy even during tough times. Having her in my life is a true blessing.

제 친구 ○○을 소개해드리겠습니다. 저희는 어렸을 때부터 친구였습니다. 그녀는 제가 아는 사람 중 가장 재미있는 친구입니다. 그녀와 함께 자란 시절은 웃음으로 가득했습니다. 그녀는 힘든 시기에도 행복하게 지내는 법을 가르쳐 주었습니다. 제 인생에 그녀가 있다는 것은 진정한 축복입니다.

❸ ○○ is my best friend, and she perfectly understands me. She's always there for me, whether things are going well or not. She genuinely shares my happiness and sadness. We're lifelong friends.

- perfectly: 완벽하게
- things: 일들, 사건들
- go well: 잘 되다
- genuinely: 진심으로
- sadness: 슬픔
- lifelong friend: 평생 친구

○○은 저의 가장 친한 친구이며, 저를 완벽하게 이해해줍니다. 좋은 일이든 그렇지 않은 일이 있든 항상 제 곁에 있어줍니다. 그녀는 진심으로 제 기쁨과 슬픔을 함께 합니다. 저희는 평생 친구입니다.

❹ I've known my best friend since middle school. Even though we didn't have much in common, we always found something to talk about. We respected each other and shared different opinions. Although we don't meet often now, when we do, it feels like being with a sister. I truly love her.

- have much in common: 많은 공통점이 있다
- talk about: ~에 대해 이야기하다
- respect: 존중하다
- opinion: 의견
- truly: 진심으로

중학교 때부터 제 가장 친한 친구를 알고 지냈습니다. 공통점이 많지는 않았지만 항상 이야기할 거리가 있었습니다. 저희는 서로를 존중하고 다양한 의견을 공유했습니다. 지금은 자주 만나지는 않지만 만날 때면 자매와 함께 있는 것 같은 기분이 듭니다. 저는 그녀를 진심으로 사랑합니다.

❺ I've known my closest friend, ○○, for over 14 years. She's understanding and considerate. She listens to me and supports me. We're similar in some ways and different in others, which makes it fun to be with her. She's a precious gift in my life.

- closest: 가장 가까운
- understanding: 이해심이 있는
- considerate: 배려하는
- similar: 비슷한
- in some ways: 어떤 면에서는
- in others: 다른 면에서는
- precious: 소중한
- gift: 선물

가장 친한 친구인 ○○과는 14년 넘게 알고 지냈습니다. 그녀는 이해심 많고 배려심이 많은 친구입니다. 제 말을 잘 들어주고 응원해줍니다. 저희는 어떤 면에서는 비슷하고 어떤 면에서는 다르기 때문에 함께 있는 것이 즐겁습니다. 그녀는 제 인생에서 소중한 선물입니다.

❻ My best friend is funny, smart, and great to be around. We have a lot in common and can talk for hours about anything. She also wants to be a flight attendant like me. We're currently in different colleges, but we hope to work together for your company someday.

- be around: 함께 시간을 보내다
- have a lot in common: 많은 공통점이 있다
- for hours: 몇 시간 동안
- currently: 현재는, 지금은
- someday: 언젠가

제 가장 친한 친구는 재미있고, 똑똑하고, 함께 있으면 좋은 친구입니다. 저희는 공통점이 많아서 어떤 이야기든 몇 시간이고 할 수 있습니다. 그녀는 또한 저처럼 승무원이 되고 싶어 합니다. 지금은 서로 다른 대학에 다니고 있지만 언젠가 귀사에서 함께 일하고 싶습니다.

Q2. When you make friends do you usually choose people who are different from you or similar to you?

친구를 사귈 때 자신과 다른 사람을 선택하나요, 아니면 비슷한 사람을 선택하나요?

Key expressions!

대인 관계 성향을 나타내는 유용한 표현

I find it interesting to connect with people who are different from me.	저는 저와 다른 사람들과 소통하는 것이 흥미롭습니다.
I like being around people who are different from me.	저는 저와 다른 사람들과 함께 어울리는 것을 좋아합니다.
I am naturally drawn to people who are similar to me.	저는 저와 비슷한 사람들에게 자연스럽게 끌립니다.
I tend to gravitate towards people who share similarities with me.	저는 저와 비슷한 성향의 사람들에게 끌리는 경향이 있습니다.
I don't mind whether they are different from or similar to me.	저는 저와 다른 사람이든 비슷한 사람이든 상관이 없습니다.
I don't really mind what kind of person someone is when it comes to making friends.	저는 친구를 사귈 때 상대방이 어떤 성향의 사람인지는 크게 신경 쓰지 않습니다.

- similarity: 공통점
- bond: 유대감을 형성하다
- common interest: 공통된 관심사
- value: 가치관
- background: 배경, 출신
- comforting: 안심되는, 위로되는
- trait: 특징, 성격
- connect: 친밀해지다, 가까워지다

❶ I enjoy having friends who share similarities with me. We can bond over common interests, values, or backgrounds. It's comforting to have someone who understands my feelings and experiences. When we have common traits, it's easier for us to connect and become closer friends.

저와 비슷한 친구를 사귀는 것이 즐겁습니다. 공통의 관심사, 가치관 또는 배경을 통해 유대감을 형성할 수 있습니다. 제 감정과 경험을 이해하는 사람이 있다는 것은 위안이 됩니다. 공통된 특성을 가지고 있으면 더 쉽게 가까워지고 더 친밀한 친구가 될 수 있습니다.

❷ I usually become friends with people who have similar beliefs. Friends are the ones you spend a lot of time with, aside from family. It's easier and more comfortable to connect and share thoughts with people who have similar beliefs.

* similar: 비슷한, 유사한
* belief: 신념, 믿음
* aside from: ~을 제외하고
* thought: 생각, 의견

저는 보통 비슷한 신념을 가진 사람들과 친구가 됩니다. 친구는 가족을 제외하고 가장 많은 시간을 함께 보내는 사람입니다. 비슷한 신념을 가진 사람들과 어울리고 생각을 공유하는 것이 더 쉽고 편안합니다.

❸ I feel comfortable making friends with people who are very different from me. Meeting different individuals teaches me new things and helps me see the world from different angles. I like having friends who are not similar to me.

* make friends: 친구를 사귀다
* be different from: ~와 다르다
* individual: 개인, 사람
* angle: 관점
* be similar to: ~와 비슷하다

저는 저와 매우 다른 사람들과 친구를 사귀는 것이 편안합니다. 다양한 사람들을 만나면 새로운 것을 배우고 다양한 각도에서 세상을 바라보는 데 도움이 됩니다. 저는 저와 비슷하지 않은 친구를 사귀는 것을 좋아합니다.

❹ I like making friends with people who see things differently than me. Meeting people from diverse backgrounds has helped me grow as a person. Being around different perspectives has opened my mind to new ideas and expanded my understanding of life.

* things: 상황, 일
* differently: 다르게, 다른 방식으로
* diverse: 다양한, 다채로운
* perspective: 관점, 시각
* expand: 넓히다, 확장하다

저는 저와 다른 시각을 가진 사람들과 친구를 사귀는 것을 좋아합니다. 다양한 배경을 가진 사람들을 만나면서 한 사람으로서 성장하는 데 도움이 되었습니다. 다양한 관점을 가진 사람들과 어울리다 보니 새로운 아이디어에 마음이 열리고 삶에 대한 이해의 폭이 넓어졌습니다.

❺ What matters most to me is how we treat each other, rather than the specific kind of friends I have. I've made friends from various backgrounds, and it has been helpful for us to learn from each other's good qualities. It gives me more chances to expand my knowledge and understanding.

* matter: 중요하다
* treat: 대하다
* rather than: ~하는 대신에
* specific: 특정한, 구체적인
* kind: 종류
* various: 다양한, 여러 가지의
* helpful: 도움이 되는, 유용한
* good quality: 장점, 좋은 점
* expand: 넓히다, 확장하다

저에게 가장 중요한 것은 어떤 친구를 사귀는가보다는 서로를 대하는 태도입니다. 저는 다양한 배경을 가진 친구들을 사귀었고, 서로의 좋은 점을 배울 수 있어서 도움이 되었습니다. 지식과 이해의 폭을 넓힐 수 있는 기회가 더 많아졌습니다.

- different: 다른
- similar: 비슷한
- pros and cons: 장단점
- fresh: 신선한
- viewpoint: 시각, 관점
- on the other hand: 반면에
- decision-making: 의사 결정
- a sense of comfort: 안정감
- mind: 상관하다, 개의하다
- whether: ~인지 아닌지

❻ Having friends who are different from or similar to me has pros and cons. Different friends bring fresh ideas and viewpoints. On the other hand, similar friends make decision-making easier and provide a sense of comfort. I don't mind whether they are different or similar to me.

저와 다르거나 비슷한 친구를 사귀는 것은 장단점이 있습니다. 다른 친구는 신선한 아이디어와 관점을 가져다줍니다. 반면에 비슷한 친구는 의사 결정을 더 쉽게 내리게 하고 편안하게 해줍니다.

Q3. Do you prefer to work alone or as a member of a team?
혼자 일하는 것이 좋습니까, 팀의 일원으로써 일하는 것이 좋습니까?

🔑 Key expressions!

업무 성향을 나타내는 유용한 표현	
It depends on the type of work.	일의 종류에 따라 다릅니다.
I tend to do well in a team setting.	저는 팀으로써 일을 할 때 더 잘하는 경향이 있습니다.
I enjoy working in a team setting more than working alone.	혼자 일하는 것보다 팀으로 일하는 것이 더 즐겁습니다.
I find that I'm more productive when I work in a team.	팀으로 일할 때 생산성이 더 높아진다는 것을 알게 되었습니다.
I'm quite happy working alone when necessary.	저는 필요하다면 혼자 일하는 것을 꽤 좋아합니다.
I prefer working ~ . 저는 ~로(와) 일하는 것을 더 좋아합니다.	
I prefer working with others.	저는 다른 사람들과 함께 일하는 것을 좋아합니다.
I prefer working as a team.	저는 팀으로 일하는 것을 좋아합니다.
I prefer working on my own more than working with others.	저는 다른 사람들과 일하는 것보다 혼자 일하는 것을 더 좋아합니다.
I prefer working alone rather than in a team.	저는 팀보다는 혼자 일하는 것을 선호합니다.

❶ It depends on the type of work. I have experienced success both working with others and independently. Some tasks require teamwork for efficiency, while others can be completed by an individual. Overall, I usually prefer working with others.

업무 유형에 따라 다릅니다. 저는 다른 사람들과 함께 일할 때와 독립적으로 일할 때 모두 성공을 경험했습니다. 어떤 업무는 효율성을 위해 팀워크가 필요한 반면, 어떤 업무는 개인이 완료할 수 있습니다. 전반적으로 저는 보통 다른 사람들과 함께 일하는 것을 선호합니다.

* depend on: ~에 달려있다
* independently: 독립적으로, 혼자
* task: 일, 작업
* require: 요구하다
* efficiency: 효율성
* while: 반면에
* be completed by: ~에 의해 끝나다, 완료되다
* individual: 개인
* overall: 전반적으로
* prefer ~ing: ~하는 것을 선호하다

❷ I enjoy working as part of a team. It is a productive and efficient environment. As a team member, I can communicate effectively, respect others, and actively listen. I can also take on a leadership role or contribute equally, depending on the needs of the job.

저는 팀의 일원으로 일하는 것을 즐깁니다. 그것은 생산적이고 효율적인 환경입니다. 팀원으로서 저는 효과적으로 소통하고, 다른 사람을 존중하며, 적극적으로 경청할 수 있습니다. 또한 업무의 필요에 따라 리더십 역할을 맡거나 동등하게 기여할 수 있습니다.

* productive: 생산적인
* efficient: 효율적인
* environment: 환경
* effectively: 효과적으로
* respect: 존중하다
* take on: ~을 맡다
* contribute: 기여하다
* equally: 동등하게

❸ I generally perform well in a team setting because of my effective communication skills, professional attitude, and understanding of what it takes to accomplish goals. I can delegate tasks, collaborate, and adapt to various roles within the team. I am flexible in working independently or as part of a team, based on the requirements of the task at hand.

저는 효과적인 의사소통 기술, 전문적인 태도, 목표 달성을 위해 무엇이 필요한지 잘 이해하고 있기 때문에 일반적으로 팀 환경에서 좋은 성과를 냅니다. 저는 업무를 위임하고 협업하며 팀 내 다양한 역할에 적응할 수 있습니다. 저는 당면한 업무의 요구 사항에 따라 독립적으로 또는 팀의 일원으로 유연하게 일할 수 있습니다.

* generally: 일반적으로
* perform: 수행하다
* team setting: 팀 환경
* effective: 효과적인
* professional: 전문적인
* attitude: 태도
* what it takes: 필요한 것
* accomplish: 성취하다
* delegate: 맡기다
* collaborate: 협력하다
* adapt to: ~에 적응하다
* various: 다양한
* independently: 독립적으로, 혼자
* based on: 기반으로, ~에 따라
* requirement: 요구 사항
* at hand: 현재 진행 중인, 당면한

- enjoyable: 즐거운
- unique: 독특한
- strength: 장점
- perspective: 관점
- solution to: ~에 대한 해결책

④ Working as a team is enjoyable for me because each member brings unique strengths, offering different perspectives and solutions to problems.

팀원 각자가 고유한 강점을 가지고 있어 문제에 대한 다양한 관점과 해결책을 제시하기 때문에 팀으로 일하는 것이 즐겁습니다.

- allow+목적어+to부정사: ~가 …하게 하다
- gather: 모이다
- fellow: 동료
- workload: 업무 부담
- moreover: 게다가
- face: 직면하다
- challenge: 도전
- support: 지원하다
- encourage: 격려하다
- one another: 서로
- overcome: 극복하다

⑤ I prefer working in a team because it allows me to gather great ideas from fellow team members and share the workload together. Moreover, when we face challenges, we can support and encourage one another to overcome them.

팀에서 일하면 동료 팀원들로부터 좋은 아이디어를 얻고 업무량을 함께 나눌 수 있기 때문에 팀에서 일하는 것을 선호합니다. 또한 어려움에 직면했을 때 서로를 지지하고 격려하며 극복할 수 있습니다.

- content: 만족하는
- when necessary: 필요할 때
- satisfaction: 만족감
- collaboratively: 협력하여
- lead to: ~로 이끌다

⑥ I am content working alone when necessary, but I also find satisfaction in working as part of a team. As the saying goes, "two heads are better than one," and working collaboratively often leads to better ideas.

필요할 때는 혼자 일해도 만족하지만, 팀의 일원으로 일할 때도 만족감을 느낍니다. "두 개의 머리가 한 개의 머리보다 낫다"는 속담처럼 협업을 통해 일하면 더 좋은 아이디어가 나오는 경우가 많습니다.

- striving for: ~을 위해 노력하는
- common goal: 공통의 목표
- appreciate: 감사하게 여기다
- teammate: 팀원
- own: 자신의
- responsibility: 책임
- complete: 완료하다, 수행하다
- task: 과제, 업무
- independently: 독립적으로, 혼자

⑦ I prefer working with others as part of a group striving for a common goal. I appreciate when each teammate has their own responsibilities and completes their tasks independently.

저는 공동의 목표를 위해 노력하는 팀의 일원으로서 다른 사람들과 함께 일하는 것을 선호합니다. 각 팀원이 각자의 책임감을 가지고 독립적으로 업무를 완수할 때 감사함을 느낍니다.

7 Character/Personality

🎙 Interview tips!

성격에 관한 질문의 의도는 지원자가 자신에 대해 얼마나 객관적으로 분석하고 있고, 자기 개선의 노력 등을 시도하고 있는지를 알기 위함이다.

승무원에게 요구되는 성격은 책임감, 성실함, 희생 정신, 배려심, 사교성, 협동심 등이 있다. 승무원에 적합한 성격과 자신의 성격이나 적성이 부합하지 않을 때에는 당연히 좋은 결과를 얻을 수 없을 것이다. 성격이나 성향은 겉으로 드러나기 마련이며, 지원자가 주장하는 바와 같이 겉모습이 일치할 수 있도록 답변할 때에는 기본적으로 밝고 명랑하며 적극적인 모습을 보여줘야 한다.

마무리 부분에서는 지원자가 승무원에 최적화된 성격을 갖고 있는 사람이라는 것을 적극적으로 어필하고, 승무원이 되고 싶다는 의지와 열정을 언급하는 것이 좋다.

💡 Key vocabulary and expressions!

성격을 나타내는 단어 (장점)

sociable 사교적인	easygoing 소탈한, 원만한
adaptable 적응을 잘하는	flexible 융통성 있는
polite 예의 바른	creative 창의력이 있는
quick-witted, witty, resourceful 재치 있는	outgoing, active, extroverted 외향적인, 적극적인
friendly, kind 친근한, 친절한	energetic 정력적인, 활기가 넘치는
trustworthy, reliable 신뢰할 수 있는	organized 체계적인, 정리를 잘하는
passionate, enthusiastic 열정적인	decisive 결단력이 있는
diligent, hardworking 근면한, 부지런한	amiable 쾌활한, 정감 있는
thoughtful, considerate 사려 깊은, 배려심이 있는	ambitious 야심이 있는
compassionate 인정 많은	warm-hearted 마음이 따뜻한
determined 결심이 굳은	strong-willed 강인한
caring 상냥한, 잘 돌봐주는	honest 정직한, 성실한
sensible 분별 있는, 현명한	prudent 신중한
patient 인내심이 강한	sincere 성실한, 진실한

affectionate 자애로운	responsible 책임감이 강한
cooperative 협조적인, 협동심이 있는	open-minded 개방적인, 열린 마음의
pleasant 쾌활한, 명랑한	cheerful 활기찬, 발랄한
dedicated, devoted 헌신적인	humorous 유머 감각이 있는, 재치 있는
calm 침착한, 차분한	understanding 이해심이 많은
confident 자신감 있는, 확신에 찬	generous, tolerant 관대한, 아량이 넓은
modest, humble 겸손한	down-to-earth 소탈한

I am + 형용사. 저는 ~합니다.	
I am prudent.	저는 신중합니다.
I am open-minded and easygoing.	저는 개방적이고 성격이 원만합니다.

I am a(an) 형용사 + person. 저는 ~한 사람입니다.	
I am a thoughtful person.	저는 사려 깊은 사람입니다.
I am a warm-hearted person.	저는 마음이 따뜻한 사람입니다.

I am a person(the type of person) who is + 형용사. 저는 ~한 사람입니다.	
I am a person who is friendly.	저는 친근한 사람입니다.
I am the type of person who is responsible.	저는 책임감이 있는 사람입니다.

I consider myself (to be) ~. 저는 제가 ~하다고 생각합니다.	
I consider myself flexible.	저는 제가 융통성이 있다고 생각합니다.
I consider myself a bit indecisive.	제가 다소 우유부단하다고 생각합니다.

Q1. What kind(type) of personality do you have?
당신은 어떤 성격을 갖고 있습니까?

* hardworking: 근면한, 노력하는
* goal-oriented: 목표 지향적인
* take on: 맡다, 떠맡다
* challenge: 도전, 어려움
* motivate: 동기 부여하다

❶ I'm a hardworking and goal-oriented person. I like improving myself every day to do better in what I love. Taking on challenges motivates me, and I'm always excited to learn and grow.

저는 열심히 일하고 목표 지향적인 사람입니다. 제가 좋아하는 일을 더 잘하기 위해 매일 스스로를 발전시키는 것을 좋아합니다. 도전은 저에게 동기를 부여하고 항상 배우고 성장하는 것에 흥미를 느낍니다.

❷ I am very ambitious and always up for challenges. I never like to sit back and relax. Meeting my goals and improving daily are essential to me, and I never give up easily. I believe that determination and never giving up are the keys to success.

저는 매우 야심차고 항상 도전할 준비가 되어 있습니다. 저는 앉아서 쉬는 것을 좋아하지 않습니다. 목표를 달성하고 매일 발전하는 것은 저에게 필수적이며 쉽게 포기하지 않습니다. 결단력과 절대 포기하지 않는 것이 성공의 비결이라고 믿습니다.

- ambitious: 야심찬, 포부 있는
- be up for: ~할 의향이 있다
- sit back and relax: 한가히 누워 쉬다
- meet: 만족시키다
- daily: 매일의, 일상적인
- essential: 필수적인, 중요한
- give up: 포기하다
- determination: 결단력, 단호함
- key to success: 성공의 비결

❸ I'm a warm-hearted person who is always willing to help others in need. It makes me happy to lend a hand and spread positivity. I believe a small act of kindness can make a big difference. If given the opportunity to join your company, I'll bring my compassionate nature to the role and contribute to a caring atmosphere for everyone.

저는 항상 도움이 필요한 사람들을 기꺼이 돕는 따뜻한 사람입니다. 도움을 주고 긍정을 전파하는 일은 저를 행복하게 합니다. 저는 작은 친절이 큰 변화를 가져올 수 있다고 믿습니다. 귀사에 입사할 기회가 주어진다면 저의 정이 많은 성격을 발휘하여 모두를 배려하는 분위기를 조성하는 데 기여하겠습니다.

- warm-hearted: 따뜻한 마음을 가진
- be willing to: 기꺼이 ~하다
- in need: 필요한 상태에 있는
- lend a hand: 도움을 주다
- spread: 확산시키다
- positivity: 긍정성
- make a difference: 차이를 만들다
- If given the opportunity: 만약 기회가 주어진다면
- compassionate: 정이 많은
- nature: 성향, 본성
- contribute to: ~에 기여하다
- caring: 사랑과 배려가 느껴지는
- atmosphere: 분위기

❹ I am a friendly and sociable person, and I find it easy to connect with others. I enjoy making new connections and building relationships with people. Working with others brings out the best in me, and I enjoy achieving things together.

저는 친절하고 사교적인 사람이며 다른 사람들과 쉽게 소통할 수 있습니다. 저는 새로운 인맥을 쌓고 사람들과 관계를 맺는 것을 즐깁니다. 다른 사람들과 함께 일하면 제 능력을 최대한 발휘할 수 있고, 함께 무언가를 성취하는 것을 즐깁니다.

- sociable: 사교적인
- connect with: ~와 교류하다
- make connections: 인맥을 쌓다
- build relationships with: ~와 관계를 형성하다
- bring out: ~을 드러내다, 발휘하다

- fit: 적합, 딱 맞는 것
- nature: 본성, 성격
- pleasant: 즐거운, 쾌적한
- ensure: 보장하다, 확보하다
- smooth: 부드러운, 원활한
- enjoyable: 즐거운, 쾌적한
- flight: 비행, 항공편

❺ I consider myself sociable and outgoing, which makes me a great fit for a flight attendant's job. My friendly nature will help me connect with passengers, creating a pleasant experience for them. Also, my ability to work well with the team ensures a smooth and enjoyable flight for everyone.

저는 사교적이고 외향적이기 때문에 승무원이라는 직업에 매우 적합하다고 생각합니다. 저의 친근한 성격은 승객들과 소통하여 승객들에게 즐거운 경험을 선사하는 데 도움이 될 것입니다. 또한 팀원들과 잘 협력할 수 있는 능력은 모두에게 원활하고 즐거운 비행을 보장해줄 것입니다.

- adaptable: 적응력 있는
- adjust to: ~에 적응하다
- environment: 환경
- handle: 다루다, 처리하다
- unexpected: 예상치 못한
- calmly: 차분하게
- even: 훨씬
- flexible: 유연한

❻ I am an adaptable person who can easily adjust to new environments and handle unexpected challenges calmly. With two years of part-time job experience in the service field, I have become even more flexible and adaptable. I believe these qualities make me a great fit for this job.

저는 새로운 환경에 쉽게 적응하고 예상치 못한 어려움에 침착하게 대처할 수 있는 적응력 있는 사람입니다. 2년간의 서비스 분야 아르바이트 경험을 통해 더욱 유연하고 적응력이 좋아졌습니다. 이러한 자질이 이 직무에 잘 맞는다고 생각합니다.

- due to: ~ 때문에
- naturally: 자연스럽게
- people skills: 대인 관계 기술
- value: 가치를 두다
- empathy: 공감
- effective: 효과적인
- greet: 인사하다
- warmly: 따뜻하게
- considerate: 배려하는

❼ I enjoy being around people due to growing up in a big family, which naturally developed my people skills. I value empathy and effective communication in connecting with others. As a flight attendant, I'll make sure to greet passengers warmly and provide friendly and considerate service.

대가족 속에서 자랐기 때문에 사람들과 어울리는 것을 좋아하고, 자연스럽게 대인 관계 기술이 발달했습니다. 저는 다른 사람들과 소통할 때 공감과 효과적인 커뮤니케이션을 중요하게 생각합니다. 승무원으로서 승객을 따뜻하게 맞이하고 친절하고 배려하는 서비스를 제공하겠습니다.

- a sense of humor: 유머 감각
- joy: 기쁨
- enthusiastic: 열정적인
- positive: 긍정적인
- work environment: 업무 환경
- productive: 생산적인

❽ I have a great sense of humor, and making people feel good brings me joy. I am enthusiastic about learning new things and always try to have fun in whatever I do. I love a positive work environment and enjoy being productive while having fun.

저는 유머 감각이 뛰어나고 사람들을 기분 좋게 만드는 것이 저에게 기쁨을 가져다줍니다. 저는 새로운 것을 배우는 데 열정적이며 무슨 일이든 항상 즐겁게 하려고 노력합니다. 저는 긍정적인 업무 환경을 좋아하고 즐겁게 일하면서 생산성을 높이는 것을 즐깁니다.

9 I have a positive mindset, and I see challenges as chances to grow and improve. Even in difficult times, I stay optimistic because I know they can lead to better things. With this attitude, I believe I can overcome any obstacles and keep growing both personally and professionally.

저는 긍정적인 사고방식을 가지고 있으며 도전을 성장하고 발전할 수 있는 기회로 여깁니다. 어려운 시기에도 더 나은 결과로 이어질 수 있다는 것을 알기에 낙관적인 태도를 유지합니다. 이러한 태도로 어떤 장애물도 극복하고 개인적으로나 업무적으로나 계속 성장할 수 있다고 믿습니다.

* a positive mindset: 긍정적인 마인드
* optimistic: 낙관적인
* lead to: ~로 이어지다
* attitude: 태도
* overcome: 극복하다
* obstacle: 장애물, 어려움
* personally: 개인적으로
* professionally: 직업적으로

10 I have a calm and composed personality, which allows me to stay unfazed in stressful situations. I believe in my ability to handle any potential challenges that may occur during flights with confidence and efficiency.

저는 차분하고 침착한 성격으로 스트레스가 많은 상황에서도 당황하지 않습니다. 비행 중 발생할 수 있는 어떠한 문제도 자신감 있고 효율적으로 처리할 수 있다고 생각합니다.

* composed: 침착한, 조용한
* personality: 성격
* unfazed: 당황하지 않는
* stressful: 스트레스가 많은
* believe in: ~을 믿다, 신뢰하다
* potential: 잠재력
* occur: 발생하다, 일어나다
* with confidence: 자신감 있게
* with efficiency: 효율적으로

Q2. How would your friends describe your personality?
친구들이 당신의 성격에 대해 어떻게 생각합니까?

Key expressions!

My friends (colleagues) tell me that I am ~ . 제 친구(동료)들은 제가 ~하다고 말합니다.	
My friends tell me that I am a good listener.	제 친구들은 제가 이야기를 잘 들어준다고 말합니다.
My friends tell me that I am considerate of others.	제 친구들은 제가 다른 사람들을 잘 배려해준다고 말합니다.
My colleagues tell me that I am approachable and friendly.	제 동료들은 제가 다가가기 쉽고 다정하다고 말합니다.
My colleagues tell me that I am humble and down-to-earth.	제 동료들은 제가 겸손하고 소탈하다고 말합니다.
People say that I have ~ . 사람들은 제가 ~하다고 말합니다.	
People say that I have a caring heart.	사람들은 제가 마음이 따뜻하다고 말합니다.
People say that I have a sense of humor.	사람들은 제가 유머 감각이 있다고 말합니다.
People say that I have leadership.	사람들은 제가 리더십이 있다고 말합니다.
People say that I have great communication skills.	사람들은 제가 의사소통 능력이 뛰어나다고 말합니다.

- caring: 배려하는
- considerate: 사려깊은
- nature: 본성, 성향
- assistance: 도움, 지원
- lend a helping hand: 도움의 손길을 건네다
- anticipate: 예상하다, 예측하다

❶ My friends often say that I have a caring and considerate nature. Whenever they need assistance, I'm always there to lend a helping hand, and I often anticipate their needs even before they ask.

제 친구들은 제가 배려심이 많고 사려 깊은 성격이라고 자주 말하곤 합니다. 친구들이 도움이 필요할 때면 언제든 달려가서 도움을 주고, 친구들이 요청하기 전에 그들이 필요한 것을 미리 예상하기도 합니다.

❷ My friends have complimented my organizational skills and ability to manage time effectively. In a team project, I carefully planned a timeline that we all followed, and as a result, we finished the project successfully before the expected deadline.

친구들은 제 기획 능력과 시간 관리 능력을 칭찬해 주었습니다. 팀 프로젝트에서 저는 팀원 모두가 따를 수 있는 타임라인을 신중하게 계획했고, 그 결과 예상 마감일 전에 프로젝트를 성공적으로 마칠 수 있었습니다.

- compliment: 칭찬하다
- organizational skills: 조직력, 기획력
- manage: 관리하다, 다루다
- effectively: 효과적으로
- carefully: 주의 깊게
- follow: 따르다
- as a result: 결과적으로
- successfully: 성공적으로
- expected: 기대되는, 예상되는
- deadline: 마감 기한

❸ My friends describe me as friendly and loyal. I treat others with kindness and respect, which helps me maintain strong and positive relationships with them.

제 친구들은 저를 친절하고 성실하다고 말합니다. 저는 다른 사람들을 친절하고 존중하는 태도로 대하기 때문에 그들과 굳건하고 긍정적인 관계를 유지하는 데 도움이 됩니다.

- describe: 말하다
- loyal: 충실한, 의리 있는
- treat: 대하다, 처우하다
- with kindness: 친절하게, 상냥하게
- with respect: 예의를 갖추어
- maintain: 유지하다, 지속하다
- relationship: 인간관계

❹ My friends really like that I'm a good listener. When we talk, I pay close attention and respond with genuine interest in what they're saying. From time to time, my friends express their gratitude for having someone like me as their friend.

친구들은 제가 말을 잘 들어준다는 점을 정말 좋아합니다. 대화할 때 저는 세심한 주의를 기울이고 상대방의 말에 진심으로 관심을 가지고 반응합니다. 때때로 친구들은 저와 같은 친구가 있다는 것에 대해 고마움을 표현하기도 합니다.

- pay attention: 주의를 기울이다,
- respond with: 응대하다
- genuine: 진정한
- interest: 관심
- from time to time: 때때로
- express gratitude: 고마움을 전하다

❺ People have noticed that I'm good at leading and working with a team. In college, my classmates admired how I led a group effectively while valuing and considering everyone's input.

사람들은 제가 팀을 이끌고 함께 일하는 데 능숙하다는 것을 알게 되었습니다. 대학 시절, 동기들은 제가 모든 사람의 의견을 소중히 여기고 배려하면서 그룹을 효과적으로 이끄는 모습에 감탄했습니다.

- notice: 주목하다, 알아차리다
- be good at: ~을 잘하다
- lead: 이끌다
- admire: 감탄하다
- value: 소중히 여기다
- consider: 배려하다
- input: 의견

❻ My friends always talk about my sense of humor. I love making people happy and comfortable, so they often come to me when they need a smile. Having a good sense of humor makes it easy for me to connect with others and stay positive in tough times.

제 친구들은 항상 제 유머 감각에 대해 이야기합니다. 저는 사람들을 행복하고 편안하게 만드는 것을 좋아하기 때문에 사람들이 웃음이 필요할 때 저를 자주 찾아옵니다. 유머 감각이 뛰어나면 다른 사람들과 쉽게 소통할 수 있고 힘든 시기에도 긍정적인 마음을 유지할 수 있습니다.

- "Why should I hire you?"라는 질문과 비슷한 맥락에서 답하면 된다.

Q3. What are your strong points?
What is your strength?
What is your greatest strength?

본인의 강점(장점)은 무엇입니까?

 Interview tips!

지원자의 강점을 밝힐 수 있는 좋은 기회이다. 승무원이 되기 위해서는 어떤 성격이나 능력이 필요한지 생각해보고, 그중에서 자신이 가진 강점을 명확하게 표현해야 한다. 강점을 구체적으로 정의하고, 그것을 증명할 수 있는 예시를 들어주면 면접관에게 좋은 인상을 줄 수 있다. 답변은 다음과 같이 네 가지로 나눠서 하는 것이 좋다.

1. Intellectual ability (지적 능력)
- Good communication skills (탁월한 의사소통 능력)
- Fast learner (신속한 업무 숙지)
- Problem solving skills (문제 해결 능력)
- Critical thinking (비판적인 사고)

2. Knowledge and Experience (업무 지식과 직무 경험)
- Excellent team player (훌륭한 팀 플레이어)
- Being flexible and adaptable (융통성과 적응력)
- Calm approach and ability to work under pressure
  (침착한 태도와 스트레스 상황하에서의 업무 능력)
- Excellent customer service skills (뛰어난 고객 서비스 능력)
- Organizational skills (조직/기획 능력)

3. Personality (인성)
- Caring nature and attitude (타인을 보살피는 마음)
- Being considerate of others (타인에 대한 배려심)
- Resilience and confidence (회복력과 자신감)
- Empathy and understanding (공감 능력과 이해심)

4. Motivation (동기)

- Passion for the job (일에 대한 열정)
- Hardworking and focused (근면성과 집중력)
- Able to focus on the goal (투철한 목표 의식)

마무리 답변에서는 지원자가 승무원에게 필요한 자질과 역량을 충분히 갖고 있는 지원자이며, 회사의 비전과 목표에 공감하고 동참하고 싶다는 의지를 피력하는 것이 좋다. 또한 회사에 입사하게 된다면 자신의 강점을 바탕으로 고객들에게 최상의 서비스를 제공하고 회사의 성장과 발전에 기여할 수 있는 승무원이 되겠다는 포부를 밝히며 마무리하도록 한다.

Key vocabulary and expressions!

장점을 나타내는 유용한 표현

interpersonal skills 대인 관계 기술	people skills 사교 능력
decision making skills 의사결정 능력	problem solving skills 문제 해결 능력
time management skill 시간 관리 능력	communication skills 의사소통 능력
coordinating skills 의견 조율 능력	organizational skills 조직(기획) 능력
flexibility 융통성	adaptability 적응력
empathy and compassion 공감과 연민	language proficiency 언어 능력
attention to detail 세부 사항에 주목	positive attitude 긍정적인 태도
conflict resolution 갈등 해결	physical endurance 신체적 지구력
resilience under pressure 압박감을 느끼는 상황에서의 회복력	safety awareness 안전 의식
customer-oriented mindset 고객 지향적 사고방식	quick decision-making 신속한 의사 결정
efficient time management 효율적인 시간 관리	effective team player 효과적인 팀 플레이어
ability to focus(concentrate) on~ ~에 집중하는 능력	ability to handle pressure(stress) 스트레스를 다루는 능력
ability to adapt quickly 신속하게 적응하는 능력	ability to handle multiple tasks 한 번에 여러 가지 일을 해내는 능력
ability to cope with crises 위기 대처 능력	ability to remain calm 침착함을 유지하는 능력

I have a strong ~. 저는 ~이 강합니다(뛰어납니다).	
I have a strong understanding of the industry.	저는 이 업계에 대한 이해도가 뛰어납니다.
I have a strong work ethic.	저는 직업의식이 강합니다.
I have a strong sense of responsibility.	저는 책임감이 강합니다.
I have a strong passion for self-improvement.	저는 자기 개발에 대한 강한 열정을 가지고 있습니다.

I am good (excellent) at ~. 저는 ~을 잘합니다.	
I am good at group project.	저는 그룹 프로젝트를 잘합니다.
I am good at managing time.	저는 시간 관리를 잘합니다.
I am good at speaking English.	저는 영어 말하기를 잘합니다.

I like to ~. 저는 ~하기를 좋아합니다.	
I like to learn new things every day.	저는 매일 새로운 것을 배우는 것을 좋아합니다.
I like to meet new people and get along with them.	저는 새로운 사람들 만나는 것을 좋아하고, 그들과 잘 어울립니다.
I like to listen to others.	저는 다른 사람들의 말을 듣는 것을 좋아합니다.
I like to take on challenges that push me to grow and improve.	저는 성장과 발전을 위해 도전하는 것을 좋아합니다.

My key(greatest/biggest) strength is my ability to ~. **제 가장 큰 장점은 ~하는 능력입니다.**	
My key strength is my ability to stay focused.	제 가장 큰 장점은 집중하는 능력입니다.
My key strength is my ability to adapt quickly to new circumstances.	제 가장 큰 장점은 새로운 환경에 빠르게 적응하는 능력입니다.
My key strength is my ability to remain calm under pressure.	제 가장 큰 장점은 중압감을 느끼는 상황하에서도 침착함을 유지하는 것입니다.
My greatest strength is my ability to learn quickly.	저의 가장 큰 장점은 빠르게 배울 수 있다는 점입니다.

❶ I have gained relevant background knowledge that is crucial for this job. My major in Airline Services provided me with insights into the aviation business, improved my language skills, and deepened my understanding of diverse cultures. I believe this knowledge will be invaluable as I work as a flight attendant at your company.

이 직무에 필수적인 관련 배경 지식을 습득했습니다. 항공 서비스 전공을 통해 항공 비즈니스에 대한 통찰력을 얻었고, 언어 능력을 향상시켰으며, 다양한 문화에 대한 이해가 깊어졌습니다. 이러한 지식은 귀사에서 승무원으로 일하면서 귀중한 자산이 될 것이라고 믿습니다.

* relevant: 관련된, 적절한
* background knowledge: 배경 지식
* be crucial for: ~에게 중요하다
* insight: 통찰력, 통찰
* deepen: 깊어지다, 깊게 하다
* invaluable: 매우 귀중한

❷ My biggest strength is my ability to understand and encourage people. I attentively listen to others, which allows me to connect with them on a deeper level. I am skilled at choosing the right words to offer support and encouragement to others. These skills will be a great asset as a cabin crew member.

저의 가장 큰 장점은 사람들을 이해하고 격려하는 능력입니다. 저는 다른 사람의 말을 주의 깊게 경청하기 때문에 그들과 더 깊은 수준에서 소통할 수 있습니다. 그리고 저는 다른 사람들을 도와주고 격려해주기 위해 적절한 말을 선택하는 데 능숙합니다. 이러한 기술은 승무원으로서 큰 자산이 될 것입니다.

* strength: 힘, 능력
* attentively: 주의 깊게
* skilled: 능숙한
* right: 올바른, 적절한
* support: 지원
* encouragement: 격려
* asset: 자산

❸ My key strength is my persistence. Once I set a goal, I never give up and work hard every day to achieve it. I'm determined to succeed, and I firmly believe that my dedication will lead me to success. By combining my talents and unwavering determination, I am certain that I can reach great heights.

제 강점은 끈기입니다. 한 번 목표를 세우면 절대 포기하지 않고 목표를 달성하기 위해 매일 열심히 노력합니다. 저는 반드시 성공할 것이며, 저의 헌신이 저를 성공으로 이끌 것이라고 굳게 믿습니다. 저의 재능과 흔들리지 않는 결단력으로 큰 성취를 이뤄낼 수 있을 것이라 확신합니다.

* persistence: 인내, 끈기
* set a goal: 목표를 세우다
* be determined to: ~하기로 결심하다
* firmly: 확고하게, 단단하게
* dedication: 헌신, 전념
* combine: 결합하다
* talent: 재능, 재주
* unwavering: 확고한
* determination: 결단력
* reach great heights: 큰 성취를 이루다

❹ I'm really good at organizing things. In my recent university team project, I efficiently planned tasks, shared ideas, brought enthusiasm, and motivated our team. I believe my organizational skills will greatly contribute to my success in your company.

저는 기획하는 것을 정말 잘합니다. 최근 대학 팀 프로젝트에서 저는 효율적으로 과제를 계획하고, 아이디어를 공유하며, 열정을 불러일으키고, 팀원들에게 동기를 부여했습니다. 저는 저의 기획력이 귀사에서 성공하는 데 크게 기여할 것이라고 믿습니다.

* recent: 최근의, 최신의
* efficiently: 효율적으로
* enthusiasm: 열정
* motivate: 동기 부여하다
* organizational skills: 기획력, 업무 조직 및 정리 능력
* greatly: 크게, 매우
* contribute to: ~에 기여하다

- work ethic: 직업 윤리
- a sense of responsibility: 책임감
- discipline: 규율, 단호함
- when it comes to: ~에 관해서는
- on time: 시간을 지켜, 정시에
- complete: 완료하다, 마치다
- to the best of my ability: 최선을 다해서
- vital: 필수적인, 중요한

❺ My greatest strength is my strong work ethic. That means I have a strong sense of responsibility and discipline when it comes to work. I always arrive on time, give my best effort, and complete projects to the best of my ability. You need people like me with a strong work ethic as it's vital for a company to achieve its goals.

저의 가장 큰 강점은 강한 직업 윤리입니다. 즉, 일에 대한 책임감과 규율이 강하다는 뜻입니다. 저는 항상 정시에 도착하고 최선을 다하며 최선을 다해 프로젝트를 완수합니다. 회사가 목표를 달성하기 위해서는 저와 같은 강한 직업 윤리를 가진 사람이 필요합니다.

- take pride in: ~을 자랑스러워 하다
- resolve: 해결하다
- issue: 문제
- effective: 탁월한
- be considerate of: ~을 배려하다
- feelings: 감정

❻ I take pride in my customer service skills and ability to handle difficult situations. As an Airline Services major, I've learned to understand and resolve customer issues. I also have excellent communication skills, which help me work well with customers and team members. I'm known for being an effective team player, listening to others and being considerate of their feelings.

저는 고객 서비스 기술과 어려운 상황을 처리하는 능력에 자부심을 가지고 있습니다. 항공 서비스를 전공하면서 고객 문제를 이해하고 해결하는 방법을 배웠습니다. 또한 의사소통 능력이 뛰어나 고객 및 팀원들과 잘 협력할 수 있습니다. 저는 다른 사람의 말을 경청하고 그들의 감정을 배려하는 탁월한 팀 플레이어로 알려져 있습니다.

- consistently: 지속적으로
- physical activity: 신체 활동
- regularly: 정기적으로, 규칙적으로
- strength training: 근력 훈련
- physical endurance: 신체적 인내력, 체력

❼ I have been consistently doing sports and physical activities since I was young. I enjoy swimming regularly, and I also go to the gym for strength training. These activities have helped me build strong physical endurance, which is important for being a flight attendant.

저는 어렸을 때부터 꾸준히 스포츠와 운동을 해왔습니다. 정기적으로 수영을 즐기고 헬스장에 가서 근력 운동을 하기도 합니다. 이러한 활동은 승무원에게 중요한 신체적 지구력을 키우는 데 도움이 되었습니다.

8 One of my greatest strengths is collaboration. I can effectively communicate with team members from different backgrounds and perspectives. I appreciate their diversity and try to learn from them as much as I can. Working in a team brings out the best in me, and it's one of the main reasons I'm drawn to this position.

저의 가장 큰 강점 중 하나는 협업입니다. 저는 다양한 배경과 관점을 가진 팀원들과 효과적으로 소통할 수 있습니다. 저는 팀원들의 다양성을 인정하고 최대한 많은 것을 배우려고 노력합니다. 팀에서 일하면 제 능력을 최대한 발휘할 수 있으며, 이것이 제가 이 직책에 끌린 주된 이유 중 하나입니다.

- 질문 "What is the most important thing in making good teamwork?"에 대한 답으로도 변형이 가능하다.
  - The most important thing in making good teamwork is effective communication with your teammates. I can effectively communicate with ~.
- collaboration: 협력, 공동 작업
- diversity: 다양성
- bring out: 드러내다
- be drawn to: ~에 끌리다

9 One of my greatest strengths is my problem-solving ability. I can look at situations from different perspectives, which allows me to handle challenging obstacles effectively. I also enjoy coming up with creative solutions. Whether it's a team project or an individual task, I find joy in achieving successful outcomes. It gives me a sense of fulfillment and keeps me motivated.

저의 가장 큰 강점 중 하나는 문제 해결 능력입니다. 다양한 관점에서 상황을 바라볼 수 있기 때문에 어려운 문제들을 효과적으로 해결할 수 있습니다. 또한 창의적인 해결책을 찾는 것을 즐깁니다. 팀 프로젝트든 개인 과제든 성공적인 결과를 달성할 때 기쁨을 느낍니다. 이를 통해 성취감을 느끼고 계속 동기 부여가 됩니다.

- problem-solving ability: 문제 해결 능력
- obstacle: 장애물, 어려움
- come up with: ~을 생각해 내다
- creative: 창의적인
- solution: 해결책, 해답
- a sense of fulfillment: 성취감, 만족감

10 I have strong interpersonal skills, and this means I am also a good listener. I enjoy working with people from diverse backgrounds, and I adapt well to various situations and environments. I am confident that I am the right candidate for this job.

저는 대인 관계 능력이 탁월하며, 이는 또한 남의 말을 잘 듣는다는 것을 의미합니다. 저는 다양한 배경을 가진 사람들과 일하는 것을 즐기고, 다양한 상황과 환경에 잘 적응합니다. 저는 제가 이 일에 적임자라고 확신합니다.

- interpersonal skills: 대인 관계 기술, 인간관계 능력
- diverse: 다양한, 다채로운
- environment: 환경, 분위기
- right: 적절한, 적합한
- candidate: 지원자, 후보자

- be good at: ~을 잘하다
- lead: 이끌다, 지도하다
- skilled: 숙련된, 능숙한
- mediate: 조정하다, 중재하다
- conflict: 갈등, 분쟁
- create: 만들다
- leadership: 리더십, 지도력
- conflict resolution ability: 갈등 조정 능력
- valuable: 귀중한, 소중한
- asset: 자산

⓫ I am good at leading others and pursuing my ideas. Moreover, I am skilled at mediating conflicts as I carefully listen to what other people are trying to say. With my effective communication, I build strong team relationships, creating a positive work environment. My leadership and conflict resolution abilities make me a valuable asset to your company.

저는 다른 사람들을 이끌고 제 아이디어를 실행하는 데 능숙합니다. 또한 다른 사람의 말을 주의 깊게 경청하기 때문에 갈등을 중재하는 데 능숙합니다. 효과적인 의사소통을 통해, 강력한 팀 관계를 구축하여 긍정적인 업무 환경을 만들어냅니다. 저의 리더십과 갈등 해결 능력은 귀사의 소중한 자산이 될 것입니다.

- attitude: 태도, 마음가짐
- tough times: 어려운 시기, 힘든 때
- maintain: 유지하다, 지속하다
- outlook: 전망, 견해
- deal with: 다루다, 대처하다
- stay calm: 차분하게 유지하다
- under pressure: 압박감하에서

⓬ I always have a positive attitude towards life. Even in tough times, I know that maintaining a positive outlook makes challenging situations easier to deal with. So, I can stay calm under pressure and believe that I can handle any situation.

저는 항상 삶에 대해 긍정적인 태도를 가지고 있습니다. 힘든 시기에도 긍정적인 시각을 유지하면 어려운 상황에 대처하기가 더 쉬워진다는 것을 알고 있습니다. 그래서 압박감하에서도 침착함을 유지하고 어떤 상황에서도 대처할 수 있다고 믿습니다.

- well-organized: 체계적인
- highly: 매우, 극도로
- motivated: 동기 부여된, 열성적인
- approach: 접근하다
- with enthusiasm: 열정적으로
- be eager to: 열심히 ~하려고 기대하다
- aspire to: ~을 열망하다, 목표로 삼다
- abroad: 해외에서
- greatly: 크게, 매우
- proficiency: 능숙함, 능력
- take up: 시작하다
- deepen: 깊어지다
- interact with: ~와 교류하다
- multinational: 다국적의

⓭ I am well-organized, highly motivated, and have excellent communication skills. I approach every new challenge with enthusiasm and I'm eager to improve my professional skills. I aspire to be an effective part of the cabin crew.

저는 체계적이고 의욕이 넘치며 의사소통 능력이 뛰어납니다. 저는 모든 새로운 도전에 열정을 가지고 접근하며 전문 기술을 향상시키고자 합니다. 저는 승무원 조직의 유능한 일원이 되고 싶습니다.

⓮ I lived abroad for quite some time, which has greatly improved my English proficiency. I have also taken up learning Chinese and Japanese. These language studies have not only improved my language skills but also deepened my understanding of various cultures. As a result, I feel confident that I can effectively interact with multinational passengers as a flight attendant in the future.

외국에서 꽤 오랫동안 살았기 때문에 영어 실력이 크게 향상되었습니다. 또한 중국어와 일본어도 배우기 시작했습니다. 이러한 어학 공부 덕분에 어학 실력뿐만 아니라 다양한 문화에 대한 이해도 깊어졌습니다. 그 결과 앞으로 승무원으로서 다국적 승객들과 효과적으로 소통할 수 있다는 자신감이 생겼습니다.

Q4. What are your weak points?
What are your weaknesses?

본인의 단점은 무엇입니까?

Key vocabulary and expressions!

성격을 나타내는 단어 (단점)	
opinionated 완고한	uptight 고지식한
stubborn 고집 센	introverted, reserved 내성적인
passive 소극적인	timid 소심한
emotional 감정적인	moody 기분 변화가 심한
picky 까다로운, 별스러운	demanding 요구가 많은, 까다로운
impulsive 충동적인	impatient 참을성이 없는
clumsy 덤벙대는	careless 조심성이 없는
distracted 산만해진	forgetful 잘 잊어버리는
workaholic 일중독의	indecisive 우유부단한
straightforward, blunt 직선적인	overly sensitive 지나치게 민감한
gullible 귀가 얇은, 잘 속아 넘어가는	nosy 참견하기 좋아하는
hot-tempered 욱하는 성질이 있는	procrastinator 미루는 습관이 있는 사람
perfectionist 완벽주의자	micromanager 사소한 일까지 챙기는 사람

I can be (a bit/a little) ~ . 저는 ~하는 경향이 (좀/약간) 있습니다.	
I can be a bit too eager to get things done quickly.	저는 일을 너무 빨리 끝내려는 경향이 좀 있습니다.
I can be a little impatient with people who are lazy.	저는 게으른 사람들을 참지 못하는 경향이 좀 있습니다.
I can be a bit uptight when it comes to work.	저는 일에 관해서는 좀 고지식한 편입니다.

I am afraid that I ~ . 말씀드리기 그렇지만, 저는 ~합니다.	
I am afraid that I am too much of a perfectionist.	말씀드리기 그렇지만, 저는 지나치게 완벽을 추구합니다.
I am afraid that I am poor at refusing a request.	말씀드리기 그렇지만, 저는 거절을 잘 못합니다.
I am afraid that I take too much time making a decision.	말씀드리기 그렇지만, 저는 결정하는 데 시간이 오래 걸립니다.

I tend to be ~. 저는 ~하는 경향이 있습니다.	
I tend to be a perfectionist.	저는 완벽주의적인 경향이 있습니다.
I tend to be blunt.	저는 직선적인 경향이 있습니다.
I tend to be impulsive.	저는 충동적인 경향이 있습니다.

I get easily ~. 저는 쉽게 ~ 합니다.	
I get easily frustrated at people.	저는 사람들에게 쉽게 짜증을 냅니다.
I get easily bored.	저는 쉽게 싫증을 냅니다.

I am trying to be more/less ~ . 더/덜 ~하도록 노력 중입니다.	
I am trying to be more active.	더 활동적이 되도록 노력 중입니다.
I am trying to be more tolerant.	더 참을성을 갖도록 노력 중입니다.
I am trying to be less serious about everything.	매사에 덜 진지하도록 노력 중입니다.

❶ I sometimes procrastinate, but I've found a solution. I make a to-do list and ensure I complete the goals I've set for the day. This helps mc manage my life more effectively.

가끔 일을 미루기도 하지만 해결책을 찾았습니다. 저는 할 일 목록을 작성하고 그날 설정한 목표를 반드시 완수합니다. 이렇게 하면 삶을 더 효과적으로 관리할 수 있습니다.

* procrastinate: 미루다
* solution: 해결책
* to-do list: 할 일 목록
* ensure: 보장하다, 확실하게 하다
* complete: 완료하다, 마치다

❷ I often find myself taking too much time to make decisions, like what to eat or important choices. But I've realized that there's no perfect choice. So now, I try to weigh different perspectives and go with the most reasonable option at that moment.

저는 종종 무엇을 먹을 것인지 또는 중요한 선택과 같은 결정을 내리는 데 너무 많은 시간이 걸리는 제 자신을 발견하곤 합니다. 하지만 완벽한 선택은 없다는 것을 깨달았습니다. 그래서 이제 저는 다양한 관점을 고려해서 그 순간에 가장 합리적인 선택을 하려고 노력합니다.

* make decisions: 결정을 내리다
* choice: 선택, 선택지
* realize: 깨닫다
* weigh: 고려하다, 저울질하다
* go with: 선택하다, 따르다
* reasonable: 합리적인
* option: 옵션, 선택 사항
* at that moment: 그 순간에

❸ I have a habit of paying attention to even the smallest details, though they might not matter. However, if something is minor or unimportant, I try to overlook it. Nevertheless, there are times when being meticulous proves to be helpful in achieving perfection.

저는 사소한 일에도 신경을 쓰는 버릇이 있습니다. 중요하지 않을 수도 있지만 말입니다. 하지만, 만약 어떤 것이 사소한 것이거나 중요하지 않은 것이라면, 저는 그것을 간과하려고 노력합니다. 그럼에도 불구하고, 꼼꼼한 것이 완벽을 이루는 데 도움이 될 때가 있습니다.

* have a habit of: ~하는 습관이 있다
* pay attention to: ~에 주목하다
* detail: 세부 사항
* matter: 중요하다
* minor: 작은, 사소한
* unimportant: 중요하지 않은
* overlook: 간과하다, 놓치다
* nevertheless: 그럼에도 불구하고
* meticulous: 꼼꼼한, 세심한
* perfection: 완벽함, 탁월함

❹ I often worry about making mistakes, but I remind myself to loosen up and remember that I have enough time to learn from them. I try to gain something valuable from every experience, whether it's positive or negative, and I'm learning to forgive myself when things don't go as planned.

실수에 대해 자주 걱정하지만, 긴장을 풀고 실수로부터 배울 시간이 충분하다는 것을 기억하라고 스스로에게 상기시킵니다. 긍정적인 경험이든 부정적인 경험이든 모든 경험에서 가치 있는 것을 얻으려고 노력하며, 계획대로 일이 진행되지 않을 때 스스로를 용서하는 법을 배워나가고 있습니다.

* remind: 상기시키다
* loosen up: 긴장을 풀다
* valuable: 귀중한, 소중한
* negative: 부정적인, 비관적인
* forgive: 용서하다
* go: 진행되다
* as planned: 계획대로, 예정대로

- weakness: 약점
- jump to conclusions: 성급하게 결론을 내리다
- take time: 시간을 갖다
- assess: 평가하다, 판단하다
- gather: 모으다, 수집하다
- work on: ~에 노력하다, 개선하다
- mindful: 주의 깊은
- open-minded: 개방적인

❺ My weakness is sometimes jumping to conclusions. To improve, I now take time to assess situations, gather information, and consider different perspectives before making decisions. I also actively listen to others' opinions and remain flexible. I'm working on being more mindful and open-minded to overcome this weakness.

저의 단점은 때때로 성급하게 결론을 내리는 것입니다. 이를 개선하기 위해 지금은 결정을 내리기 전에 상황을 평가하고 정보를 수집하며 다양한 관점을 고려하는 시간을 갖습니다. 또한 다른 사람의 의견에 적극적으로 귀를 기울이고 유연성을 유지하려고 합니다. 이 약점을 극복하기 위해 더 신중하고 열린 마음을 갖기 위해 노력하고 있습니다.

- unassertive: 단호하지 못한
- tend to: ~하는 경향이 있다
- agree with: ~에 동의하다
- regardless of: ~와 상관없이
- hurt: 상처를 주다
- realize: 깨닫다
- please: 만족시키다
- when necessary: 필요할 때에

❻ My weakness is being a little too unassertive. I tend to agree with anything and anyone, regardless of my own feelings about the topic. I don't want to hurt anyone's feelings, but I realize I can't always please everyone, so I'm learning to say no when necessary.

제 단점은 너무 자기주장이 강하지 않다는 것입니다. 저는 주제에 대한 제 감정과 상관없이 무엇에든 누구에게든 동의하는 경향이 있습니다. 다른 사람의 기분을 상하게 하고 싶지는 않지만 항상 모든 사람을 만족시킬 수는 없다는 것을 알기 때문에 필요할 때 거절하는 법을 배우고 있습니다.

- tend to: ~하는 경향이 있다
- perfectionist: 완벽주의자
- struggle with: ~에 어려움을 겪다,
- delegate: 위임하다, 맡기다
- realize: 깨닫다
- workload: 작업 부담, 업무량
- assign: 할당하다, 배정하다
- specific: 구체적인, 명확한
- regularly: 정기적으로, 규칙적으로
- follow up: 추적하다
- properly: 적절하게, 제대로
- approach: 접근법, 방법
- work well: 효과가 있다

❼ I tend to be a perfectionist, so I used to struggle with delegating tasks. I realized it was creating too much workload for me. Now, when working on a team project, I assign specific tasks to each person and regularly follow up to ensure everything is done properly. This approach seems to work well.

저는 완벽주의자인 편이라 업무를 위임하는 데 어려움을 겪곤 했습니다. 그러다 보니 업무량이 너무 많아진다는 사실을 깨달았습니다. 지금은 팀 프로젝트를 진행할 때 각 사람에게 구체적인 작업을 할당하고 정기적으로 추적하여 모든 것이 제대로 처리되도록 합니다. 이 접근 방식은 효과가 있는 것 같습니다.

8 I can be quite straightforward with people, especially during team projects with approaching deadlines or when giving advice. However, I'm making an effort to be more considerate of their feelings and be mindful of my choice of words.

사람들에게 직설적으로 말할 때가 있습니다. 특히 마감일이 다가오는 팀 프로젝트가 있거나 조언을 해줄 때 그렇습니다. 하지만 상대방의 감정을 좀 더 배려하고 단어 선택에 주의를 기울이려고 노력하고 있습니다.

* quite: 꽤, 상당히
* straightforward: 직설적인, 솔직한
* especially: 특히
* approaching: 다가오는, 접근하는
* deadline: 마감 기한
* make an effort: 노력하다
* be considerate of: ~을 배려하다
* mindful: 주의 깊은

Q5. If you could change one thing about your personality, what would it be?

성격 중 바꾸고 싶은 것이 한 가지 있다면 무엇인가요?

Key expressions!

If I could change one thing about my personality, I would like to be more ~. 제 성격 중 한 가지를 바꿀 수 있다면, 저는 좀 더 ~한 사람이 되고 싶습니다.

If I could change one thing about my personality, I would like to be more of an extrovert.	제 성격 중 한 가지를 바꿀 수 있다면, 좀 더 외향적인 사람이 되고 싶습니다.
If I could change one thing about my personality, I would like to be more patient.	제 성격 중 한 가지를 바꿀 수 있다면, 좀 더 참을성이 많은 사람이 되고 싶습니다.
If I could change one thing about my personality, I would like to be more focused.	제 성격 중 한 가지를 바꿀 수 있다면, 저는 좀 더 집중을 잘하고 싶습니다.

I wish I were(was) 형용사의 비교급. 제가 좀 더 ~이 있으면 좋겠습니다.

I wish I were more patient.	제가 좀 더 인내심이 있으면 좋겠습니다.
I wish I were more careful.	제가 좀 더 조심성이 있으면 좋겠습니다.
I wish I were more confident.	제가 좀 더 자신감이 있으면 좋겠습니다.

I get 형용사 (so) easily. 저는 (너무) 쉽게 ~해집니다.

I get frustrated so easily.	저는 너무 쉽게 짜증이 납니다.
I get anxious so easily.	저는 너무 쉽게 마음이 조급해집니다.
I get careless so easily	저는 너무 쉽게 부주의해집니다.

- quite: 꽤, 상당히
- perfectionist: 완벽주의자
- set: 설정하다, 정하다
- high standards: 높은 기준
- for myself: 나 자신에게
- extreme: 극도의
- details: 세부 사항
- relaxed: 편안한, 여유로운
- accept: 받아들이다

❶ I tend to be quite a perfectionist, always setting high standards for myself and paying extreme attention to details. However, I'm trying to be more relaxed and accept when things are 'good enough.'

저는 완벽주의자라 항상 스스로에게 높은 기준을 세우고 디테일에 극도의 주의를 기울이는 편입니다. 하지만 이제는 좀 더 여유를 갖고 '충분히 좋다'고 판단되면 받아들이려고 노력 중입니다.

❷ I wish I were more patient. I get anxious easily and often rush through things, making others around me feel uneasy. I'm making progress and trying to sit back and relax more.

좀 더 인내심이 있었으면 좋겠습니다. 쉽게 불안해하고 일을 서두르는 경우가 많아 주변 사람들을 불안하게 만듭니다. 점점 나아지고 있고, 좀 더 여유를 가지려고 노력하고 있습니다.

- patient: 참을성 있는
- anxious: 불안한, 초조한
- rush through: 서두르다
- uneasy: 불안한
- make progress: 진전을 이루다
- sit back and relax: 등을 기대고 편안히 쉬다

❸ I easily get frustrated with people who don't work very hard, but I understand that everyone has different work styles. If I could change one thing about my personality, I would like to be more patient and understanding.

저는 열심히 일하지 않는 사람들에게 쉽게 짜증이 나지만, 사람마다 업무 스타일이 다르다는 것을 이해합니다. 제 성격 중 한 가지를 바꿀 수 있다면 좀 더 인내심과 이해심이 많았으면 좋겠습니다.

- get frustrated: 짜증을 내다
- work style: 작업 방식, 업무 스타일
- patient: 인내심 있는
- understanding: 이해심 있는

❹ I would like to improve my focus. I often find myself multitasking, leading to forgetting important tasks. Additionally, I tend to procrastinate when I get bored. I'm working on motivating myself to finish tasks more efficiently.

집중력을 향상하고 싶습니다. 멀티태스킹을 자주 하다 보니 중요한 작업을 잊어버리는 경우가 많습니다. 또한 지루해지면 일을 미루는 경향이 있습니다. 작업을 더 효율적으로 끝낼 수 있도록 동기를 부여하기 위해 노력 중입니다.

- focus: 집중하다
- multitasking: 다중 작업
- lead to: ~로 이어지다
- forget: 잊어버리다
- additionally: 게다가
- procrastinate: 미루다
- get bored: 지루해지다
- efficiently: 효율적으로

❺ I have a tendency to let my focus become scattered and have multiple things going on at the same time. Sometimes it's best to devote all my attention to one task until it's done. While challenging, I am getting better at it.

저는 집중력이 흩어져서 동시에 여러 가지 일을 진행하는 경향이 있습니다. 때로는 한 가지 일이 끝날 때까지 모든 주의를 집중하는 것이 가장 좋습니다. 힘들긴 하지만, 점점 나아지고 있습니다.

- have a tendency to: ~하는 경향이 있다
- scattered: 흩어진, 분산된
- multiple: 여러 개의, 다양한
- at the same time: 동시에
- devote: 헌신하다, 바치다
- get better: 개선되다, 나아지다

- more of: 더 ~한
- extrovert: 외향적인 사람
- used to: ~하고 했다
- quite: 꽤
- shy: 수줍은, 내성적인
- work on: ~에 노력하다, 개선하다
- outgoing: 외향적인
- approachable: 다가가기 쉬운
- make an effort: 노력하다
- proactive: 적극적인
- start conversations: 대화를 시작하다
- confident: 자신감 있는, 확신하는
- in a natural way: 자연스럽게

6 I wish I were more of an extrovert. I used to be quite shy, but now I'm working on being more outgoing. It's because I want to be approachable and friendly to others. These days, I make an effort to be sociable and proactive by starting conversations with people. It's helping me become more confident and connect with others in a natural way.

제가 좀 더 외향적이었으면 좋겠습니다. 예전에는 꽤 수줍음이 많았는데 지금은 좀 더 외향적으로 변하려고 노력 중입니다. 다른 사람들에게 친근하게 다가가고 싶기 때문입니다. 요즘은 사람들과 대화를 시작하면서 사교적이고 적극적으로 행동하려고 노력합니다. 그러다 보니 자신감이 생기고 다른 사람들과 자연스럽게 관계를 형성하는 데 도움이 됩니다.

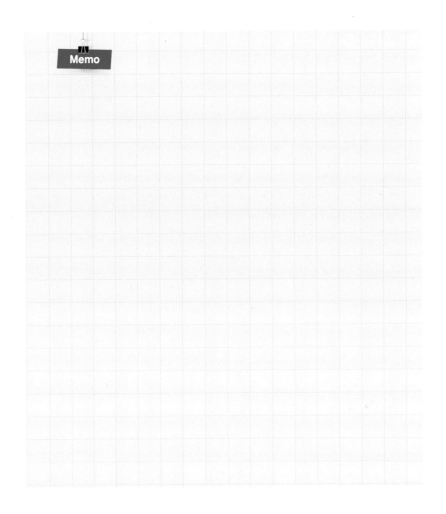

Memo

8 Hobbies/Interests/Spare Time

🎙 **Interview tips!**

승무원 면접에서 취미나 여가 시간 활용법에 대해 물어보는 이유는 지원자의 성격, 취향, 특기, 가치관 등을 파악하기 위함이다. 그러므로 답변할 때는 다음과 같은 요령을 참고하도록 하자.

- **솔직하고 자연스럽게 말하기**

  취미나 여가 시간 활용법은 자신의 개성과 삶의 방식을 드러내는 것이므로 억지로 승무원과 관련된 것이나 면접관이 좋아할 것 같은 것을 말하지 않는 것이 좋다. 자신이 진심으로 즐기고 있는 취미나 여가 시간 활용법을 솔직하고 자연스럽게 말하는 것이 면접관에게 좋은 인상을 줄 수 있다.

- **구체적이고 상세하게 설명하기**

  예를 들어, 취미가 독서라면 어떤 장르의 책을 읽는지, 가장 최근에 읽은 책은 무엇인지, 그 책에서 어떤 점이 인상적이었는지, 가장 좋아하는 작가는 누구인지 등을 말해주면 좋다. 이렇게 구체적이고 상세하게 설명하면 면접관에게 자신의 취미나 여가 시간 활용법에 대한 열정과 깊이를 보여줄 수 있다.

- **능동적이고 긍정적으로 표현하기**

  예를 들어, 취미가 운동이라면 운동을 하면서 얻은 장점이나 효과, 목표나 동기 등을 말해주면 좋다. 또한, 운동을 어떻게 하고 있는지, 얼마나 자주 하고 있는지, 어떤 운동 기구나 동영상 등을 이용하고 있는지 등을 말하는 것이다. 이렇게 능동적이고 긍정적으로 표현하면 면접관에게 자신의 취미나 여가 시간 활용법에 대한 역량과 자신감을 보여줄 수 있다.

Q1. **What's your hobby?**
What kind of hobbies do you have?
What do you like to do for fun?

취미는 무엇입니까?

💡 **Key expressions!**

> **One of my favorite hobbies is ~. 제가 가장 좋아하는 취미는 ~입니다.**

One of my favorite hobbies is traveling.	제가 가장 좋아하는 취미는 여행입니다.
One of my favorite hobbies is going to the movies.	제가 가장 좋아하는 취미는 영화 감상입니다.
One of my favorite hobbies is reading books.	제가 가장 좋아하는 취미는 독서입니다.

• One of + 복수명사 + 단수동사:
~들 중의 하나는 …입니다.

For fun, I enjoy 동명사 ~. 저는 재미로 ~하는 것을 좋아합니다.	
For fun, I enjoy going camping and hiking with friends.	저는 재미로 친구들과 캠핑과 등산을 즐깁니다.
For fun, I enjoy exploring new places.	저는 재미로 새로운 장소에 가보는 것을 즐깁니다.
For fun, I enjoy playing board games or video games with family and friends.	저는 재미로 가족이나 친구들과 보드 게임이나 비디오 게임을 즐기는 것을 즐깁니다.
For fun, I enjoy binge-watching TV shows.	저는 재미로 TV 프로그램을 몰아보는 것을 즐깁니다.

It's a good(great) way to ~. ~하는 데 좋습니다.	
It's a good way to stay in shape.	건강을 유지하는 좋은 방법입니다.
It's a good way to spice up your routine.	일상을 더 즐겁게 해주는 좋은 방법입니다.
It's a good way to increase my fitness levels steadily.	체력을 꾸준히 기르는 데 좋은 방법입니다.
It's a good way to relieve stress.	스트레스를 해소하는 좋은 방법입니다.
It's a good way to spend time by myself.	혼자서 시간 보내기에 좋은 방법입니다.
It's a good way to relax and have fun.	휴식을 취하고 즐겁게 보내기에 좋은 방법입니다.
It's a great way to socialize and meet new people.	새로운 사람들을 사귀고 만날 수 있는 좋은 방법입니다.

- historical site: 역사적인 유적지
- enrich: 풍요롭게 하다
- definitely: 확실히, 분명히
- pleasure: 즐거움, 기쁨

❶ Traveling is one of my favorite hobbies. I love visiting famous places, seeing historical sites, and experiencing new cultures. It enriches my life through different experiences, cultures, and people. Traveling definitely brings me a lot of pleasure.

여행은 제가 가장 좋아하는 취미 중 하나입니다. 유명한 장소를 방문하고, 유적지를 보고, 새로운 문화를 경험하는 것을 좋아합니다. 여행은 다양한 경험과 문화, 사람들을 통해 제 삶을 풍요롭게 해줍니다. 여행은 확실히 저에게 많은 즐거움을 가져다줍니다.

❷ I really enjoy doing Pilates as one of my favorite hobbies. It helps me relieve stress and stay balanced in my busy days. Taking some time to exercise and relax is refreshing. Pilates also helps me clear my mind and find inner peace.

* relieve stress: 스트레스를 해소하다
* balanced: 균형 있는
* take some time: 시간을 내다
* refreshing: 상쾌한, 기분 좋은
* clear my mind: 마음을 비우다
* inner peace: 내적 평화

필라테스는 제가 가장 좋아하는 취미 중 하나입니다. 필라테스는 스트레스를 해소하고 바쁜 일상에서 균형을 유지하는 데 도움이 됩니다. 시간을 내어 운동하고 휴식을 취하게 되면 기분이 상쾌해집니다. 또한 필라테스는 마음을 비우고 내면의 평화를 찾는 데 도움이 됩니다.

❸ I love watching cooking videos on YouTube and trying out cooking myself. It's been a great way for me to relax and have fun in my free time. I enjoy experimenting with different recipes, and it's so rewarding when my family and friends enjoy the meals I prepare.

* try out: 시도해보다
* experiment: 시도하다
* recipe: 요리법, 조리법
* rewarding: 보람 있는

YouTube에서 요리 동영상을 보고 직접 요리 해보는 것을 좋아합니다. 여가 시간에 긴장을 풀고 즐거운 시간을 보낼 수 있는 좋은 방법입니다. 다양한 레시피를 시도해보는 것을 즐기고, 가족과 친구들이 제가 만든 요리를 맛있게 먹을 때 큰 보람을 느낍니다.

❹ I love listening to music while drawing. It helps me forget about any stress and distractions in life. Sometimes, I lose track of time while doing this. It's a great way to spend some quality time alone.

* drawing: 그림 그리기
* forget: 잊어버리다
* distraction: 산만함
* lose track of time: 시간 가는 줄 모르다
* quality time: 즐거운 시간, 좋은 시간

그림을 그리면서 음악을 듣는 것을 좋아합니다. 음악은 삶의 스트레스와 산만함을 잊는 데 도움이 됩니다. 가끔은 그림을 그리다 보면 시간 가는 줄 모를 때도 있습니다. 혼자만의 시간을 보낼 수 있는 좋은 방법이기도 합니다.

❺ I love exploring new restaurants and tasting delicious food with my friends and family. I often take pictures and write reviews on social media, and I do this about two to three times a month. It's a great way to share quality time with friends and family while enjoying tasty food.

* explore: 찾아다니다
* taste: 맛보다
* take pictures: 사진을 찍다
* write reviews: 리뷰를 작성하다
* social media: SNS
* tasty: 맛있는

친구나 가족과 함께 새로운 레스토랑을 찾아가보고 맛있는 음식 먹는 것을 좋아합니다. SNS에 사진을 찍어 후기를 쓰는 경우가 많은데, 한 달에 2~3번 정도 이렇게 합니다. 이것은 맛있는 음식을 즐기면서 친구와 가족과 좋은 시간을 보낼 수 있는 좋은 방법입니다.

❻ I love singing, especially when I'm stressed. Listening to K-pop songs, dancing, and singing along make me feel much better. Sometimes, I go to karaoke with my friends, and we have a great time singing together. It's a fun and relaxing way to enjoy music and hang out with friends.

특히 스트레스를 받을 때 노래 부르는 걸 좋아합니다. K-pop 노래를 듣고 춤을 추고 따라 부르면 기분이 훨씬 좋아집니다. 가끔 친구들과 노래방에 가서 함께 노래를 부르며 즐거운 시간을 보내기도 합니다. 음악을 즐기고 친구들과 어울릴 수 있는 즐겁고 편안한 방법입니다.

❼ I really enjoy taking walks with my dog. It's not only fun, but it also helps me stay fit. Whenever I have free time, we walk around the parks or go hiking in the mountains together. It's an easy and cost-free activity that I love doing with my furry friend.

반려견과 산책하는 것을 정말 좋아합니다. 재미있을 뿐만 아니라 건강 유지에도 도움이 됩니다. 시간이 날 때마다 공원을 산책하거나 산에 함께 하이킹을 가기도 합니다. 쉽고 비용도 들지 않는 활동이라 제 털복숭이 친구와 함께 하는 것을 좋아합니다.

❽ I love going to the movies with my friend. We watch all kinds of films and discuss them afterward, sharing our different views. I also enjoy watching movie reviews on YouTube to compare my feelings with others'. It's a great way to relax and unwind after a busy day.

친구와 영화 보러 가는 것을 좋아합니다. 다양한 종류의 영화를 보고 난 후 서로 다른 견해를 나누기도 합니다. 또한 YouTube에서 영화 리뷰를 보면서 다른 사람들과 제 느낌을 비교하는 것도 좋아합니다. 바쁜 하루를 보낸 후 긴장을 풀고 휴식을 취할 수 있는 좋은 방법입니다.

❾ I absolutely love reading books. With a wide range of subjects available, I can learn about practically anything. It broadens my horizons and provides me with endless enjoyment.

책 읽기를 정말 좋아합니다. 다양한 주제를 다루기 때문에 거의 모든 것에 대해 배울 수 있습니다. 독서는 제 시야를 넓혀주고 끝없는 즐거움을 선사합니다.

⑩ I love exercising as a hobby. It keeps me fit and healthy. I've been working on my body consistently, and I also eat well. Someday, I want to take a body profile photo to see my progress.

취미로 운동하는 것을 좋아합니다. 운동은 저를 건강하게 유지시켜줍니다. 꾸준히 몸을 가꾸고 있고 식단도 잘 관리하고 있습니다. 언젠가는 바디 프로필 사진을 찍어 제 발전 과정을 확인하고 싶습니다.

- exercise: 운동하다
- fit: 몸매가 좋은, 건강한
- healthy: 건강한
- work on my body: 몸을 관리하다
- consistently: 꾸준히
- body profile: 체형, 몸매
- progress: 진전, 발전

Q2. What do you usually do on weekends?

주말에 주로 무엇을 합니까?

Key expressions!

I usually 동사 on weekends. 저는 주말에 주로 ~을 합니다.	
I usually eat out with my family on weekends.	주말에 주로 가족들과 외식을 합니다.
I usually work out at the gym on weekends.	주말에 주로 체육관에서 운동을 합니다.
I usually relax at home on weekends.	주말에 주로 집에서 휴식을 취합니다.

Since I started ~, I have p.p. …. ~을 시작한 후, …해졌습니다.	
Since I started working out, I have become less stressed out.	운동을 시작한 후, 스트레스를 덜 받게 되었습니다.
Since I started Pilates, I have become more flexible and toned.	필라테스를 시작한 후, 유연성과 몸이 더 좋아졌습니다.
Since I started swimming, I have become healthier.	수영을 시작한 후, 더 건강해졌습니다.
Since I started volunteer work, I have become more sociable.	자원봉사를 시작한 후, 더 사교적이 되었습니다.
Since I started jogging, I have lost 3 kilograms.	조깅을 시작한 후, 3킬로그램을 감량했습니다.

- make the most of: ~를 최대한 활용하다
- hang out with: ~와 어울리다
- go on picnics: 소풍을 가다
- avoid: 피하다
- oversleep: 늦잠자다

- mostly: 대부분, 주로
- relaxation: 휴식, 여유
- catch up on: 밀린 일을 하다
- clean: 청소하다

- weekday: 주중, 평일
- prefer to: ~하는 것을 선호하다
- unwind: 긴장을 풀다
- relax: 편안하게 되다, 쉬다
- novel: 소설
- leisure time: 여가 시간

- hard work: 노력, 수고
- nature: 자연
- hike: 하이킹하다
- nearby: 근처의, 가까운
- recharge: 재충전하다, 기운을 회복하다
- upcoming: 다가오는

- work part-time: 아르바이트를 하다
- high-paying job: 높은 임금을 받는 일자리
- earn: 벌다
- pocket money: 용돈
- rely on: 의존하다
- interfere with: ~을 방해하다
- plan to: ~할 계획이다
- continue: 계속하다
- for a while: 잠시 동안

❶ I try to make the most of my weekends by having fun. I hang out with friends, have lunch, go on picnics, ride bikes, watch movies, and more. I avoid oversleeping on weekends.

주말을 최대한 즐겁게 보내려고 노력합니다. 친구들과 어울리고, 점심을 먹고, 피크닉을 가고, 자전거를 타고, 영화를 보는 등 다양한 활동을 합니다. 주말에는 늦잠을 자지 않으려고 합니다.

❷ My weekends are mostly about relaxation and catching up on things I couldn't do during the weekdays. Sometimes, I go to the movies, take walks in the park, clean the house, go shopping, or exercise.

주말에는 주로 휴식을 취하고 주중에 하지 못한 일들을 하는 데 시간을 보냅니다. 가끔은 영화를 보러 가거나 공원을 산책하기도 하고 집 청소나 쇼핑, 운동을 하기도 합니다.

❸ Since weekdays are busy, I prefer to unwind and relax on weekends. I enjoy watching movies and reading novels during my leisure time.

평일은 바쁘기 때문에 주말에는 긴장을 풀고 휴식을 취하는 것을 선호합니다. 여가 시간에는 영화를 보거나 소설을 읽는 것을 즐깁니다.

❹ After a week of hard work, I really need some leisure time to relax. So, I travel to enjoy beautiful nature or hike in nearby mountains. It helps me recharge for the upcoming week.

일주일 동안 열심히 일한 후에는 휴식을 취할 여가 시간이 정말 필요합니다. 그래서 아름다운 자연을 즐기러 여행을 가거나 가까운 산에서 하이킹을 합니다. 다음 주를 위해 재충전하는 데 도움이 됩니다.

❺ On weekends, I work part-time at a cafe for 5 hours a day. It's not a high-paying job, but it allows me to earn my own pocket money and not rely on my parents for it. Since I work only for a few hours, it doesn't interfere with my studies, so I plan to continue doing it for a while.

주말에는 카페에서 하루 5시간씩 아르바이트를 합니다. 돈을 많이 벌지는 못하지만 부모님께 의존하지 않고 스스로 용돈을 벌 수 있어서 좋습니다. 몇 시간만 일하기 때문에 학업에 지장을 주지 않아서 앞으로도 계속할 계획입니다.

6 Spending quality time with my family is essential on weekends. We go on vacations and explore new places, creating special memories together.

주말에는 가족과 좋은 시간을 보내는 것이 필수입니다. 휴가를 떠나 새로운 곳을 가보며 함께 특별한 추억을 만듭니다.

- quality time: 질 좋은 시간, 소중한 시간
- essential: 필수적인, 중요한
- go on vacations: 휴가를 가다
- create memories: 추억을 만들다

7 On weekends, I make an effort to spend time with my family. Weekdays are busy, so it's not easy to catch up and talk. I also help my parents with some house chores.

주말에는 가족과 함께 시간을 보내기 위해 노력합니다. 평일에는 바쁘기 때문에 함께 시간을 보내거나 대화를 나누기가 쉽지 않습니다. 부모님의 집안일도 조금 도와드리고 있습니다.

- make an effort: 노력하다
- spend time: 시간을 보내다
- weekdays: 주중, 평일
- catch up: 소식을 듣다
- house chore: 집안일

8 Since moving out of my house, I've felt a bit lazy. So, on weekends, I try to stay active by visiting friends and family, going to the gym, biking, and more.

자취를 시작한 이후로 조금 게으르다는 생각이 들었습니다. 그래서 주말에는 친구와 가족을 만나거나 헬스장에 가고 자전거를 타는 등 활동적인 생활을 유지하려고 노력합니다.

- move out of: ~에서 이사를 가다
- lazy: 게으른, 나태한
- stay active: 활동적으로 지내다
- gym: 체육관, 헬스장

9 On weekends, I take some uninterrupted time to relax and destress. I turn off my phone and social media and enjoy reading or meditating. It felt strange at first, but now I really enjoy it.

주말에는 온전히 휴식을 취하고 스트레스를 해소하는 시간을 가집니다. 휴대폰과 소셜 미디어를 끄고 독서나 명상을 즐깁니다. 처음에는 이상하게 느껴졌지만 지금은 정말 즐겁습니다.

- uninterrupted: 끊기지 않은, 연속된
- destress: 스트레스를 해소하다
- turn off: 끄다, 꺼놓다
- meditate: 명상하다
- strange: 이상한
- at first: 처음에는

10 On weekends, I volunteer at an animal shelter, taking care of dogs and spending time with them. It gives me a great feeling, and I get to meet new people too. Since I started volunteering, I've become more sociable.

주말에는 동물 보호소에서 자원봉사를 하며 강아지들을 돌보고 함께 시간을 보냅니다. 기분이 좋아지고 새로운 사람들도 만나게 됩니다. 자원봉사를 시작한 이후로 사교성도 더 좋아졌습니다.

- volunteer: 자원봉사하다
- animal shelter: 동물 보호소
- take care of: 돌보다, 보살피다
- get to: ~하게 되다
- sociable: 사교적인, 활발한

- culture: 문화적인 활동
- go to concerts: 콘서트에 가다
- museum: 박물관
- have fun: 재미있게 놀다

⓫ I enjoy culture and art on weekends. I often go to concerts, visit museums, watch musicals, or movies. It's a great way to have fun and relax.

주말에는 문화와 예술을 즐깁니다. 종종 콘서트나 박물관에 가거나 뮤지컬이나 영화를 보러 갑니다. 재미있게 놀면서 휴식을 취할 수 있는 좋은 방법입니다.

- In my free time, I really enjoy ~ing. 로 바꾸어 표현해도 좋다.

Q3. What do you do in your free time?
여가 시간에 무엇을 합니까?

Key expressions!

I really enjoy ~ing in my free time. 저는 여가 시간에 ~하는 것을 정말 좋아합니다.	
I really enjoy listening to my favorite music in my free time.	저는 여가 시간에 좋아하는 음악을 듣는 것을 정말 좋아합니다.
I really enjoy trying out different restaurants in my free time.	저는 여가 시간에 다양한 레스토랑에 가보는 것을 정말 좋아합니다.
I really enjoy cooking delicious meals in my free time.	저는 여가 시간에 맛있는 음식을 요리하는 것을 정말 좋아합니다.

I spend my free time ~ing. 저는 ~을 하면서 여가 시간을 보냅니다.	
I spend my free time browsing(scrolling through) my Instagram.	저는 여가 시간에 인스타그램을 보며 시간을 보냅니다.
I spend my free time working out.	저는 여가 시간에 운동을 한다.
I spend my free time engaging in cultural activities.	저는 여가 시간에 문화 활동에 참여합니다.

It's ~ . ~합니다./~입니다.	
It's a lot of fun.	아주 재미있습니다.
It's incredibly enjoyable.	정말 즐겁습니다.
It's very rewarding.	매우 보람이 있습니다.
It's a great way to relieve stress.	스트레스 해소에 아주 좋은 방법입니다.

> **I find it(them) 형용사 (to동사). (동사)하는 것이 (형용사)하다고 생각합니다.**

I find it fun and useful.	재미있고 유용하다고 생각합니다.
I find it truly fun to try out new recipes.	새로운 레시피를 시도해보는 것은 정말 재미있습니다.
I find it relaxing to take long walks in the park.	공원에서 산책을 오래 하면 마음이 편안해집니다.
I find it amusing to watch comedy shows.	코미디 쇼를 보는 것이 재미있습니다.

❶ In my free time, I write blog posts about the things I like. It helps me get better at writing and connect with people who have similar interests. I really enjoy it.

여가 시간에 제가 좋아하는 것들에 대한 블로그 포스팅을 작성합니다. 글쓰기 실력을 향상시키고, 비슷한 관심사를 가진 사람들과 소통하는 데 도움이 됩니다. 글 쓰는 걸 정말 좋아합니다.

* blog post: 블로그 게시물
* get better at: ~에 더 능숙해지다
* similar interest: 비슷한 관심사

❷ When I have time off, I enjoy watching American dramas. It's a great way for me to improve my English words and speaking skills. I find it fun and useful.

여가 시간에 미국 드라마를 즐겨 봅니다. 영어 단어와 말하기 실력을 향상시킬 수 있는 좋은 방법입니다. 재미있고 유용하다고 생각합니다.

* time off: 휴가, 휴식 시간
* useful: 유용한, 도움이 되는

❸ I spend most of my free time learning the guitar. I practice it by watching a lot of free online lesson videos. There are times when my fingers hurt a bit, but it's incredibly enjoyable.

저는 여가 시간 대부분을 기타를 배우는 데 보냅니다. 무료 온라인 레슨 동영상을 많이 보면서 연습합니다. 손가락이 조금 아플 때가 있습니다만 정말 즐겁습니다.

* practice: 연습하다
* hurt: 아프다
* incredibly: 대단히
* enjoyable: 즐거운

❹ I do the things I love in my spare time, like listening to music, reading books, and writing. These activities also help me organize my thoughts. I find them relaxing.

여가 시간에는 음악 듣기, 책 읽기, 글쓰기 등 제가 좋아하는 일을 합니다. 이러한 활동은 제 생각을 정리하는 데도 도움이 됩니다. 마음이 편안해집니다.

* spare time: 여가 시간
* activity: 활동
* organize: 정리하다
* thought: 생각, 고민

- bake: 굽다
- try out: 시도해보다
- recipe: 조리법
- joy: 기쁨, 즐거움

❺ I really enjoy baking and cooking in my free time. I like trying out new recipes at home and sharing the food with my family and friends. It brings me joy.

저는 여가 시간에 베이킹과 요리하는 것을 정말 좋아합니다. 집에서 새로운 레시피를 시도해보고 가족 및 친구들과 음식을 나눠 먹는 것을 좋아합니다. 이것은 저를 기쁘게 해줍니다.

- active: 활동적인
- go out to: ~하러 나가다
- clear my mind(head): 근심을 잊다, 스트레스를 날리다
- refreshed: 상쾌한

❻ I'm an active person, so I like going out to exercise after work. Usually, I play badminton or go swimming to clear my mind. It makes me feel refreshed.

저는 활동적인 사람이라 퇴근 후 운동하러 나가는 것을 좋아합니다. 머리를 식히기 위해 보통 배드민턴을 치거나 수영을 합니다. 그러면 기분이 상쾌해집니다.

Q4. What is your favorite season?

어떤 계절을 가장 좋아합니까?

Key expressions!

~ is my favorite …. ~은 제가 가장 좋아하는 …입니다.	
Spring is my favorite season.	봄은 제가 가장 좋아하는 계절입니다.
"The Pursuit of Happiness" is my favorite movie.	"행복을 찾아서"는 제가 가장 좋아하는 영화입니다.
Bulgogi is my favorite type of food.	불고기는 제가 가장 좋아하는 음식입니다.

I like ~ the best. 저는 ~을 가장 좋아합니다.	
I like summer the best.	저는 여름을 가장 좋아합니다.
I like science fiction books the best.	저는 공상 과학책을 가장 좋아합니다.
I like romantic movies the best.	저는 멜로 영화를 가장 좋아합니다.

I'm a big fan of ~. 저는 ~을 대단히 좋아합니다.	
I'm a big fan of fantasy movies.	저는 판타지 영화를 대단히 좋아합니다.
I'm a big fan of spicy food.	저는 매운 음식을 대단히 좋아합니다.
I'm a big fan of musical.	저는 뮤지컬을 대단히 좋아합니다.

I like going to ~. 저는 ~에 가는 것을 좋아합니다.	
I like going to the park.	저는 공원에 가는 것을 좋아합니다.
I like going to the movies.	저는 극장에 가는 것을 좋아합니다.
I like going to the beach.	저는 바닷가에 가는 것을 좋아합니다.

❶ I love when spring comes after a harsh winter. The weather becomes so nice, and flowers bloom everywhere. Everything feels fresh and beautiful. Spring is such a refreshing and delightful time of the year.

혹독한 겨울이 지나고 봄이 오면 정말 좋습니다. 날씨가 너무 좋아지고 사방에 꽃이 피어납니다. 모든 것이 신선하고 아름답게 느껴집니다. 봄은 일 년 중 정말 상쾌하고 즐거운 시기입니다.

* harsh: 혹독한
* bloom: 꽃이 피다
* such a: 매우, 정말
* refreshing: 상쾌한
* delightful: 즐거운, 기쁜

❷ Spring is my favorite season. What I really love is the sweet aroma in the air that makes being outside so amazing. It's like nature is waking up from its winter sleep, and the whole world feels alive with happiness.

봄은 제가 가장 좋아하는 계절입니다. 제가 정말 좋아하는 것은 밖에 나가면 기분이 좋아지는 공기 중의 달콤한 향기입니다. 마치 자연이 겨울잠에서 깨어나는 것 같고, 온 세상이 행복으로 가득 찬 기분이 듭니다.

* favorite: 좋아하는
* aroma: 향기
* in the air: 공기 중에
* whole world: 온 세상
* alive: 살아있는, 생생한
* with happiness: 행복으로

❸ I enjoy summer the most because I can have so much fun at the beach. I absolutely love swimming and relaxing on the sandy shore with a good book. It's the perfect time to enjoy the sun and the sea.

여름이 가장 즐거운 이유는 해변에서 많은 것을 즐길 수 있기 때문입니다. 저는 수영을 하고 모래사장에서 좋은 책을 읽으며 휴식을 취하는 것을 정말 좋아합니다. 태양과 바다를 즐기기에 완벽한 시간입니다.

* absolutely: 완전히, 정말로
* relaxing: 편안한
* sandy shore: 모래사장

❹ I absolutely adore summer. The long summer holiday gives me plenty of time to do anything I want. I can go camping, fishing, or swimming. I just love the hot, sunny days.

저는 여름을 정말 좋아합니다. 긴 여름 방학은 제가 원하는 모든 것을 할 수 있는 충분한 시간을 제공합니다. 캠핑, 낚시, 수영을 할 수 있습니다. 덥고 화창한 날을 정말 좋아합니다.

* adore: 아주 좋아하다, 사랑하다
* plenty of: 많은, 다수의

- hands down: 확실히
- temperature: 온도, 기온
- just right: 딱 적절한
- fallen leaves: 낙엽
- lovely: 아주 좋은
- sight: 광경, 경치
- nature: 자연

❺ Fall is hands down my favorite season. The temperature is just right, not too hot nor too cold. I find the colors of the trees and the smell of fallen leaves so lovely. Watching the leaves change colors is one of the most beautiful sights in nature.

가을은 제가 가장 좋아하는 계절입니다. 기온이 너무 덥지도 춥지도 않은 적당한 온도입니다. 나무의 색과 낙엽 냄새가 너무 좋습니다. 나뭇잎의 색이 변하는 것을 보는 것은 자연에서 가장 아름다운 광경 중 하나입니다.

- magical: 마법적인, 신비로운
- shades of orange: 주황색의 다양한 톤

❻ Fall is my favorite time of the year. I enjoy the fresh and cool air. The falling leaves are beautiful, and it's magical to walk on them as they change colors from green to shades of orange and red.

가을은 제가 일 년 중 가장 좋아하는 시기입니다. 저는 신선하고 시원한 공기를 좋아합니다. 떨어지는 낙엽은 아름답고 녹색에서 주황색과 붉은색으로 변하는 낙엽 위를 걷는 것은 마법과도 같습니다.

- as soon as: ~하자마자
- on its way: 오는 중에
- look forward to: ~를 기대하다
- vibrant: 활기찬, 생기 넘치는
- decoration: 장식
- festive: 축제의
- excitement: 흥분, 두근거림

❼ Winter is my favorite season. As soon as winter arrives, I know that Christmas is on its way. I look forward to the delicious food, vibrant decorations, festive events, and parties. Winter brings so much joy and excitement.

겨울은 제가 가장 좋아하는 계절입니다. 겨울이 오자마자 크리스마스가 다가오고 있다는 것을 알 수 있습니다. 맛있는 음식, 활기찬 장식, 축제 이벤트, 파티가 기대됩니다. 겨울은 정말 많은 기쁨과 설렘을 가져다줍니다.

- fluffy: 부드러운, 솜털 같은
- look like: ~처럼 보이다
- wonderland: 기적의 나라
- build snowmen: 눈사람 만들기
- snowball fight: 눈싸움

❽ I like winter the best because everything gets covered in fluffy white snow. It looks like a magical winter wonderland. And there are so many fun things to do in the snow, like building snowmen and having snowball fights.

모든 것이 푹신한 하얀 눈으로 덮이기 때문에 겨울이 가장 좋습니다. 마치 마법의 겨울 왕국처럼 보입니다. 눈사람을 만들거나 눈싸움을 하는 등 눈 속에서 할 수 있는 재미있는 일이 정말 많습니다.

Q5. What kind of books do you like to read?

어떤 종류의 책을 읽는 것을 좋아합니까?

❶ In my free time, I usually read novels. Novels are like my teachers. They offer advice and help me improve my knowledge. Some characters in novels have influenced my personality.

여가 시간에는 주로 소설을 읽습니다. 소설은 제 스승과도 같습니다. 소설은 조언을 해주고 제 지식을 향상시키는 데 도움을 줍니다. 소설 속 일부 캐릭터는 제 성격에 영향을 미쳤습니다.

* novel: 소설
* offer: 제공하다, 제의하다
* advice: 조언, 충고
* character: 캐릭터, 인물
* influence: 영향을 끼치다

❷ I love to read, especially before going to bed. I enjoy motivational books that inspire me to strive for excellence.

저는 특히 잠자리에 들기 전에 책을 읽는 것을 좋아합니다. 저는 더 나은 것을 추구하도록 동기 부여하는 책을 좋아합니다.

* especially: 특히, 특별히
* motivational book: 동기 부여하는 책
* inspire: 영감을 주다
* strive for: ~을 위해 노력하다
* excellence: 뛰어남, 우수함

❸ I like reading novels, especially fiction, crime, and thrillers with engaging stories and suspense. Occasionally, I also read inspirational books.

소설, 특히 흥미진진한 이야기와 서스펜스가 있는 소설, 범죄, 스릴러를 읽는 것을 좋아합니다. 가끔은 영감을 주는 책도 읽습니다.

* fiction: 소설, 가상의 이야기
* crime: 범죄, 범죄 소재
* thriller: 스릴러
* engaging: 흥미로운, 매혹적인
* suspense: 긴장감
* occasionally: 가끔, 때때로
* inspirational book: 영감을 주는 책

❹ I love reading anything and everything. From novels to nonfiction like history and biographies, I find joy in learning diverse topics and being entertained.

무엇이든 읽는 것을 좋아합니다. 소설부터 역사나 전기 같은 논픽션까지 다양한 주제를 배우고 재미있게 읽을 수 있다는 점에서 기쁨을 느낍니다.

* nonfiction: 사실에 기반한 문학
* biography: 전기
* diverse: 다양한, 다채로운
* entertained: 즐겁게 하는

❺ My favorite books are those that deal with socio-economic issues and politics. Autobiographies also interest me, but I'm not much into motivational books as I find them idealistic.

제가 가장 좋아하는 책은 사회 경제적 이슈와 정치를 다룬 책입니다. 자서전도 흥미를 느끼지만 동기 부여 책은 이상주의적이라서 별로 좋아하지 않습니다.

* deal with: 다루다
* socio-economic: 사회 경제적인
* issue: 문제, 사안
* politics: 정치, 정치학
* autobiography: 자서전
* be into: ~을 좋아하다
* idealistic: 이상적인

⑥ I enjoy reading motivational books. They inspire me to be a better person and achieve my dreams. These books encourage me to stay positive and work hard towards my goals.

동기 부여 책을 즐겨 읽습니다. 동기 부여 책은 제가 더 나은 사람이 되고 꿈을 이루도록 영감을 줍니다. 이 책들은 제가 긍정적인 태도를 유지하고 목표를 향해 열심히 노력하도록 격려합니다.

- motivational book: 동기 부여 하는 책
- inspire: 영감을 주다
- achieve: 달성하다
- encourage: 격려하다
- stay positive: 긍정적으로 생각 하다

⑦ I often read how-to books on life. They provide inspiration and guidance in achieving my full potential in all my endeavors. I tend to be practical.

나는 인생에 관한 지침서(자기계발서)를 자주 읽습니다. 이러한 책들은 제가 모든 노력에서 잠재력을 최대한 발휘할 수 있도록 영감과 지침을 제공합니다. 저는 실용적인 편입니다.

- how-to books: 지침서
- provide: 제공하다
- inspiration: 영감
- guidance: 지도, 안내
- potential: 잠재력, 가능성
- endeavor: 노력
- practical: 실용적인

⑧ I like science fiction and fantasy books, as well as mind-boggling mystery books. They are excellent for reducing stress.

공상 과학 소설과 판타지 소설, 그리고 흥미진진한 추리 소설을 좋아합니다. 스트레스를 줄이는 데 좋습니다.

- science fiction: 공상 과학 소설
- fantasy book: 판타지 소설
- as well as: ~뿐만 아니라
- mind-boggling: 놀라운
- mystery book: 미스터리 소설
- reduce stress: 스트레스를 줄 이다

⑨ I consider myself impressionable, so I enjoy reading literary works, especially poems.

저는 감수성이 풍부해서 문학 작품, 특히 시를 즐겨 읽습니다.

- impressionable: 감수성이 풍 부한
- literary work: 문학 작품
- poem: 시

Q6. What kind of movies do you like to watch?
어떤 종류의 영화를 좋아합니까?

① I love watching all kinds of movies, but if I had to pick one, it would be science fiction films. They take me on exciting adventures and often have meaningful stories.

저는 모든 종류의 영화를 좋아하지만, 그중 하나를 골라야 한다면 공상 과학 영화입니다. 흥미진진한 모험을 떠날 수 있고 의미 있는 스토리가 있는 경우가 많기 때문입니다.

- pick: 고르다, 선택하다
- science fiction film: SF 영화
- adventure: 모험
- meaningful: 의미 있는

2 I enjoy a wide range of movie genres depending on my mood. Sometimes I crave a good comedy to make me laugh, and other times, a touching drama to feel sentimental.

기분에 따라 다양한 장르의 영화를 즐깁니다. 때로는 웃음을 자아내는 코미디를 보고 싶고, 때로는 감성을 자극하는 감동적인 드라마를 보고 싶기도 합니다.

- a wide range of: 다양한, 폭넓은
- genre: 장르, 유형
- depending on: ~에 따라
- mood: 기분, 분위기
- crave: 간절히 원하다
- touching: 감동적인
- sentimental: 감상적인

3 Action movies are my favorite as they help me relax after a tough day. Watching things explode and seeing the bad guys get what they deserve makes me happy.

액션 영화는 힘든 하루를 보낸 후 긴장을 푸는 데 도움이 되기 때문에 제가 가장 좋아하는 영화입니다. 사물이 폭발하는 것을 보고 악당들이 응분의 대가를 받는 것을 보면 행복해집니다.

- action movie: 액션 영화
- explode: 폭발하다
- deserve: ~을 받을 만하다, ~을 해야 마땅하다

4 I love movies based on true stories like "Bombshell" and "Bohemian Rhapsody." I enjoy films with valuable life lessons.

"Bombshell"이나 "Bohemian Rhapsody"와 같은 실화를 바탕으로 한 영화를 좋아합니다. 인생의 소중한 교훈이 있는 영화를 좋아합니다.

- based on: ~을 바탕으로 한
- true story: 실화
- valuable: 가치 있는, 귀중한
- life lesson: 삶의 교훈

5 I like most movie genres except for scary ones. I prefer movies that leave me feeling positive, like romantic comedies and feel-good dramas with happy endings and messages of hope. They brighten my day and bring a smile to my face.

무서운 영화를 제외한 대부분의 영화 장르를 좋아합니다. 로맨틱 코미디나 해피엔딩과 희망의 메시지가 담긴 기분 좋은 드라마처럼 긍정적인 느낌을 주는 영화를 선호합니다. 그런 영화는 제 하루를 밝게 하고 얼굴에 미소를 짓게 합니다.

- genre: 장르, 유형
- scary: 무서운, 공포의
- leave: ~을 (어떤 상태가) 되게 하다
- romantic comedy: 로맨틱 코미디
- brighten: 밝히다

6 Action movies are great because they are fast-paced. They provide a fun escape from stress, especially when mixed with fantasy.

액션 영화는 빠르게 진행되기 때문에 좋습니다. 특히 판타지와 결합하면 스트레스에서 벗어날 수 있는 즐거운 탈출구를 제공합니다.

- fast-paced: 빠른 진행의
- escape: 탈출, 탈출구

- real-life: 현실적인
- emotion: 감정, 정서
- dark: 어둡고 음울한
- ugly: 추하고 나쁜
- everyday lives: 일상 생활

❼ Drama movies are fantastic because they show real-life emotions and situations. They can be sad, funny, dark, light, beautiful, and ugly, just like our everyday lives.

드라마 영화는 실제 감정과 상황을 보여주기 때문에 환상적입니다. 우리의 일상처럼 슬프고, 웃기고, 어둡고, 밝고, 아름답고, 추할 수 있습니다.

Q7. What kind of food do you like?

어떤 종류의 음식을 좋아합니까?

💡 Key vocabulary and expressions!

음식의 맛(taste)을 표현하는 단어	
delicious, tasty 맛있는	savory, flavorful 맛좋은, 향긋한, 풍미 있는
spicy, hot 매운	salty 짠
sour 신	tangy 산미가 풍부한
bitter 쓴	sweet 달콤한
mild 순한, 담백한	greasy, oily 느끼한
nutty 견과 맛이 나는, 고소한	smoky 훈제된, 불맛 나는

음식의 질감(texture)을 표현하는 단어	
chewy 씹는 식감이 있는, 쫄깃한	tender 부드러운
gooey 꾸덕꾸덕한, 찐득한	crispy, crunchy 바삭바삭한
crispy on the outside and tender on the inside 겉은 바삭하고 속은 촉촉한	creamy 크리미한
sticky 끈적끈적한	juicy 즙이 많은, 육즙이 가득한

음식의 조리법(cooking method)을 표현하는 단어	
steamed 찐	boiled 삶은
fried 기름에 볶은, 구운	stir-fried (기름을 조금 넣고) 볶은
deep-fried 기름에 튀긴	grilled (석쇠, 철판 위에서) 구운
roasted (고기 등을 오븐에) 구운	baked (빵, 쿠키 등을 오븐에) 구운
braised (오랫동안 끓여) 조린, 찐	marinated, seasoned 양념한, 양념에 재운
chopped 잘게 썬, 다진	sliced 얇게 저민

poached 끓는 물에 넣어 조리한	smoked 훈연한, 훈제한
fermented 발효한	topped with ~ ~고명을 얹은

음식의 종류(food categories)를 표현하는 단어

meat 고기	seafood 해산물
poultry 가금류(닭, 오리 등)	salad 샐러드
appetizer 전채	beverage 음료
snack (food) 간식	fast food 패스트푸드
soup 스프	stew 찌개
bread 빵	fruit 과일
dairy 유제품	dessert 디저트, 후식
noodle 면	pasta 파스타

I like ~ because …. 저는 …하기 때문에 ~을 좋아합니다.

I like seasonal fruits and vegetables because they are good for health.	계절 과일과 채소는 건강에 좋기 때문에 좋아합니다.
I like seafood because it tastes fresh and delicious.	해산물은 신선하고 맛있어서 좋아합니다.
I like pasta because they're quick and easy to make.	파스타는 빠르고 쉽게 만들 수 있어서 좋아합니다.
I like spicy food because it gives me an energy boost.	에너지를 북돋워주기 때문에 매운 음식을 좋아합니다.

❶ I like seasonal fruits and vegetables because they taste the best when eaten in season. They're not only tasty but also good for my health.

제철 과일과 채소는 제철에 먹을 때 가장 맛이 좋기 때문에 좋아합니다. 맛도 좋을 뿐 아니라 건강에도 좋습니다.

* seasonal: 계절별의, 시즌의
* vegetable: 채소

- beef: 소고기
- at least: 최소한, 적어도
- a couple of: 둘의, 두서너 개의
- balance out: 균형을 맞추다
- veggie: 채소

② I enjoy eating beef, and I eat it at least a couple of times a week. But I've heard too much red meat might not be the best for health. So, I try to balance it out by having some veggies with my beef.

저는 소고기를 즐겨 먹는데 적어도 일주일에 두어 번은 먹습니다. 하지만 붉은 고기를 너무 많이 먹으면 건강에 좋지 않다고 들었습니다. 그래서 소고기와 함께 채소를 곁들여 균형을 맞추려고 노력합니다.

- huge: 큰
- seafood: 해산물
- be packed with: ~로 가득차다
- flavor: 맛, 풍미

③ I'm a huge fan of seafood, especially Japanese seafood like sashimi and sushi. It's always so fresh, delicious, and packed with flavors.

저는 해산물, 특히 사시미와 스시와 같은 일본 해산물을 좋아합니다. 항상 신선하고 맛있고 풍미가 가득하기 때문입니다.

- grilled: 구운, 그릴에 구워진
- pork belly: 삼겹살
- tasty: 맛있는
- sizzling: 지글거리는
- extra: 특별히
- enjoyable: 즐거운

④ I really enjoy grilled pork belly called Samgyeopsal because it's delicious and fun to grill with friends and family. The tasty smell and sizzling sound make it extra enjoyable to eat together.

삼겹살이라 불리는 구운 돼지고기 요리는 친구나 가족들과 함께 구워 먹으면 맛있고 재미있어서 정말 좋아합니다. 고소한 냄새와 지글지글 지글거리는 소리가 함께 먹는 즐거움을 더합니다.

- spicy: 매운, 얼큰한
- numbing: 마비시키는
- at first: 처음에는
- addict to: ~에 중독되다
- frequently: 자주, 빈번하게
- customize: 개인에 맞게 조정하다
- ingredient: 재료, 성분

⑤ I'm in love with Malatang, a spicy and numbing hot pot. At first, I wasn't a fan of its taste, but as I continued eating, I became addicted to it. I enjoy it frequently because I can customize it with many of my favorite ingredients.

맵고 얼얼한 국물 요리인 마라탕을 좋아합니다. 처음에는 그 맛을 좋아하지 않았는데 계속 먹다 보니 중독이 되었습니다. 제가 좋아하는 여러 가지 재료를 넣어 골라 먹을 수 있어서 자주 즐겨 먹습니다.

- be into: ~을 좋아하다
- weight loss: 체중 감량, 다이어트
- relieves stress: 스트레스를 해소하다, 안정시키다
- lift mood: 기분을 좋게 하다

⑥ I'm really into spicy food. I've heard it might even help with weight loss. Eating spicy dishes not only relieves stress but also lifts my mood, which is why I enjoy them so much.

저는 매운 음식을 정말 좋아합니다. 매운 음식이 체중 감량에도 도움이 된다고 들었습니다. 매운 음식을 먹으면 스트레스가 해소될 뿐만 아니라 기분도 좋아져서 즐겨 먹습니다.

❼ Italian food is my absolute favorite. Sometimes, I like to try out different pasta recipes at home, and every now and then, I treat myself to some delicious Italian dishes at famous Italian restaurants.

이탈리아 음식은 제가 가장 좋아하는 음식입니다. 가끔은 집에서 다양한 파스타 레시피를 시도해보고, 가끔은 유명한 이탈리아 레스토랑에서 맛있는 이탈리아 요리를 먹기도 합니다.

* absolute: 절대적인
* try out: 시도해보다
* every now and then: 때때로
* treat myself to: 나를 위해 특별한 대접을 하다
* famous: 유명한

❽ It depends on the mood. When I'm working hard, fast food like burgers or pizzas is my go-to. But when I'm hanging out with friends, I prefer trying something more exotic, like Thai or Indian food.

기분에 따라 달라집니다. 열심히 일을 할 때는 햄버거나 피자와 같은 패스트푸드를 즐겨 먹습니다. 하지만 친구들과 어울릴 때는 태국이나 인도 음식과 같은 이국적인 음식을 더 좋아합니다.

* depend on: ~에 따라 달라지다
* mood: 기분, 분위기
* go-to: 자주 이용하는(찾는/먹는) 것
* hang out with: ~와 어울리다, 함께 놀다
* exotic: 이국적인

Q8. What kind of Korean food would you recommend for foreigners?
If a foreign passenger asked you about the best Korean food, what would you recommend?

외국인에게 어떤 한국 음식을 추천하겠습니까?

• highly = strongly: 매우, 강력하게

Key expressions!

I (would) highly recommend trying ~ called …. ···라고 하는 ~을 적극 추천합니다.

I would highly recommend trying marinated beef dish called Bulgogi.	불고기라고 하는 양념 소고기 요리를 추천하고 싶습니다.
I would highly recommend trying Korean soft tofu stew called Soondubu jiggae.	순두부찌개라고 하는 한국의 두부찌개를 추천하고 싶습니다.
I would highly recommend trying popular Korean snack food called Dukbokkie.	떡볶이라고 하는 한국의 인기 있는 간식을 추천하고 싶습니다.

• one of + 복수명사: ~들 중의 하나

(음식명) is one of the ~ dishes. (음식)은 가장 ~한 음식 중의 하나입니다.

Bulgogi is one of the most popular Korean beef dishes for foreigners.	불고기는 외국인들에게 가장 인기 있는 한식 중의 하나입니다.
Ddukbokkie is one of the most favorite snack foods for Koreans.	떡볶이는 한국인들이 가장 좋아하는 간식 중의 하나입니다.
Bibimbap is one of the healthiest dishes among Korean foods.	비빔밥은 한국 음식 중에서 가장 건강에 좋은 음식 중의 하나입니다.
Kimchi is one of the most well-known Korean traditional foods.	김치는 가장 잘 알려진 한국 전통 음식 중 하나입니다.

음식 추천 질문 답변에 유용한 표현

This is a dish everyone should try.	누구나 꼭 먹어봐야 할 요리입니다.
It's a must-try dish.	꼭 먹어봐야 할 요리입니다.
They'll love it.	분명 좋아할 겁니다.
They won't be disappointed.	실망하지 않을 겁니다.
It is made with ~ (재료).	그것은 ~으로 만들어졌습니다.
It is sweet and savory.	달콤하고 짭짤합니다.(풍미가 좋습니다)

① I would highly recommend trying Korean beef dish called Bulgogi. Before cooking, it is marinated with a mixture of soy sauce, onions, garlic, and other ingredients. It is sweet, salty and savory. Bulgogi is one of the most popular Korean dishes among foreigners. They won't be disappointed.

불고기라는 한국식 소고기 요리를 강력히 추천합니다. 요리하기 전에 간장, 양파, 마늘 및 기타 재료들을 섞어 양념을 합니다. 맛은 달콤하고 짭짤하며 고소합니다. 불고기는 외국인들 사이에서 가장 인기 있는 한국 요리 중 하나입니다. 분명 실망하지 않을 겁니다.

- marinate: 재료에 양념하다
- mixture: 혼합물
- soy sauce: 간장
- onion: 양파
- garlic: 마늘
- ingredient: 재료, 성분
- savory: 고소한, 짭짤한
- popular: 인기 있는
- among: ~사이에
- disappointed: 실망한

② I'd like to recommend Bibimbap. It's a Korean dish made with rice, assorted vegetables, meat, and egg. The name "Bibimbap" means "mixed rice" in Korean. Simply mix everything well with the spicy sauce, and you're ready to enjoy this dish. It's so delicious to taste the mix of flavors and textures in each bite.

비빔밥을 추천하고 싶습니다. 비빔밥은 밥, 각종 채소, 고기, 달걀을 넣어 만든 한국 요리입니다. 비빔밥이라는 이름은 한국어로 '비벼먹는 밥'이라는 뜻입니다. 매콤한 소스에 모든 재료를 잘 섞어 비벼주기만 하면 비빔밥이 완성됩니다. 씹을 때마다 다양한 맛과 식감이 어우러져 정말 맛있습니다.

- assorted: 다양한, 여러 종류의
- meat: 고기
- mixed: 섞인
- simply: 단순히
- flavor: 맛, 풍미
- texture: 질감, 식감
- bite: 한입

③ I recommend Samgyeopsal, a highly popular Korean BBQ dish. It's perfect for gatherings as you cook and eat it right at the table. When enjoyed with garlic, green onion salad, and chili paste wrapped in fresh lettuce leaves, they'll be instantly hooked.

한국식 바비큐 요리로 인기가 높은 삼겹살을 추천합니다. 테이블에서 바로 구워 먹을 수 있어 모임에 안성맞춤입니다. 신선한 상추 잎에 싸서 마늘, 파채, 고추장을 곁들여 먹으면 단숨에 입맛을 사로잡을 수 있습니다.

- gathering: 모임
- right: 바로
- green onion: 파
- chili paste: 고추장
- wrap: 싸다
- lettuce: 상추
- instantly: 즉시, 즉각적으로
- hooked: 매료된, 빠져든

④ I recommend Ddukbokkie, a popular Korean snack made with soft rice cake, fish cake, and chili sauce called Gochujang. It's a common street food, and the sauce is spicy yet sweet. Rice cakes might be unfamiliar to some, but they'll love the unique taste once they try it.

부드러운 떡과 어묵, 고추장이라는 칠리 소스로 만든 인기 한국 간식인 떡볶이를 추천합니다. 길거리에서 흔히 볼 수 있는 음식으로 소스가 매콤하면서도 달콤합니다. 떡이 생소할 수도 있지만 한 번 먹어보면 독특한 맛에 반할 것입니다.

- rice cake: 떡
- fish cake: 어묵
- common: 흔한
- street food: 길거리 음식
- yet: 하지만
- be unfamiliar to: ~에게 낯설다
- unique: 독특한

- be made with: ~로 만들어지다
- tofu: 두부
- bits of: 작은 조각들
- texture: 질감, 식감
- flavorful: 맛이 풍부한
- delightful: 즐거운
- adjust: 조절하다, 맞추다
- spiciness: 매운 맛, 얼큰함
- liking: 선호, 좋아함
- must-try: 반드시 시도해봐야 할

❺ I recommend trying Soondubu Stew. It is made with soft tofu, bits of seafood, kimchi soup, and egg. The soft texture and flavorful taste are delightful, and the best part is you can adjust the spiciness to your liking. It's a must-try dish.

순두부찌개를 추천합니다. 순두부찌개는 순두부와 약간의 해산물, 김치 국물, 달걀을 넣어 만듭니다. 부드러운 식감과 감칠맛이 일품이며, 매운맛을 취향에 맞게 조절할 수 있는 것이 가장 큰 장점입니다. 꼭 먹어봐야 할 음식입니다.

- soybean paste stew: 된장찌개
- home-cooked: 집에서 해먹는
- fermented: 발효된
- bean paste: 된장
- on the side: 반찬으로 나오는
- give it a try: 한 번 시도해보다

❻ I highly recommend trying soybean paste stew. It's a common Korean home-cooked dish made with veggies, tofu, and Doenjang, fermented bean paste. Enjoy it with rice and kimchi on the side. Not only tasty but also good for your health. I hope they give it a try.

된장찌개를 추천합니다. 된장찌개는 채소, 두부, 된장, 발효된 된장으로 만든 한국 가정식 요리입니다. 밥과 김치를 곁들여 드셔보기 바랍니다. 이것은 맛있을 뿐만 아니라 건강에도 좋습니다. 꼭 한번 드셔보셨으면 좋겠습니다.

- unique: 독특한
- blend: 혼합물, 혼합
- traditional: 전통의
- ingredient: 재료, 성분
- delightful: 즐거운
- combination: 조합, 결합

❼ I recommend Budae Jjigae, a popular Korean stew. It's a unique blend of traditional Korean flavors with American-style ingredients like ham, sausage, and cheese. It's a delightful combination that people love.

인기가 많은 한국 부대찌개를 추천합니다. 한국의 전통적인 맛과 햄, 소시지, 치즈와 같은 미국식 재료가 독특하게 어우러진 음식입니다. 사람들이 좋아하는 유쾌한 조합입니다.

- stir-fried: 볶음, 볶은
- noodle: 면, 국수
- colorful: 다채로운, 화사한
- sweet potato: 고구마
- glass noodle: 당면
- savory: 고소한, 짭짤한

❽ I'd like to recommend Japchae. It's a stir-fried noodle dish made with colorful vegetables and sweet potato glass noodles, which taste sweet and savory. It is a must-try Korean dish.

잡채를 추천하고 싶습니다. 알록달록한 채소와 고구마면으로 만든 볶음면 요리로 달콤 짭짤한 맛이 일품입니다. 꼭 먹어봐야 할 한국 요리입니다.

9 You should definitely try Korean fried chicken. It comes in various flavors, making it fun to choose and enjoy. It goes perfectly with beer, too. It's also a great picnic food, so consider ordering some chicken for a picnic by the Han River. It will be a unique and delightful experience.

한국식 후라이드 치킨을 꼭 맛보셔야 합니다. 다양한 맛으로 제공되어 골라 먹는 재미가 있습니다. 맥주와도 잘 어울립니다. 피크닉 음식으로도 좋으니 한강에서 피크닉을 할 때 치킨을 주문해 보시기 바랍니다. 독특하고 즐거운 경험이 될 겁니다.

- definitely: 분명히, 꼭
- come in: ~으로 구성/제공되다
- various: 다양한, 여러 가지의
- flavor: 맛, 풍미
- go perfectly(/well) with: 완벽하게(잘) 어울리다

10 I highly recommend trying "Gopchang," Korean grilled beef intestines. It may be unfamiliar to foreigners, but it is a beloved dish among many Koreans. The chewy texture and delicious seasoning make it a must-try Korean delicacy.

한국식 소의 내장 구이인 '곱창'을 꼭 맛보시길 추천합니다. 외국인에게는 생소할 수 있지만 한국인에게는 많은 사랑을 받고 있는 요리입니다. 쫄깃한 식감과 맛있는 양념은 꼭 먹어봐야 할 한국의 별미입니다.

- grilled: 구운, 그릴에 구운
- intestine: 내장, 창자
- be unfamiliar to: ~에게 낯설다
- beloved: 사랑 받는
- chewy: 쫄깃한
- seasoning: 양념, 조미료

11 I highly recommend trying "Pajeon," a type of Korean pancake. It comes in various flavors depending on the ingredients used. It's commonly made with kimchi, seafood, and various vegetables. It's crispy and savory. Pajeon is a soul food that Koreans enjoy on rainy days.

한국식 팬케이크의 일종인 '파전'을 꼭 드셔보시길 추천합니다. 파전은 재료에 따라 다양한 맛이 있습니다. 보통 김치, 해산물, 각종 야채로 만드는 것이 일반적입니다. 바삭하고 고소한 맛이 일품입니다. 파전은 한국인이 비 오는 날 즐겨 먹는 소울푸드입니다.

- come in: ~으로 구성/제공되다
- ingredient: 재료, 성분
- commonly: 흔히, 보통
- be made with: ~로 만들어지다
- crispy: 바삭한
- savory: 고소한, 짭짤한
- soul food: 영혼의 음식, 국민 음식
- rainy: 비 오는

Q9. What kind of music do you like?
어떤 종류의 음악을 좋아합니까?

- kind: 종류
- including: ~을 포함하여
- classical: 클래식 음악
- as long as: ~하는 한
- be in the mood for: ~하기를 원하다, ~하고 싶다
- all day long: 하루 종일

❶ I enjoy all kinds of music, including jazz, rock, pop, and classical. As long as it's good, I love it. Some days, I'm in the mood for rock and roll, and the next day, I feel like listening to classical music. I can play music all day long. I really love music.

저는 재즈, 록, 팝, 클래식 등 모든 종류의 음악을 즐깁니다. 좋은 음악이라면 무엇이든 좋아합니다. 어떤 날은 로큰롤을 듣고 싶고, 다음 날은 클래식 음악을 듣고 싶기도 합니다. 하루 종일 음악을 틀어놓을 수 있습니다. 저는 음악을 정말 좋아합니다.

- meaningful: 의미 있는
- lyrics: 가사
- draw 사람 in: ~을 매료시키다, 마음을 사로잡다
- admire: 존경하다, 감탄하다
- flow: 흐름
- creative: 창의적인
- truly: 정말로
- inspiring: 영감을 주는

❷ I love hip hop and rap music. Its meaningful lyrics often draw me in. I've always admired the flow that most rappers have and how creative they are with their lyrics. It's truly inspiring.

저는 힙합과 랩 음악을 좋아합니다. 의미심장한 가사가 종종 제 마음을 사로잡습니다. 저는 항상 대부분의 래퍼들이 가진 플로우와 가사의 창의성에 감탄해왔습니다. 정말 영감을 많이 받습니다.

- harmony: 조화
- multiple: 여러 개의
- genuinely: 진실로, 정말로
- appealing: 매력적인, 매혹적인
- catchy: 귀에 착착 맴도는
- besides: 게다가
- tune: 곡, 노래
- simply: 정말로, 그야말로

❸ I enjoy listening to K-pop music. The harmonies created by multiple singers make the songs genuinely appealing. The music is fun and catchy, and it is what I love the most. Besides, I also love dancing to the tunes. It's simply fun.

저는 케이팝 음악을 즐겨 듣습니다. 여러 가수들이 만들어내는 하모니가 노래를 진정으로 매력적으로 만들어줍니다. 음악이 재미있고 귀에 쏙쏙 들어와서 제가 가장 좋아하는 음악입니다. 게다가 음악에 맞춰 춤추는 것도 좋아합니다. 정말 재미있습니다.

❹ I don't really have a favorite type of music, but when I was younger, I listened to a lot of oldies as that is what my parents listened to in the car. So I feel more comfortable with oldies than contemporary music. As a result, I tend to enjoy classic tunes more than modern ones.

특별히 좋아하는 음악이 있는 건 아니지만 어렸을 때는 부모님이 차 안에서 들으셨던 올드팝을 많이 들었습니다. 그래서 현대 음악보다는 옛날 음악이 더 편안하게 느껴집니다. 그래서 현대 음악보다는 클래식 음악을 더 즐기는 편입니다.

- oldies: 올드 팝, 고전 음악
- contemporary music: 현대 음악, 최신 음악
- as a result: 결과적으로
- tend to: ~하는 경향이 있다
- classic tune: 클래식 히트곡
- modern: 현대적인, 최신의

❺ I love pop music as it lifts my mood. The catchy tunes make me want to dance and sing along, which also helps me practice my English in a fun way. It's like having a playful language practice with my favorite songs.

저는 기분을 좋게 해주는 팝 음악을 좋아합니다. 귀에 쏙쏙 들어오는 곡은 춤추고 따라 부르고 싶게 만들고, 영어를 재미있게 연습하는 데도 도움이 됩니다. 제가 좋아하는 노래와 함께 즐겁게 언어 공부를 하는 것 같습니다.

- lift mood: 기분을 좋게 하다
- catchy tune: 귀에 착착 맴도는 노래, 중독성 있는 곡
- sing along: 함께 노래 부르다
- playful: 재미있는
- practice: 연습하다

Q10. What are your favorite sports?

어떤 운동을 좋아합니까?

Key expressions!

I go ~ing whenever I can. 저는 기회가 날 때마다 ~을 합니다.	
I go playing badminton whenever I can.	기회가 날 때마다 배드민턴을 칩니다.
I go climbing mountains whenever I can.	기회가 날 때마다 등산을 합니다.
I go swimming whenever I can.	기회가 날 때마다 수영을 합니다.

I (usually) play with ~ . (주로) ~와 합니다.	
I play with friends.	친구들과 합니다.
I usually play with my roommate.	주로 룸메이트와 합니다.
I usually play with my mother.	주로 어머니와 합니다.

• weightlifting: 무거운 물건을 들어 올리는 운동, 역도
• gym: 체육관, 헬스장
• work out: 운동하다
• build muscle: 근육을 강화하다
• reach: 달성하다, 도달하다
• motivated: 동기 부여된

❶ I like weightlifting. I go to the gym about 3 to 4 times a week to work out. It makes me stronger and helps me build muscles. I enjoy the challenge and feel great when I reach new goals. It keeps me motivated and feeling strong.

저는 웨이트리프팅(역도)을 좋아합니다. 일주일에 3~4번 정도 헬스장에 가서 운동을 합니다. 운동은 저를 더 강하게 만들고 근육을 만드는 데 도움이 됩니다. 저는 도전을 즐기고 새로운 목표를 달성할 때 기분이 좋습니다. 운동을 하면 동기 부여가 되고 힘이 솟습니다.

• target: 목표로 삼다
• core muscle: 중심 근육
• flexible: 유연한
• posture: 자세
• be aware of: ~을 인지하다
• refreshed: 상쾌한
• energized: 활기찬
• balanced: 균형 잡힌

❷ I really enjoy doing Pilates. It's an fantastic exercise that targets my core muscles and makes me more flexible. It helps me improve my posture and be aware of my body. I feel so refreshed and energized after a Pilates workout. It's a fun way to stay strong and balanced.

필라테스를 정말 좋아합니다. 필라테스는 코어 근육을 단련하고 유연성을 길러주는 환상적인 운동입니다. 자세를 개선하고 제 몸을 알아가는 데 도움이 됩니다. 필라테스 운동 후에는 정말 상쾌하고 활력이 넘칩니다. 강하고 균형 잡힌 몸을 유지하는 재미있는 방법입니다.

❸ I enjoy climbing mountains. When I reach the top, I can see stunning views and breathe in the fresh air. It's the perfect mix of exercise and relaxation while being close to nature.

저는 등산을 즐깁니다. 정상에 오르면 멋진 경치를 보고 신선한 공기를 마실 수 있습니다. 자연과 가까워지면서 운동과 휴식을 동시에 취할 수 있는 완벽한 조합이라 할 수 있습니다.

* climbing: 등산, 등반
* reach: 도달하다
* top: 정상, 꼭대기
* stunning: 아름다운, 놀라운
* view: 경치, 전망
* breathe: 숨 쉬다
* relaxation: 휴식

❹ I like swimming. It's easy on my joints and works my whole body. Swimming is super fun in the summer, and it feels so refreshing. It's a great way to stay fit and healthy.

수영을 좋아합니다. 수영은 관절에 무리가 가지 않고 전신 운동이 됩니다. 여름에 수영을 하면 정말 재미있고, 상쾌한 기분이 듭니다. 몸매와 건강을 유지하는 좋은 방법이라 할 수 있습니다.

* be easy on:~에 부담이 적다
* joint: 관절
* super: 매우
* refreshing: 상쾌한
* stay fit: 건강을 유지하다

❺ I really like tennis. I enjoy playing and watching it a lot. Ever since I started playing, I feel much stronger and healthier. Tennis is a fun way for me to stay active and have a great time.

저는 테니스를 정말 좋아합니다. 테니스를 치는 것과 보는 것을 많이 즐깁니다. 테니스를 시작한 이후로 훨씬 더 튼튼해지고 건강해졌다고 느낍니다. 테니스는 제가 활동적으로 지내고 즐거운 시간을 보낼 수 있는 재미있는 방법입니다.

* stay active: 활동적으로 지내다
* have a great time: 즐거운 시간을 보내다

❻ I'm really into golf these days. I've only started learning recently, so I'm not that good yet, but I'm totally hooked. I've been to the golf course a few times, and it was fun playing the game, but what I loved the most was walking on the green grass and being surrounded by nature. It's like a healing exercise for me.

요즘 골프에 푹 빠졌습니다. 최근에 배우기 시작해서 아직 실력은 많이 부족하지만 완전히 푹 빠졌습니다. 골프장에 몇 번 가본 적이 있는데, 경기하는 것도 재미있었지만 무엇보다도 초록색 잔디 위를 걸으며 자연에 둘러싸여 있는 것이 가장 좋았습니다. 제게는 힐링 운동과도 같습니다.

* be really into: ~에 푹 빠지다
* recently: 최근에
* totally: 완전히
* hooked: 중독되다, 빠져들다
* grass: 잔디
* be surrounded by: ~로 둘러싸여 있다
* healing: 치유의, 회복의

- table tennis: 탁구
- surprising: 놀라운
- quickly: 빠르게, 신속하게
- get tired: 지치다
- chase: 쫓아다니다
- notice: 주목하다, 알아차리다
- keep in good shape: 몸매를 유지하다

- be good at: ~을 잘하다

❼ I enjoy playing badminton and table tennis. It's surprising how quickly I can get tired chasing after that little ball without even noticing. These sports help keep me in good shape.

배드민턴과 탁구를 즐깁니다. 작은 공을 쫓아다니다 보면 저도 모르게 얼마나 빨리 피곤해지는지 놀랍습니다. 이 스포츠들은 제 몸매를 유지하는 데 도움이 됩니다.

❽ Bowling is so much fun for me, even though I'm not very good at it. I often go bowling with my friends or family on weekends. It's a great way to have a good time together.

볼링을 잘 치지는 못하지만 정말 재미있습니다. 주말에 친구나 가족과 함께 볼링을 치러 자주 갑니다. 함께 즐거운 시간을 보낼 수 있는 좋은 방법입니다.

- soccer match: 축구 경기
- low-scoring: 점수가 낮은
- thrilling: 스릴 넘치는, 두근거리는
- incredibly: 대단히
- challenging: 도전적인, 어려운

❾ I love watching soccer matches. It's the world's most popular sport, and while some say it's low-scoring, I find it thrilling because scoring goals is incredibly challenging and makes the game so exciting.

저는 축구 경기 보는 것을 좋아합니다. 세계에서 가장 인기 있는 스포츠인 축구는 득점이 적다고 말하는 사람들도 있지만, 골을 넣는 것이 매우 어렵기 때문에 경기가 더 흥미진진해져서 스릴이 있다고 생각합니다.

- huge: 큰
- especially: 특히, 특별히
- bat: 야구 배트
- hit: 타격하다
- cheer: 환호, 응원
- celebration: 축하, 축하 행사
- can't help but: ~하지 않을 수 없다

❿ I'm a huge fan of ○○ team. I love watching baseball games, especially when my favorite team is playing. The sound of the bat hitting the ball, the cheers from fans, and the celebrations after great plays or home runs make it so exciting. I can't help but love it.

저는 ○○팀의 열렬한 팬입니다. 특히 제가 좋아하는 팀이 경기를 할 때 야구 경기 보는 것을 좋아합니다. 배트가 공을 때리는 소리, 팬들의 환호성, 멋진 플레이나 홈런이 터진 후의 환호성은 정말 짜릿합니다. 정말 좋아하지 않을 수 없습니다.

- stadium: 경기장
- atmosphere: 분위기
- crowd: 군중, 관중
- thrilling: 스릴 넘치는
- engaged: 몰입한
- simply: 정말로

⓫ I like playing basketball and going to watch games at the stadium. The atmosphere there is fantastic, with cheers, crowd energy, and thrilling player skills. Basketball always brings me joy and keeps me engaged. It's simply an amazing sport.

저는 농구를 좋아하고 경기장에 경기를 보러 가는 것을 좋아합니다. 경기장 분위기는 응원, 관중들의 에너지, 선수들의 스릴 넘치는 기술 등 환상적입니다. 농구는 항상 저에게 기쁨을 주고 계속 몰입하게 합니다. 정말 놀라운 스포츠입니다.

9 Travel/Vacation

🎙 **Interview tips!**

승무원은 해외여행을 자주 할 수 있는 직업이므로, 지원자는 여행에 대한 열정과 호기심을 보여주는 것이 좋다. 면접관이 여행 경험에 대해 묻는다면 해외여행이 아니라도 의미 있었던 여행 이야기를 하면 좋다.

예를 들어, 어떤 문화나 사람들을 만나고 배웠는지, 어떤 풍경이나 음식을 즐겼는지, 어떤 도전이나 극복을 했는지 등을 구체적으로 말해주면 된다. 또한 여행지에 대해 설명할 때는 즐거웠고 감동받았던 부분을 강조하면서 긍정적인 인상을 남기는 것이 중요하다. 여행지의 특징이나 장점을 소개하고, 그곳에서 얻은 교훈이나 감사함을 표현하면 좋다.

Q1. Have you ever been abroad?
해외여행 경험이 있습니까?

🔑 **Key expressions!**

I've been to ~. ~에 가본 적이 있습니다.	
I've been to Thailand.	태국에 가본 적이 있습니다.
I've been to China once.	중국에 한 번 가본 적이 있습니다.
I've been to Busan a few times.	부산에 몇 번 가본 적이 있습니다.

I went on a trip to ~. ~로 여행을 갔습니다.	
I went on a trip to the U.S. a few years ago.	몇 년 전에 미국으로 여행을 갔습니다.
I went on a school trip to Gyeongju in high school.	고등학교 때 경주로 수학여행을 갔습니다.
I went on a field trip to Bangkok in college.	대학교 때 견학으로 방콕에 갔습니다.

I was able to ~ . 저는 ~ 할 수 있었습니다.	
I was able to learn a lot from the experience.	그 경험으로부터 많은 것을 배울 수 있었습니다.
I was able to meet people from different cultures.	다양한 문화권의 사람들을 만날 수 있었습니다.

- 'have been to 장소'는 '~에 가본 적이 있다'라는 경험을 나타낼 때 쓰는 표현이다.
- 'have gone to 장소'는 '~에 가버려서 여기에 없다'라는 결과의 의미로 두 표현을 구별해서 쓰도록 한다.

I was able to experience a very diverse culture.	다양한 문화를 경험할 수 있었습니다.
I was able to appreciate the beauty of nature.	자연의 아름다움에 감사할 수 있었습니다.
I was able to broaden my perspective.	시야를 넓힐 수 있었습니다.
I was able to learn to adapt to new environments.	새로운 환경에 적응하는 법을 배울 수 있었습니다.

It was a ~ to ···. ···하게 되어서 ~였습니다.

It was a very good experience to have a deep appreciation for multiculturalism.	다문화주의에 대해 깊이 이해를 하게 되어서 좋은 경험이었습니다.
It was a rewarding experience to meet various people.	다양한 사람들을 만나게 되어서 보람된 경험이었습니다.
It was a valuable opportunity to study abroad with the support of my college.	대학의 지원을 받아 해외에서 공부할 수 있었던 소중한 기회였습니다.
It was an eye-opening journey to witness breathtaking landscapes.	숨이 멎을 정도로 아름다운 풍경을 보았던 놀라운 여행이었습니다.
It was a memorable trip to immerse myself in different cultures.	다양한 문화를 접할 수 있었던 기억에 남는 여행이었습니다.
It was a life-changing opportunity to step out of my comfort zone and embrace new challenges.	제가 편안하게 느끼는 곳에서 벗어나 새로운 도전을 받아들일 수 있는 인생의 전환점이 된 기회였습니다.

- field trip: 현장 학습
- incredible: 놀라운
- valuable: 가치 있는, 소중한
- lesson: 교훈
- classroom: 교실
- witness: 목격하다, 보다
- actual: 실제의
- inspiring: 영감을 주는
- pursue a career: 직업을 선택하다
- airline industry: 항공 산업
- even: 훨씬
- further: 더욱 더

❶ I majored in Airline Services, so I got to visit Bangkok for a field trip during college. It was an incredible experience that taught me valuable lessons outside the classroom. Witnessing the work of actual flight attendants was truly inspiring and motivated me to pursue my career in the airline industry even further.

저는 항공 서비스를 전공했기 때문에 대학 시절 현장 학습을 위해 방콕을 방문하게 되었습니다. 강의실 밖에서 귀중한 교훈을 얻은 놀라운 경험이었습니다. 실제 승무원들이 일하는 모습을 직접 목격하면서 정말 큰 영감을 받았고 항공업계에서 경력을 쌓고 싶다는 동기가 생겼습니다.

❷ Yes, my college supported me in going to Australia. They have a program for students who score high on the TOEIC test to study abroad. Even though it was a short trip, I met people from different cultures and it motivated me to work harder on my English. It was also a very good experience to have a deep appreciation for multiculturalism.

네, 제가 다니던 대학에서 호주로 가는 것을 지원해 주었습니다. 토익 시험에서 높은 점수를 받은 학생들을 위한 해외 유학 프로그램이 있었습니다. 짧은 여행이었지만 다양한 문화권의 사람들을 만나면서 영어를 더 열심히 해야겠다는 동기 부여가 되었습니다. 또한 다문화에 대해 깊이 이해할 수 있는 좋은 경험이었습니다.

* support: 지원하다
* score: 점수를 얻다
* study abroad: 해외 유학하다
* trip: 여행
* appreciation: 이해
* multiculturalism: 다양한 문화의 공존

❸ In high school, I went to the Philippines for a summer vacation with my family. It was a happy and memorable experience. We enjoyed ocean sports, delicious food, and quality time together. I'd love to visit again with my whole family.

고등학교 때 가족과 함께 여름 방학을 맞아 필리핀에 다녀왔습니다. 행복하고 기억에 남는 경험이었습니다. 해양 스포츠와 맛있는 음식을 즐기며 함께 좋은 시간을 보냈습니다. 가족 모두와 함께 다시 방문하고 싶습니다.

* memorable: 기억에 남는, 잊지 못할
* ocean sports: 해양 스포츠
* quality time: 즐거운 시간
* whole: 전체의, 모든

❹ I went to Japan with my friend, and it was a fun trip. Since I can speak Japanese, we had no trouble exploring famous places and good restaurants. It was a delightful experience, and it gave me great memories to cherish forever.

친구와 함께 일본에 갔는데 즐거운 여행이었습니다. 일본어를 할 줄 알기 때문에 유명한 장소와 맛있는 레스토랑을 찾아다니는 데 어려움이 없었습니다. 즐거운 경험이었고 평생 간직할 수 있는 좋은 추억이 되었습니다.

* have no trouble ~ing: ~하는데 아무런 문제가 없다
* delightful: 즐거운, 기쁜
* cherish: 소중히 여기다, 간직하다
* forever: 영원히

❺ I traveled around Western Europe, visiting six countries like France, Italy, and Germany for about a month. It was an exciting adventure, and with the help of locals, I overcame challenges. Meeting new people, experiencing diverse cultures, and enjoying the beautiful scenery made it a truly rewarding trip.

저는 서유럽을 여행하며 프랑스, 이탈리아, 독일 등 6개 국가를 약 한 달간 방문했습니다. 흥미진진한 모험이었고 현지인들의 도움으로 어려움을 극복할 수 있었습니다. 새로운 사람들을 만나고, 다양한 문화를 경험하고, 아름다운 풍경을 즐기면서 정말 보람찬 여행이 되었습니다.

* travel: 여행하다
* western: 서쪽의
* adventure: 모험
* local: 지역의, 현지의
* overcome: 극복하다
* diverse: 다양한
* scenery: 풍경, 경치
* rewarding: 보람 있는

- tough: 어려운, 힘든
- adapt: 적응하다
- limited: 제한된, 한정된
- open-minded: 개방적인
- outgoing: 외향적인, 사교적인
- nature: 성향, 성격
- connect with: ~와 교류하다
- pass: 지나다

❻ During high school, I had the opportunity to study in New York for a year. At first, it was tough to adapt because of my limited English skills, but my open-minded and outgoing nature helped me connect with people. As time passed, I started to enjoy my life there.

고등학교 때 뉴욕에서 1년 동안 공부할 기회가 있었습니다. 처음에는 영어 실력이 부족해서 적응하기 어려웠지만 개방적이고 외향적인 성격 덕분에 사람들과 소통하는 데 도움이 되었습니다. 시간이 지나면서 뉴욕에서의 생활이 즐거워지기 시작했습니다.

- lucky: 운이 좋은
- thankful: 감사하는, 고마워하는
- opportunity: 기회, 가능성
- curious: 호기심이 많은
- memorable: 기억에 남는, 잊지 못할
- appreciate: 감사히 여기다

❼ I've been lucky to travel to different countries with my family like the US, Thailand, and Japan. Each trip was amazing, with so much to see and learn. I'm thankful to my parents for giving me these opportunities. Exploring new places has taught me about different cultures and made me curious about the world. It's been a memorable experience that I truly appreciate.

저는 운이 좋게도 미국, 태국, 일본 등 가족과 함께 여러 나라를 여행할 수 있었습니다. 여행마다 보고 배울 것이 너무 많아서 놀라웠습니다. 이런 기회를 주신 부모님께 감사드립니다. 새로운 곳을 다니면서 다양한 문화에 대해 배우고 세상에 대한 호기심이 생겼습니다. 정말 기억에 남는 경험이었고 정말 감사하게 생각합니다.

- explore: 탐험하다
- within: ~ 안에서

❽ I haven't been abroad yet, but I love exploring new places and cultures. I often travel within my country to learn and experience new things. My dream is to become a flight attendant and travel to different countries in the future.

아직 해외에 가본 적은 없지만 새로운 장소와 문화를 탐험하는 것을 좋아합니다. 새로운 것을 배우고 경험하기 위해 국내 여행을 자주 합니다. 제 꿈은 승무원이 되어 미래에 여러 나라를 여행하는 것입니다.

Q2. If you become a flight attendant, where would you like to go?

승무원이 된다면 어디를 가장 가고 싶습니까?

MP3

🔑 **Key expressions!**

If I become a flight attendant, I would love to visit ~.
승무원이 된다면 ~를 방문하고 싶습니다.

If I become a flight attendant, I would love to visit Italy.	승무원이 된다면 이탈리아를 방문하고 싶습니다.
If I become a flight attendant, I would love to visit Sydney.	승무원이 된다면 시드니를 방문하고 싶습니다.

One country (The place) that I would like to visit is ~.
제가 가장 가보고 싶은 곳은 ~입니다.

One country that I would like to visit is Vietnam.	제가 가장 가보고 싶은 곳은 베트남입니다.
The place I would like to visit is London.	제가 가장 가보고 싶은 곳은 런던입니다.

~ is the country (place/city) that I would love to visit the most.
~은 제가 가장 가보고 싶은 나라(장소/도시)입니다.

Turkiye is the country that I would love to visit the most.	튀르키예는 제가 가장 가보고 싶은 나라입니다.
Rome is the place that I would love to visit the most.	로마는 제가 가장 가보고 싶은 곳입니다.

가보고 싶은 나라를 묻는 질문에 대한 유용한 답변

It is a beautiful place with many ancient ruins.	고대 유적이 많은 매우 아름다운 곳입니다.
I have many good memories about the country.	그 나라에 대한 좋은 기억을 많이 갖고 있습니다.
I heard that the food there is really tasty.	그곳 음식이 매우 맛있다고 들었습니다.
There is such rich art and culture in 도시/나라명.	~에는 풍부한 예술과 문화가 있습니다.
I want to experience diverse cultural heritage there.	그곳에서 다양한 문화유산을 직접 보고 싶습니다.

I would love to visit the famous (beautiful) 장소/관광 명소 이름.	유명한(아름다운) ~을 가보고 싶습니다.
I want to immerse myself in their unique culture.	그들만의 독특한 문화를 경험해보고 싶습니다.
I would love to see the historic sites.	역사 유적들을 보고 싶습니다.
There's so much to see and so many things to do.	볼거리와 즐길 거리가 무척 많습니다.
It's a wonderful city worth visiting.	그곳은 꼭 가볼 만한 가치가 있는 멋진 도시입니다.

❶ One country I really want to visit is France, especially after watching "Emily in Paris." The city looks so beautiful with the Eiffel Tower and the Seine River. I also want to experience the fashion and try delicious French food. I hope to visit soon and enjoy all that Paris has to offer.

제가 꼭 가보고 싶은 나라는 프랑스입니다. 특히 "Emily in Paris"를 보고 나서 가보고 싶었습니다. 파리의 에펠탑과 센강은 매우 아름다워 보입니다. 패션도 경험해보고 싶고 맛있는 프랑스 음식도 먹어보고 싶습니다. 파리에 가서 파리에 있는 모든 것을 즐기고 싶습니다.

* filming location: 촬영지
* fill: 가득 채우다
* excitement: 흥분, 설렘

❷ I would love to go to New York. It looks so exciting in the movies and TV shows, and I'd love to visit the famous filming locations. Experiencing the hip culture of New Yorkers would be amazing too. Just thinking about it fills me with excitement.

뉴욕에 가보고 싶습니다. 영화나 TV 프로그램에서 너무 멋져 보여서 유명한 촬영지를 방문하고 싶습니다. 뉴요커들의 힙한 문화를 경험하는 것도 정말 멋질 것 같습니다. 생각만 해도 설레는 마음이 가득합니다.

* ancient: 고대의, 옛날의
* used to: (과거에) ~하곤 했다,
* ruin: 유적

❸ If I become a flight attendant, I'd love to visit Italy. It's a beautiful country with many ancient cities. I used to read books on Greek and Roman history, so I'm especially excited to see the ancient ruins in Pompeii.

승무원이 된다면 이탈리아를 방문하고 싶습니다. 이탈리아는 고대 도시가 많은 아름다운 나라입니다. 그리스와 로마 역사에 관한 책을 즐겨 읽었기 때문에 폼페이의 고대 유적을 볼 수 있을 것 같아 특히 기대가 됩니다.

4 I'd love to visit Vietnam. Since I'm a big fan of pho, Vietnamese rice noodle soup, I absolutely must try the local pho while I'm there. And I'd love to take relaxing boat cruises through the lagoons and islands.

베트남을 방문하고 싶습니다. 베트남 쌀국수인 포를 좋아하기 때문에 그곳에 가면 현지 쌀국수를 꼭 먹어보고 싶습니다. 그리고 석호와 섬을 가로지르는 유람선 크루즈를 타고 여유로운 시간을 보내고 싶습니다.

- rice noodle: 쌀국수
- absolutely: 반드시, 꼭
- local: 현지의, 지역의
- take a boat cruise: 크루즈를 타다
- lagoon: 석호
- island: 섬

5 Sydney is the city I'd love to visit the most. I've always been fascinated by it, and I hope to see the famous Opera House and walk on the beautiful Harbor Bridge one day. I have a friend who is studying abroad in Sydney, and I would love to meet up with her if I visit the city.

시드니는 제가 가장 방문하고 싶은 도시입니다. 시드니가 항상 매력적으로 느껴졌습니다. 그래서 언젠가 유명한 오페라 하우스를 가보고 아름다운 하버 브리지를 걸어보고 싶었습니다. 시드니에서 유학 중인 친구가 있는데, 시드니에 방문하면 꼭 만나고 싶습니다.

- be fascinated by: ~에 매혹되다
- meet up: 만나다

6 The place I would love to visit is London. The city offers rich art, culture, and musicals that I've always dreamt of experiencing. The museums and art galleries are also very appealing, and I can't wait to explore the diverse cultural heritage there. It's truly a wonderful city worth visiting.

제가 꼭 가보고 싶은 곳은 런던입니다. 런던은 제가 항상 꿈꿔왔던 풍부한 예술, 문화, 뮤지컬을 경험할 수 있는 도시입니다. 박물관과 미술관도 매우 매력적이어서 다양한 문화유산을 보고 싶습니다. 정말 방문할 만한 가치가 있는 멋진 도시입니다.

- offer: 제공하다
- rich: 풍부한, 다양한
- dream of: ~을 꿈꾸다
- gallery: 갤러리, 미술관
- appealing: 매력적인
- can't wait to 동사: ~하는 것이 너무 기대되다
- diverse: 다양한, 다양성 있는
- cultural heritage: 문화유산
- worth ~ing: ~할 가치가 있는

7 I really want to visit Turkiye. It looks so beautiful and exotic in the tour videos I've seen on YouTube. Turkiye has a rich history and unique mix of cultures, with its location between Europe and Asia. Someday, I want to explore ancient ruins and experience their unique cultures. It's a dream destination for me.

튀르키예를 꼭 방문하고 싶습니다. 유튜브에서 본 여행 영상에서 튀르키예는 정말 아름답고 이국적으로 보였습니다. 튀르키예는 유럽과 아시아 사이에 위치하여 풍부한 역사와 독특한 문화가 어우러져 있습니다. 언젠가 고대 유적을 탐험하고 독특한 문화를 경험해보고 싶습니다. 튀르키예는 저에게 꿈의 여행지입니다.

- exotic: 이국적인
- unique: 독특한
- location: 위치, 장소
- someday: 언젠가
- ancient ruin: 고대 유적
- destination: 목적지, 여행지

- shopper: 쇼핑객
- paradise: 낙원, 천국
- tasty: 맛있는
- nightlife: 밤 문화
- colorful: 다채로운, 화사한
- thrilled: 들뜬, 흥분한

❽ If I become a flight attendant, I'd love to go to Hong Kong. It's like shoppers' paradise, with so many cultures and tasty foods to try. The nightlife looks so colorful and fun too. I'd be thrilled to experience it all.

승무원이 된다면 홍콩에 꼭 가보고 싶습니다. 다양한 문화와 맛있는 음식을 맛볼 수 있는 쇼핑객들의 천국과도 같은 곳입니다. 밤 문화도 정말 화려하고 재미있어 보입니다. 이 모든 것을 경험해 보고 싶습니다.

- destination: 목적지, 여행지
- explore: 탐험하다

❾ My dream destination is Vancouver. I spent a year studying English there and had an amazing time. If I become a flight attendant, I'd love to visit Vancouver first to have fun with my friends and explore all the exciting things the city has to offer.

제 꿈의 목적지는 밴쿠버입니다. 그곳에서 1년 동안 영어를 공부하며 멋진 시간을 보냈습니다. 승무원이 된다면 가장 먼저 밴쿠버를 방문해 친구들과 즐거운 시간을 보내고 이 도시의 모든 흥미로운 것들을 탐험하고 싶습니다.

- tough: 힘든, 어려운
- charm: 매력, 매혹
- attraction: 관광 명소, 볼거리
- diverse: 다양한
- landscape: 풍경, 경치
- fulfilling: 충족시키는, (꿈을) 실현하는
- incredible: 놀라운, 멋진
- destination: 목적지, 여행지

❿ I'd love to travel the world to places like Tokyo, New York, the Maldives, and the Swiss Alps. Choosing just one would be tough because each place has its unique charm and attractions. Experiencing diverse cultures and beautiful landscapes would be like fulfilling a dream. It would be truly amazing to explore all these incredible destinations.

도쿄, 뉴욕, 몰디브, 스위스 알프스 같은 곳으로 세계 여행을 떠나고 싶습니다. 각 장소마다 독특한 매력과 볼거리가 있기 때문에 한 곳만 고르기는 어렵습니다. 다양한 문화와 아름다운 풍경을 경험하는 것은 마치 꿈을 이루는 것과 같습니다. 이 멋진 여행지를 모두 여행하는 것은 정말 놀라운 일이 될 것입니다.

Q3. What places would you recommend to foreigners visiting Korea?

외국인에게 가볼 만한 장소로 어디를 추천하겠습니까?

Key expressions!

I highly recommend visiting 장소/도시명. ~를 방문해 보시길 강력 추천합니다.

I highly recommend visiting Gyeongju located in the southeastern part of Korea.	한국의 남동쪽에 위치한 경주를 방문해 보시길 강력 추천합니다.
I highly recommend visiting Insadong, a lively and cultural area in Seoul.	서울의 활기차고 문화적인 지역인 인사동을 방문해 보시길 강력 추천합니다.
I highly recommend visiting Gyeongbok palace which was the main royal palace of the Joseon Dynasty.	조선 왕조의 주요 왕궁이었던 경복궁을 방문해 보시길 강력 추천합니다.

~ is a must-visit(see) place(destination) in Korea.
~는 한국에서 꼭 가봐야 할 곳입니다.

Jeju Island is a must-visit place in Korea.	제주도는 한국에서 꼭 가봐야 할 곳입니다.
Busan is a must-see destination in Korea.	부산은 한국에서 꼭 가봐야 할 곳입니다.
Gwanghwamun is a must-visit destination in Seoul.	광화문은 서울에서 꼭 가봐야 할 곳입니다.

여행지 추천 시 유용한 표현

It's definitely worth going there.	꼭 방문해 볼 만한 가치가 있는 곳입니다.
It's worth a visit.	꼭 방문해 볼 만한 가치가 있는 곳입니다.
I strongly recommend it.	그곳을 강력 추천합니다.
It is definitely a must-visit place in ~.	~에서 반드시 가봐야 하는 장소입니다.

- lively: 활기찬, 생기 넘치는
- cultural: 문화적인
- area: 지역
- traditional dish: 전통 음식
- sightseeing: 관광

❶ I highly recommend visiting Insadong, a lively and cultural area in Seoul. You can see art in every street, eat delicious traditional dishes and tea, and even try on beautiful Hanbok while sightseeing. It's a unique experience you'll love in Seoul.

서울의 활기차고 문화적인 지역인 인사동 방문을 적극 추천합니다. 거리마다 예술 작품을 볼 수 있고, 맛있는 전통 음식과 차를 맛볼 수 있으며, 관광을 하면서 아름다운 한복을 입어볼 수 있습니다. 이것은 서울에서 해볼 수 있는 당신이 좋아할 만한 독특한 경험입니다.

- village: 마을
- modern: 현대적인
- skyscraper: 고층 빌딩
- coexist: 공존하다
- beautifully: 아름답게
- picturesque: 경치가 아름다운
- must-visit spot: 꼭 가봐야 할 장소
- beauty: 아름다움, 미

❷ I highly recommend visiting Bukchon, a traditional Korean village in Seoul. The hanoks, traditional houses, and modern skyscrapers coexist beautifully, providing a unique and picturesque view. It's a must-visit spot to experience Korean culture and enjoy the city's beauty.

저는 서울의 전통 한국 마을인 북촌을 방문하기를 강력히 추천합니다. 전통 가옥인 한옥과 현대적인 고층 빌딩이 아름답게 공존하여 독특하고 그림 같은 풍경을 선사합니다. 한국 문화를 체험하고 도시의 아름다움을 즐기고 싶다면 꼭 방문해야 할 명소입니다.

- grand: 웅장한, 장대한
- palace: 궁전, 왕궁
- ancient palace: 고대 궁전
- surrounded by: ~로 둘러싸여 있는
- modern: 현대적인
- skyscraper: 고층 빌딩

❸ You should definitely visit Gyeongbok Palace in Seoul. It's a beautiful and grand palace from the Joseon Dynasty. What's unique about it is that it's an ancient palace surrounded by modern skyscrapers. It's definitely a must-visit place in Seoul.

서울에 있는 경복궁을 꼭 방문해보시기 바랍니다. 경복궁은 조선 시대의 아름답고 웅장한 궁궐입니다. 독특한 점은 고궁이 현대식 고층 빌딩으로 둘러싸여 있다는 것입니다. 서울에서 꼭 방문해야 할 곳입니다.

- market: 시장
- downtown: 도심, 시내
- spot: 장소, 지역
- in particular: 특히
- be filled with: ~로 가득 차다
- a wide variety of: 다양한 종류의
- street food: 길거리 음식
- souvenir: 기념품
- authentic: 진짜의
- charm: 매력

❹ I highly recommend visiting traditional markets in downtown Seoul. Places like Gwangjang Market, Tongin Market, and Namdaemun Market are must-visit spots. Gwangjang Market, in particular, is the oldest market in Korea, and it's filled with a wide variety of delicious street food and unique souvenirs to enjoy. You can feel the authentic charm of Seoul.

서울 시내에 있는 전통 시장을 방문하는 것을 적극 추천합니다. 광장 시장, 통인 시장, 남대문 시장과 같은 곳은 꼭 방문해야 할 곳입니다. 특히 광장 시장은 한국에서 가장 오래된 시장으로 다양하고 맛있는 길거리 음식과 독특한 기념품을 즐길 수 있는 곳입니다. 서울의 진정한 매력을 느낄 수 있습니다.

❺ Jeju Island is a must-visit place in Korea. It offers stunning nature, unique volcanic landscapes, and cultural attractions like Jeju Folk Village. It's also a popular destination for surfing and marine activities. You shouldn't miss out on Jeju's unique cuisine like black pork bbq and fresh seafood. Jeju has something special to offer for everyone.

- stunning: 아름다운, 눈부신
- volcanic landscape: 화산 지형
- cultural attraction: 문화적인 명소
- folk village: 민속촌
- marine activity: 해양 활동
- miss out on:~을 놓치다
- cuisine: 요리, 음식

제주도는 한국에서 꼭 방문해야 할 곳입니다. 아름다운 자연, 독특한 화산 지형, 제주 민속촌과 같은 문화 명소를 만날 수 있습니다. 또한 서핑과 해양 액티비티를 즐길 수 있는 인기 여행지이기도 합니다. 흑돼지 바비큐와 신선한 해산물 등 제주만의 독특한 요리도 놓치지 마시기 바랍니다. 제주에는 모두에게 특별한 무언가가 있습니다.

❻ Nami Island is a must-visit place in Korea. This island is famous for its beautiful landscapes, tree-lined paths, and vibrant gardens and also known for its cultural attractions and activities. It is great for nature and photo lovers. It's a perfect place for a day trip.

- be famous for: ~로 유명하다
- landscape: 경관, 풍경
- tree-lined: 나무가 늘어서 있는
- path: 길, 도로
- vibrant: 활기찬
- a day trip: 당일 여행

남이섬은 한국에서 꼭 방문해야 할 곳입니다. 이 섬은 아름다운 풍경, 가로수 길, 활기찬 정원으로 유명하며 문화 명소와 액티비티로도 유명합니다. 자연과 사진 애호가들에게 좋은 곳입니다. 당일치기 여행에 완벽한 장소입니다.

❼ Busan is a must-see destination in Korea. The city has nice beaches like Haeundae and Gwangalli, where you can have fun and feel the sea wind. Other places to see are the busy Jagalchi Fish Market and the pretty Gamcheon Culture Village. Busan is very lively and has many things to do, so it is a good choice for foreign visitors.

- destination: 목적지, 여행지
- lively: 활기찬, 생기 넘치는
- choice: 선택, 선택지
- foreign visitor: 외국인 방문객

부산은 한국에서 꼭 가봐야 할 여행지입니다. 이 도시에는 해운대와 광안리와 같은 아름다운 해변이 있습니다. 거기에서는 즐거운 시간을 보내며 바다 바람을 느낄 수 있습니다. 다른 볼거리로는 붐비는 자갈치 시장과 아름다운 감천 문화 마을이 있습니다. 부산은 매우 활기차고 해볼 것도 많아서 외국 방문객에게 좋은 선택지라 할 수 있습니다.

❽ I highly recommend Gyeongju, a historical city in Korea known as a "museum without walls." It's filled with treasures like Bulguksa Temple and ancient burial mounds. Visiting Gyeongju will show you Korea's old history and culture. It's worth a visit.

- known as: ~로 알려진
- be filled with: ~로 가득 차다
- treasure: 보물, 귀중품
- ancient: 고대의, 옛날의
- burial mound: 무덤, 지하묘
- worth a visit: 방문할 가치가 있는

'벽 없는 박물관'으로 알려진 한국의 역사 도시 경주를 적극 추천합니다. 불국사와 고대 무덤과 같은 보물이 가득한 곳입니다. 경주를 방문하면 한국의 오랜 역사와 문화를 볼 수 있습니다. 꼭 방문해 볼 만한 가치가 있는 곳입니다.

- because of: ~때문에
- international airport: 국제 공항
- attraction: 관광 명소, 볼거리
- stunning: 눈부신, 아름다운
- waterfront area: 해안 지역
- check out: 방문하다, 구경하다
- lively: 활기찬, 생기 넘치는

❾ Incheon is a great destination in Korea, not just because of its international airport but also for its attractions like Chinatown, Songdo Central Park, and stunning waterfront areas. You should check out this lively city. It's definitely worth going there.

인천은 국제공항뿐만 아니라 차이나타운, 송도 센트럴파크, 아름다운 해안가 등 다양한 관광 명소가 있는 한국의 멋진 여행지입니다. 이 활기찬 도시를 꼭 한번 방문해 보기 바랍니다. 꼭 가볼 만한 가치가 있는 곳입니다.

- miss out on: ~을 놓치다
- local dish: 현지 음식
- be filled with: ~로 가득 차다
- delightful: 기쁜, 즐거운

❿ I highly recommend visiting Jeonju. It's a place where you can experience Korean history and culture with its traditional Hanok Village. I hope you don't miss out on trying the famous Bibimbap, a delicious local dish. Your trip to Jeonju will be filled with delightful experiences and wonderful memories.

전주 방문을 적극 추천합니다. 전통 한옥 마을과 함께 한국의 역사와 문화를 체험할 수 있는 곳입니다. 맛있는 현지 음식인 비빔밥도 놓치지 마시고 꼭 맛보시기 바랍니다. 전주 여행은 즐거운 경험과 멋진 추억으로 가득할 것입니다.

Q4. Do you have any plans for this vacation?

이번 휴가/방학에 어떤 계획이 있습니까?

Key expressions!

I'm planning to ~ . ~할 계획입니다.	
I'm planning to read a few books during my vacation.	휴가 기간 동안 책을 몇 권 읽을 계획입니다.
I'm planning to spend some quality time with my family at the beach.	가족과 함께 해변에서 좋은 시간을 보낼 계획입니다.
I'm planning to take a cooking class.	요리 수업을 들을 계획입니다.
I'm planning to focus on studying English.	영어 공부에 집중할 계획입니다.
I'm planning to take an English course in Canada.	캐나다에서 영어 과정을 수강할 계획입니다.

1 During my vacation, I'm planning to explore places in my town that I've never been to before. Traveling helps me escape from my busy life, and I believe it's the best way to unwind.

방학 동안 한 번도 가보지 못한 동네의 명소를 돌아다닐 계획입니다. 여행은 바쁜 일상에서 벗어나 긴장을 풀 수 있는 최고의 방법이라고 생각합니다.

- plan to: ~하기로 계획하다
- escape: 벗어나다, 휴식을 취하다
- unwind: 긴장을 풀다

2 I'm determined to focus more on studying English. I'll enroll in an English institute and dedicate myself to improving my language skills.

영어 공부에 더 집중하기로 결심했습니다. 영어 학원에 등록해 어학 실력 향상에 전념할 것입니다.

- be determined to: ~하기로 다짐하다
- enroll: 등록하다
- institute: 학원
- dedicate oneself to: ~에 전념하다

3 During my vacation, I'll participate in an internship to gain service industry experience and explore potential career paths in the airline industry. It's a great opportunity to enhance my skills and achieve my dream of becoming a flight attendant.

방학 동안 인턴십에 참여하여 서비스 업계 경험을 쌓고 항공업계의 잠재적인 진로를 탐색할 것입니다. 실력을 향상시키고 승무원의 꿈을 이룰 수 있는 좋은 기회라고 생각합니다.

- participate in: ~에 참여하다
- gain: 얻다
- potential: 잠재적인
- career path: 진로
- enhance: 향상시키다
- achieve: 달성하다

4 This is my last vacation during college, so I want to make the most of it by being productive. I'll set study goals and create a weekly study timetable. My aim is to succeed in both achieving my academic goals and getting a job for the future.

이번 방학이 대학 생활 중 마지막 방학이므로 생산적인 시간을 보내며 최대한 활용하고 싶습니다. 학습 목표를 설정하고 주간 학습 시간표를 작성할 것입니다. 제 목표는 학업 목표 달성과 함께 장래 취업에 성공하는 것입니다.

- make the most of: 최대한 활용하다
- productive: 생산적인, 유익한
- weekly: 주간의
- timetable: 시간표, 일정표
- aim: 목표
- academic: 학업의
- goal: 목표

5 I'm planning to take an English course in Canada. I have been working at a restaurant after school, so I have saved enough money to cover the expenses for studying abroad. I'd like to improve my English skills and experience cultural diversity to broaden my horizons.

캐나다에서 영어 어학연수를 계획하고 있습니다. 방과 후 레스토랑에서 일하고 있어서 유학 경비를 충당할 수 있을 만큼 돈을 모았습니다. 영어 실력을 향상시키고 문화적 다양성을 경험하여 시야를 넓히고 싶습니다.

- take a course: 수업을 듣다
- save: 저축하다
- cover: 충당하다
- expense: 비용, 경비
- cultural: 문화적인
- diversity: 다양성
- broaden: 넓히다, 확장하다
- horizon: 시야

- certification: 자격증
- match: 어울리다, 맞다
- career goal: 직업 목표
- boost: 신장시키다, 도움이 되다
- resume: 이력서
- prepare for: ~을 준비하다

❻ For this vacation, I'm thinking of getting some certifications that match my career goals and help me improve my skills. It's a great way to boost my resume and prepare for my future career.

이번 방학에는 제 커리어 목표에 부합하고 실력 향상에 도움이 되는 몇 가지 자격증을 취득할 생각입니다. 이력서를 강화하고 미래의 커리어를 준비할 수 있는 좋은 방법입니다.

- luckily: 운이 좋게도
- opportunity: 기회
- thanks to: ~덕분에
- be excited to: ~하기를 기대하다
- make friends: 친구를 사귀다
- diverse: 다양한
- immerse: 몰두하다, 몰두시키다
- can't wait to: ~하는 것을 너무 기대하다

❼ Luckily, I have a wonderful opportunity to study in Australia, thanks to my college's support. I'm excited to make friends from diverse cultures and immerse myself in new experiences. I can't wait to go there.

운 좋게두 대학의 지원 덕분에 호주에서 공부할 수 있는 좋은 기회를 얻었습니다. 다양한 문화권에서 온 친구들을 사귀고 새로운 경험에 몰입할 수 있어 기대가 됩니다. 빨리 가고 싶습니다.

⑩ Health/Stress

🎙️ **Interview tips!**

승무원은 건강과 스트레스 관리 능력이 필수적이다. 자신의 컨디션을 최적으로 유지하는 능력을 갖춘 사람은 승객들에게 만족스러운 서비스를 꾸준히 제공할 수 있기 때문이다. 지원자는 자신이 어떻게 건강을 챙기고 스트레스를 해소하는지 구체적이고 흥미로운 예시를 들어서 답변하도록 한다. 예를 들면, 정기적으로 운동을 하거나, 건강한 식습관을 갖거나, 취미나 관심사를 통해 스트레스를 해소하거나, 긍정적인 마인드를 유지하거나 하는 방법들이 있겠다.

Q1. How do you keep yourself healthy and fit?
어떻게 건강 관리를 하고 있습니까?

💡 **Key expressions!**

I work out ~. ~운동합니다.	
I work out every other day.	이틀에 한 번씩 운동합니다.
I work out at the gym by my place.	집 근처 헬스클럽에서 운동합니다.
I work out for an hour every day.	매일 한 시간씩 운동을 합니다.

I try to ~ . ~하려고 노력합니다.	
I try to exercise on a regular basis.	규칙적으로 운동하려고 노력합니다.
I try to maintain healthy eating habits.	건강한 식습관을 유지하려고 노력합니다.
I try to walk rather than drive.	운전보다는 걸어 다니려고 노력합니다.

❶ I go to the gym three times a week and stick to a strict fitness routine to enhance my strength. Regularly exercising has greatly improved my stamina and overall health.

저는 일주일에 세 번 헬스장에 가서 체력을 강화하기 위해 엄격한 운동 루틴을 고수합니다. 규칙적인 운동으로 체력과 전반적인 건강이 크게 향상되었습니다.

- stick to: ~을 지키다
- fitness: 건강, 체력
- routine: 일상
- enhance: 강화하다
- strength: 힘, 근력
- regularly: 규칙적으로
- stamina: 체력, 지구력
- overall: 전반적으로

- maintain: 유지하다, 지속하다
- make it a habit to: ~하는 것을 습관화하다
- exercise: 운동하다
- pair: 조합하다
- balanced: 균형 잡힌
- diet: 식단, 음식
- energized: 활기찬
- throughout the day: 하루 종일

② To maintain my health and fitness, I make it a habit to exercise regularly and pair it with a balanced diet. Since making these changes, I feel more energized and focused throughout the day.

건강과 체력을 유지하기 위해 규칙적인 운동과 균형 잡힌 식단을 병행하는 습관을 들이고 있습니다. 이러한 변화를 시도한 이후로 저는 하루 종일 더 활기차고 집중력이 높아졌습니다.

- go jogging: 조깅을 하다
- free time: 여가 시간
- endurance: 지구력, 인내력
- clear my mind: 마음을 정리하다
- besides: 게다가
- bodyweight exercise: 맨몸 운동
- push-ups: 팔굽혀펴기
- squat: 스쿼트
- build strength: 근력을 키우다
- equipment: 장비

③ I try to go jogging whenever I have some free time. It's a great way to improve my endurance and clear my mind for the day. Besides jogging, I also enjoy doing bodyweight exercises at home, like push-ups and squats. It helps me stay active and build strength without needing any special equipment.

저는 시간이 날 때마다 조깅을 하려고 노력합니다. 조깅은 지구력을 향상시키고 하루 동안 정신을 맑게 해주는 좋은 방법입니다. 조깅 외에도 집에서 팔굽혀펴기나 스쿼트 같은 맨몸 운동도 즐겨 합니다. 특별한 장비 없이도 활동성을 유지하고 근력을 키우는 데 도움이 됩니다.

- pandemic: 전염병
- regularly: 규칙적으로
- home workout: 홈 트레이닝
- lose weight: 체중 감량하다
- be determined to: ~하기로 결심하다
- stay fit: 몸매를 유지하다

④ Since the pandemic, I've been regularly doing home workouts by following exercise videos on YouTube. I make sure to work out every day. I've lost weight and feel much healthier. I'm determined to continue staying fit and healthy.

팬데믹 이후, 유튜브 운동 영상을 보며 정기적으로 홈 트레이닝을 하고 있습니다. 저는 매일 운동을 합니다. 체중이 줄었고 훨씬 더 건강해졌습니다. 앞으로도 꾸준히 운동하며 건강을 유지하기로 마음 먹었습니다.

- balanced: 균형 잡힌
- energized: 활기찬
- flexible: 유연한
- benefit: 이점, 혜택
- maintain: 유지하다
- fitness: 건강, 체력

⑤ I've been doing Pilates to stay fit and healthy. It helps me feel more balanced and energized. I love how it keeps my body strong and flexible. I'm enjoying the benefits, and I'll keep doing Pilates to maintain my fitness.

저는 건강을 유지하기 위해 필라테스를 하고 있습니다. 필라테스는 균형과 활력을 되찾는 데 도움이 됩니다. 몸을 튼튼하고 유연하게 유지해줘서 좋습니다. 필라테스의 효과를 톡톡히 누리고 있고 앞으로도 체력을 유지하기 위해 필라테스를 계속할 겁니다.

6 I like walking instead of using a car or public transportation. It's easy to fit into my busy schedule, and on weekends, I enjoy taking brisk walks along the Han River or in the park. Walking is a great way to stay active and healthy without any extra cost.

저는 자동차나 대중교통 대신 걷는 것을 좋아합니다. 바쁜 일정에 맞추기도 쉽고, 주말에는 한강변이나 공원에서 빠르게 걷는 것을 즐깁니다. 걷기는 추가 비용 없이도 활동적이고 건강하게 지낼 수 있는 좋은 방법입니다.

* instead of: ~대신에, ~대신
* public transportation: 대중교통
* fit into: 맞추다
* brisk walk: 빠른 걷기
* along: ~을 따라
* extra cost: 추가 비용

7 Staying healthy is important for both my body and mind. To achieve that, I exercise for 30 minutes daily, get enough sleep, eat well, and spend time with positive people. This helps me stay healthy and happy.

건강을 유지하는 것은 제 몸과 마음 모두에 중요합니다. 이를 위해 매일 30분씩 운동하고, 충분한 수면을 취하고, 잘 먹고, 긍정적인 사람들과 시간을 보내려고 노력합니다. 이런 것들이 제 건강과 행복을 유지하는 데 도움이 됩니다.

* mind: 마음, 정신
* daily: 매일
* positive: 긍정적인

Q2. How do you relieve your stress?
스트레스를 어떻게 해소합니까?
How do you manage stress in your daily work?
업무에서 받는 스트레스 관리를 어떻게 합니까?

💡 **Key expressions!**

I try to ~ . ~하려고 합니다.	
I try to take a break.	휴식을 취하려고 합니다.
I try to listen to relaxing classical music.	편안한 클래식 음악을 들으려고 합니다.
I try to get rid of stress by working out.	운동을 하면서 스트레스를 해소하려고 합니다.

I get rid of stress by ~. ~하면서 스트레스를 해소합니다.	
I get rid of stress by doing Pilates after school.	방과 후 필라테스를 하면서 스트레스를 해소합니다.
I get rid of stress by taking a walk.	산책을 하면서 스트레스를 해소합니다.
I get rid of stress by talking with my friends.	친구들과 이야기하면서 스트레스를 해소합니다.
I get rid of stress by meditation.	명상을 하면서 스트레스를 해소합니다.

스트레스 관리 답변에 유용한 동사구	
take a break 휴식을 취하다	surf the net/explore the web 인터넷을 검색하다
watch YouTube or Netflix 유튜브나 넷플릭스를 보다	watch movies or TV shows 영화나 TV 프로그램을 시청하다
take a walk(go for a walk) 산책을 하다	take my dog for a walk (walk my dog) 강아지를 산책시키다
ride a bike 자전거를 타다	go for(/on) a drive 드라이브하러 가다
spend time in nature 자연 속에서 시간을 보내다	listen to music 음악을 듣다
read books or comics 책이나 만화책을 읽다	write in a journal 일기를 쓰다

play the piano(musical instrument) 피아노(악기명)를 연주하다	engage in creative activities 창의적인 활동에 참여하다
play sports and outdoor activities 스포츠와 야외 활동을 즐기다	go ~ing (fishing, camping, swimming, cycling, hiking…) (낚시, 캠핑, 수영, 자전거 타기, 하이킹…) ~을 하러가다
work out and stay active 운동을 하며 활동적인 생활을 하다	practice meditation 명상을 하다
play video games or online games 비디오 게임이나 온라인 게임을 하다	hang out with friends and socialize 친구들과 어울리며 놀다
go to concerts 콘서트에 가다	try out new restaurants 새로운 식당에 가보다
visit different cities or tourist attractions 다른 도시나 관광 명소를 가보다	go to the beach 바닷가에 가다

스트레스 관리 답변에 유용한 표현	
I don't get stressed out easily.	저는 쉽게 스트레스를 받지 않습니다.
It offers great relief to stress.	스트레스를 크게 해소시켜 줍니다.
··· is a great stress reliever.	···은 훌륭한 스트레스 해소제입니다.
It can lower my stress level.	스트레스 수치를 낮춰줍니다.
It makes me feel good.	제 기분을 좋게 해줍니다.
It boosts my mood.	제 기분을 북돋아 줍니다.

❶ Personally, on stressful days, I head to the gym and exercise to release stress. It's a great stress reliever.

개인적으로 스트레스가 많은 날에는 헬스장에 가서 스트레스를 풀기 위해 운동합니다. 운동은 스트레스 해소에 아주 좋습니다.

- personally: 개인적으로
- stressful: 스트레스가 많은
- head to: ~로 향하다
- release stress: 스트레스를 해소하다
- stress reliever: 스트레스 해소 수단

❷ When I feel stressed, I try to take a break and listen to relaxing classical music. Calm music has a positive effect on my brain and body, and it can lower my stress level.

스트레스를 받을 때는 휴식을 취하면서 편안한 클래식 음악을 들으려고 노력합니다. 차분한 음악은 뇌와 신체에 긍정적인 영향을 미치고 스트레스 수준을 낮출 수 있습니다.

- stressed: 스트레스 받은
- take a break: 휴식을 취하다
- relaxing: 편안한, 여유로운
- calm: 차분한, 평온한
- effect: 영향, 효과
- brain: 뇌
- lower: 낮추다, 감소시키다

- engage in: ~에 참여하다, 몰두하다
- physical activity: 신체 활동
- key: 핵심적인, 중요한
- reduce stress: 스트레스를 줄이다
- boost my mood: 기분을 좋게하다

❸ Engaging in physical activities like playing ping-pong, taking my dog for a walk, or riding a bike in the park is key to reducing my stress. These activities boost my mood and make me feel good.

탁구, 반려견과 산책, 공원에서 자전거 타기와 같은 신체 활동을 하는 것이 스트레스를 줄이는 데 도움이 됩니다. 이러한 활동은 제 기분을 북돋아 주고 기분을 좋게 만들어 줍니다.

- overwhelmed: 감당하기 어려운, 벅찬
- reach out to: ~에게 연락하다
- calm down: 진정시키다
- quickly: 빠르게
- face-to-face: 대면으로

❹ When I feel overwhelmed by stress, I try to reach out to my family and friends who make me feel comfortable and understood. I calm down quickly by communicating with them face-to-face.

스트레스에 압도당할 때, 저를 편안하게 해주고 이해해 주는 가족이나 친구에게 연락을 취합니다. 그들과 얼굴을 맞대고 대화를 나누면 금방 진정됩니다.

- feel stressed: 스트레스를 받다
- take a break: 휴식을 취하다
- go for a walk: 산책하다
- clear my mind: 생각을 정리하다

❺ When I feel stressed, I like to take a break and go for a walk in nature. It helps me clear my mind and feel refreshed.

스트레스를 받으면 휴식을 취하고 자연 속에서 산책을 하는 것을 좋아합니다. 산책을 하면 머리가 맑아지고 기분이 상쾌해집니다.

- stress-relief activity: 스트레스 해소 활동
- engage in: ~에 참여하다, 몰두하다
- outdoor activity: 야외 활동
- boost my mood: 기분을 좋게하다

❻ One of my favorite stress-relief activities is playing sports and engaging in outdoor activities like cycling or hiking. It keeps me active and boosts my mood.

제가 가장 좋아하는 스트레스 해소 활동 중 하나는 스포츠를 하거나 자전거 타기나 하이킹과 같은 야외 활동에 참여하는 것입니다. 활동성을 유지하고 기분을 좋게 해줍니다.

- everyday: 일상적인
- worry: 걱정
- de-stress: 스트레스를 해소하다

❼ To relax after a long day, I often watch movies and TV shows, which helps me escape from everyday worries and de-stress.

긴 하루를 보낸 후 긴장을 풀기 위해 영화나 TV 프로그램을 자주 보는데, 이는 일상의 걱정에서 벗어나 스트레스를 해소하는 데 도움이 됩니다.

⑧ Meditation has been a game-changer for me in managing stress. Just a few minutes of daily meditation helps me feel more centered and calm.

명상은 스트레스 관리의 차원을 바꾸어 놓았습니다. 매일 몇 분만 명상을 해도 더 집중되고 평온함을 느낄 수 있습니다.

- meditation: 명상
- game-changer: 큰 변화를 가져오는 것
- manage stress: 스트레스를 관리하다
- centered: 집중된
- calm: 차분한

⑨ When I need a quick stress buster, I play video games or watch funny short videos on YouTube. It's a fun way to unwind and forget about any work-related tension.

저는 스트레스를 빨리 풀고 싶을 때 비디오 게임을 하거나 YouTube에서 재미있는 짧은 동영상을 시청합니다. 긴장을 풀고 업무로 인한 스트레스를 잊을 수 있는 재미있는 방법입니다.

- quick: 빠른, 신속한
- stress buster: 스트레스 해소 수단
- unwind: 긴장을 풀다
- work-related: 업무와 관련된
- tension: 긴장, 압박

⑩ Socializing with friends and trying out new restaurants allows me to have a great time and forget about any stressors for a while.

친구들과 어울려 새로운 레스토랑에 가보면 잠시나마 스트레스를 잊고 즐거운 시간을 보낼 수 있습니다.

- socialize with: ~와 어울리다, 교류하다
- try out: 시도해 보다
- stressor: 스트레스 요인

⑪ I find exploring the web or watching YouTube videos amusing and a great way to take a break from the pressures of work.

인터넷을 검색하거나 YouTube 동영상을 보는 것이 재미있고 업무의 압박에서 벗어나 휴식을 취할 수 있는 좋은 방법이라고 생각합니다.

- amusing: 재미있는, 유쾌한
- pressure: 압박, 압력

⑫ Engaging in creative activities, like writing in a journal or playing the piano, helps me express myself and release stress.

일기를 쓰거나 피아노를 치는 등 창의적인 활동에 참여하면 자신을 표현하고 스트레스를 해소하는 데 도움이 됩니다.

- journal: 일기
- express: 표현하다
- release stress: 스트레스를 해소하다

⑬ Going on a drive and enjoying the scenery is a perfect way to relax and leave my work-related worries behind.

드라이브를 하며 경치를 즐기는 것은 업무와 관련된 걱정을 잊고 휴식을 취할 수 있는 완벽한 방법입니다.

- go on a drive: 드라이브를 가다
- scenery: 경치
- work-related: 업무와 관련된
- worry: 걱정
- leave (something) behind: ~을 놔두고 오다, (과거나 안 좋은 일 등을) 잊어버리다

11 Work experience/Part-time job experience

🎙️ **Interview tips!**

> 서비스 분야에서의 업무 경험이 있다면 그 경험을 구체적이고 자세하게 소개하는 것이 중요하다. 언제부터 언제까지 어떤 회사나 기관에서 어떤 직무를 수행했는지, 그 과정에서 어떤 역량이나 능력을 키웠는지, 어떤 성과나 결과를 달성했는지 등을 명확하게 설명한다.
>
> 또한, 그러한 경험이 승무원으로서의 업무에 어떻게 도움이 될 수 있는지, 어떤 장점이나 강점으로 발휘될 수 있는지를 설득력 있게 말한다. 아르바이트라도 장기간 꾸준하고 의미 있는 일을 했다면 자신의 경력에 대해 자신감을 가지고 앞서 말한 내용들을 강조하면 좋다.

Q1. Can you tell me about your working experience (part-time job experience)?

업무 경험(아르바이트 경험)에 대해 이야기해주세요.

💡 **Key expressions!**

I used to work for 회사명 . 저는 ~에서 근무한 적이 있습니다.	
I used to work for ○○ Hotel.	저는 ○○ 호텔에서 근무한 적이 있습니다.
I used to work for ○○ department store.	저는 ○○ 백화점에서 근무한 적이 있습니다.
I used to work for ○○ restaurant.	저는 ○○ 식당에서 근무한 적이 있습니다.

I've been working part-time at 장소/for 기간. **저는 ~에서/동안 아르바이트를 하고 있습니다.**	
I've been working part-time at a cafe.	저는 까페에서 아르바이트를 하고 있습니다.
I've been working part-time at a fast-food restaurant.	저는 패스트푸드점에서 아르바이트를 하고 있습니다.
I've been working part-time for two years.	저는 2년 동안 아르바이트를 하고 있습니다.

① During freshman year, I didn't work due to the challenges of college life away from home. From sophomore year, I have been working part-time in restaurants and cafes, and I have learned about time management and responsibility.

1학년 때는 집을 떠나 있는 대학 생활의 어려움 때문에 일을 하지 않았습니다. 2학년 때부터 레스토랑과 카페에서 아르바이트를 하며 시간 관리와 책임감에 대해 배웠습니다.

- freshman: 대학 1학년 학생
- due to: ~때문에
- challenge: 도전, 어려움
- away from home: 집을 떠나서
- sophomore: 대학 2학년 학생
- work part-time: 아르바이트를 하다
- time management: 시간 관리

② I didn't work during college as scholarships and parental support covered my expenses, and it allowed me to focus on studies. As a result, I achieved excellent academic results.

장학금과 부모님의 지원으로 학비가 충당되었기 때문에 대학 시절에는 일을 하지 않았고 학업에 집중할 수 있었습니다. 그 결과 우수한 학업 성적을 거둘 수 있었습니다.

- scholarship: 장학금
- parental: 부모의
- cover: 충당하다
- expense: 비용, 경비
- achieve: 성취하다, 이루다
- academic: 학업의, 학문적인
- result: 결과, 성과

③ I worked at Kidzania, a place where kids experience different jobs. It was fun and fulfilling to see children learn and play while exploring various professions. It also boosted my confidence in handling children effectively as a future flight attendant.

저는 아이들이 다양한 직업을 체험할 수 있는 키자니아에서 일했습니다. 아이들이 다양한 직업을 탐색하며 즐겁게 배우고 노는 모습을 보면서 보람을 느꼈습니다. 또한 미래의 승무원으로서 아이들을 능숙하게 다룰 수 있다는 자신감도 생겼습니다.

- fulfilling: 만족스러운, 충족시키는
- profession: 직업
- boost: 증진시키다, 향상시키다
- confidence: 자신감

④ I used to work at a hotel in the banquet hall and buffet area. Welcoming guests, serving food, and keeping the place tidy were my main responsibilities. It taught me to be friendly, communicate well, and handle multiple tasks at once. Greeting guests with a smile and staying attentive during busy times improved my customer service skills.

저는 호텔 연회장과 뷔페에서 일했습니다. 손님을 맞이하고, 음식을 서빙하고, 장소를 깔끔하게 정리하는 것이 저의 주요 업무였습니다. 그 일을 통해 친절하고, 의사소통을 잘하고, 한 번에 여러 가지 일을 처리하는 법을 배웠습니다. 바쁜 시간에도 미소로 손님을 맞이하고 세심한 주의를 기울이면서 고객 서비스 기술이 향상되었습니다.

- banquet hall: 연회장
- buffet: 뷔페
- welcome: 환영하다, 맞이하다
- guest: 손님, 초대받은 사람
- tidy: 깔끔한, 정돈된
- main: 주요한, 주된
- multiple tasks: 여러 가지 작업
- at once: 동시에, 한꺼번에
- greeting: 인사, 환영
- attentive: 주의 깊은, 세심한

- ground service: 지상 서비스
- assist: 도와주다
- guide: 안내하다
- respond to: ~에 응답하다
- inquiry: 문의, 질문
- present: 보여주다
- contact: 연락하다, 접촉하다

❺ I worked part-time in ground service at an airline and my duties were greeting and assisting customers, guiding them through the kiosk, and responding to their inquiries. I always made sure to present a friendly and positive image as the first point of contact for customers at the airline.

저는 항공사에서 지상 서비스 아르바이트를 했습니다. 제 일은 고객 맞이, 고객 안내, 키오스크 안내와 고객 문의에 응대하는 일이었습니다. 저는 항공사에서 고객과의 첫 접점으로서 항상 친절하고 긍정적인 이미지를 심어주기 위해 노력했습니다.

- mainly: 주로, 주된
- apply: 적용하다
- job-specific: 직무에 특화된
- people skills: 대인 관계 기술
- deal with: 다루다, 처리하다
- coworker: 동료
- rewarding: 보람 있는

❻ I mainly worked in the service field. I applied the skills I learned as an Airline Services major, improving my job-specific know-how. I also improved my people skills during this time. Dealing with customers, coworkers, and bosses was a rewarding experience.

주로 서비스 분야에서 일했습니다. 항공 서비스 전공자로서 배운 기술을 업무에 적용하며 직무별 노하우를 쌓았습니다. 이 기간 동안 대인 관계 기술도 향상되었습니다. 고객, 동료, 상사를 상대하면서 보람을 느꼈습니다.

- salesperson: 판매원
- department store: 백화점
- gain: 얻다, 획득하다
- real-life experience: 실전 경험
- efficient: 효율적인, 능률적인
- customer management: 고객 관리
- individual: 개인, 사람

❼ I used to work as a salesperson at a department store, where I gained real-life experience dealing with various types of people. It wasn't easy, but it taught me efficient customer management and how to handle different individuals.

백화점에서 판매원으로 일하면서 다양한 유형의 사람들을 상대하는 실제 경험을 쌓았습니다. 쉽지는 않았지만 효율적인 고객 관리와 다양한 사람들을 대하는 방법을 배웠습니다.

- wedding hall: 웨딩홀
- money management: 돈 관리
- how to 동사: ~하는 방법
- interact with: ~와 소통하다
- the public: 대중, 일반인들
- invaluable: 귀중한
- independence: 독립, 자주성

❽ I had part-time jobs at a wedding hall, restaurant, and cafe, which taught me money management, responsibility, and how to interact with the public. These invaluable experiences provided me with the independence I needed.

웨딩홀, 레스토랑, 카페에서 아르바이트를 하며 돈 관리, 책임감, 대중과 소통하는 방법을 배웠습니다. 이러한 귀중한 경험은 저에게 필요한 독립정신을 갖게 했습니다.

9 During my time as a part-time server at a family restaurant, I learned valuable lessons in teamwork, effective communication with people, and professionalism. Having a part-time job while attending school was a solid learning experience.

패밀리 레스토랑에서 서빙 아르바이트를 하면서 팀워크, 사람들과의 효과적인 의사소통, 전문성에 대한 소중한 교훈을 얻었습니다. 학교를 다니면서 아르바이트를 한 것은 탄탄한 학습 경험이었습니다.

- server: 종업원
- valuable: 귀중한
- lesson: 교훈, 배울 점
- professionalism: 전문적인 태도
- attend: 다니다
- solid: 견고한, 단단한
- learning experience: 배움의 경험

10 Starting from the age of 16, I have worked every summer, earning extra money and exploring different career paths. Through my experience in the service industry, I found my passion for pursuing a college major in airline services, which has thoroughly prepared me for my future career.

16세부터 매년 여름마다 아르바이트를 하며 돈을 벌고 다양한 진로를 탐색했습니다. 서비스 업계에서의 경험을 통해 대학에서 항공 서비스를 전공하고 싶은 열정을 발견했고, 이를 통해 미래의 커리어를 철저히 준비할 수 있었습니다.

- earn: 벌다
- career path: 진로
- passion: 열정
- thoroughly: 철저하게

Q2. What did you learn through your part-time job (working experience)?

아르바이트(직무 경험)를 통해 무엇을 배웠습니까?

Key expressions!

I learned a lot (a great deal) about ~ . 저는 ~에 대해 많은 것을 배웠습니다.

I learned a lot about being responsible.	저는 책임감에 대해 많은 것을 배웠습니다.
I learned a lot about respecting others.	저는 다른 사람들을 존중하는 것에 대해 많은 것을 배웠습니다.
I learned a lot about time management.	저는 시간 관리에 대해 많은 것을 배웠습니다.
I learned a great deal about prioritizing tasks.	저는 일의 우선순위를 정하는 것에 대해 많이 배웠습니다.

Through my work experience, I gained ~ .
업무 경험을 통해 ~을 갖게 되었습니다.(얻었습니다)

Through my work experience, I gained a deeper understanding of customer service.	업무 경험을 통해 고객 서비스에 대해 더 깊이 이해하게 되었습니다.
Through my work experience, I gained valuable career-related experience.	업무 경험을 통해 경력 관련 소중한 경험을 하게 되었습니다.
Through my work experience, I gained extensive knowledge.	업무 경험을 통해 폭넓은 지식을 얻었습니다.
Through my work experience, I gained the ability to adapt quickly to different environments.	업무 경험을 통해 다양한 환경에 빠르게 적응할 수 있는 능력을 얻었습니다.
Through my work experience, I gained confidence in handling challenging situations.	업무 경험을 통해 어려운 상황에 대처할 수 있는 자신감을 얻었습니다.

I learned how important it is to ~ . ~하는 것이 얼마나 중요한지를 배웠습니다.

I learned how important it is to communicate with other people.	다른 사람들과 소통하는 것이 얼마나 중요한지를 배웠습니다.
I learned how important it is to manage my time efficiently.	효율적으로 시간을 관리하는 것이 얼마나 중요한지를 배웠습니다.
I learned how important it is to cooperate with others.	다른 사람들과 협동하는 것이 얼마나 중요한지를 배웠습니다.
I learned how important it is to maintain a positive attitude.	긍정적인 태도를 유지하는 것이 얼마나 중요한지 배웠습니다.
I learned how important it is to take initiative and be proactive.	주도권을 갖고 능동적으로 행동하는 것이 얼마나 중요한지 배웠습니다.

1 I used to work at a hotel. Through this experience, I learned the importance of money management. After I started to earn my own money, I gained a better understanding of how to handle it. Working hard for my money helped me appreciate the importance of saving and being frugal.

저는 호텔에서 일한 적이 있습니다. 이 경험을 통해 돈 관리의 중요성을 배웠습니다. 직접 돈을 벌기 시작하면서 돈을 다루는 방법에 대해 더 잘 이해하게 되었습니다. 돈을 위해 열심히 일하면서 저축과 검소함의 중요성을 깨닫게 되었습니다.

- earn: 벌다, 수입을 얻다
- appreciate: 인식하다, 이해하다
- saving: 저축
- frugal: 검소한

2 Although I had little free time working in the service industry, I became more organized and a better planner. I learned to weigh my priorities to meet deadlines. Managing my time efficiently benefited both my studies and personal life.

서비스 업계에서 일하면서 자유 시간이 거의 없었지만 더 체계적이고 더 계획적이 되었습니다. 마감 기한을 맞추기 위해 우선순위를 따져보는 법을 배웠습니다. 효율적으로 시간 관리한 것이 공부와 개인적인 생활 모두에 도움이 되었습니다.

- although: 비록 ~이지만
- organized: 체계적인
- planner: 계획자
- weigh: 따져 보다
- priority: 우선순위, 중요도
- meet deadlines: 마감 기한을 지키다
- efficiently: 효율적으로, 능률적으로
- benefit: 도움이 되다

3 Through my part-time work in a restaurant, wedding hall, and hotel, I learned how to handle diverse situations with flexibility. I believe this skill will be valuable when dealing with various situations and passengers on airplanes. These experiences will help me stand out from other applicants in the future.

레스토랑, 예식장, 호텔 등에서 아르바이트를 하면서 다양한 상황에 유연하게 대처하는 방법을 배웠습니다. 이는 비행기에서 다양한 상황과 승객을 대할 때 유용하게 쓰일 것이라고 생각합니다. 이러한 경험은 앞으로 제가 다른 지원자들과 차별화되는 데 도움이 될 것입니다.

- diverse: 다양한
- with flexibility: 유연하게, 융통성 있게
- valuable: 가치 있는, 소중한
- stand out from: ~로부터 돋보이다
- applicant: 지원자

4 Working in different part-time jobs taught me about responsibility. I learned that if I didn't fulfill my duties properly, it could affect the quality of service and create inconvenience for my team. This made me more motivated to take ownership of my tasks and be considerate of my team.

다양한 아르바이트를 하면서 책임감에 대해 배웠습니다. 제가 맡은 바 임무를 제대로 수행하지 않으면 서비스 품질에 영향을 미치고 팀원들에게 불편을 줄 수 있다는 것을 배웠습니다. 이를 통해 업무에 대한 주인 의식을 갖고 팀을 배려해야겠다는 마음을 갖게 되었습니다.

- responsibility: 책임, 의무
- fulfill: 이행하다, 완수하다
- duty: 의무
- properly: 적절하게, 제대로
- affect: 영향을 미치다
- quality: 품질
- inconvenience: 불편
- motivated: 동기 부여된
- ownership: 주인 의식
- be considerate of: ~을 배려하다

- career-related: 직업과 관련된
- respectfully: 공손하게, 예의 바르게

❺ My part-time job in the service industry provided valuable career-related experience. I've learned how to interact with customers respectfully and handle challenging situations under pressure. My ultimate goal is to become a flight attendant, and I promise to treat customers with respect and offer exceptional service.

서비스 업계에서 아르바이트를 하면서 커리어와 관련된 소중한 경험을 쌓을 수 있었습니다. 고객과 정중하게 대화하고 중압감을 느끼는 상황하에서 어려운 상황을 처리하는 방법을 배웠습니다. 제 궁극적인 목표는 승무원이 되는 것이며, 고객을 존중하고 탁월한 서비스를 제공할 것을 약속드립니다.

- ground service: 지상 서비스
- first impression: 첫인상
- flexible: 유연한
- valuable: 가치 있는, 소중한
- takeaway: 기억해야 할 핵심 사항, 배운 점

❻ While working part-time in ground service at an airline, I learned how important it is to make a positive first impression on customers and provide flexible service. It has been a valuable takeaway from my experience.

항공사에서 지상 서비스 아르바이트를 하면서 고객에게 긍정적인 첫인상을 남기고 유연한 서비스를 제공하는 것이 얼마나 중요한지 배웠습니다. 제 경험에서 얻은 소중한 교훈이었습니다.

- effectively: 효과적으로, 능률적으로
- responsible: 책임감 있는
- helpful: 도움이 되는, 유용한

❼ During my part-time jobs at different places like restaurants and cafes, I learned important things like how to work well with others, communicate effectively, and be responsible. These skills will be helpful in my future job as a flight attendant.

레스토랑과 카페 등 다양한 곳에서 아르바이트를 하면서 다른 사람들과 잘 지내는 법, 효과적으로 의사소통하는 법, 책임감 있는 태도 등 중요한 것들을 배웠습니다. 이러한 능력은 앞으로 승무원이라는 직업을 가질 때 도움이 될 것입니다.

- significance: 중요성
- meet: 충족시키다
- preference: 선호

❽ While working part-time at Kidzania, I learned how to interact and communicate effectively with children. I also understood the significance of offering customer service that meets customers' needs and preferences.

키자니아에서 아르바이트를 하면서 아이들과 효과적으로 상호 작용하고 소통하는 방법을 배웠습니다. 또한 고객의 요구와 선호도에 맞는 고객 서비스를 제공하는 것의 중요성도 깨달았습니다.

9 From my past work experience, I've gained valuable lessons in leadership, building relationships, and professional courtesy. I believe these skills will be beneficial in my future as a flight attendant.

과거 근무 경험을 통해 리더십, 인간관계 구축, 직업적 예의에 대한 소중한 교훈을 얻었습니다. 이러한 것들은 장차 승무원으로서의 일에 도움이 될 것이라고 믿습니다.

* past: 과거, 지난
* valuable: 가치 있는, 소중한
* build relationships: 인맥을 쌓다
* courtesy: 예의, 예의 바른 태도
* beneficial: 도움이 되는, 유익한

Q3. Tell me about a time when you had to deal with a difficult customer?

까다로운 고객을 응대했던 경험에 대해 이야기해주세요.

🎙 Interview tips!

고객 서비스 분야에서 경험이 있는 지원자들은 종종 고객의 불만이나 문제를 어떻게 해결했는지에 대한 질문을 받게 된다. 이러한 질문에 답변할 때는, 고객 응대의 상황과 과정을 구체적으로 설명하는 것이 중요하다. 답변을 구조화하는 좋은 방법은 다음과 같은 순서(STAR)로 이야기하는 것이다.

* Situation(상황) : 고객의 불만이나 문제가 발생한 배경과 맥락
* Task(과업) : 고객의 만족을 달성하기 위해 수행해야 했던 과업
* Action(조치) : 고객의 불만이나 문제를 해결하기 위해 지원자가 취한 조치
* Result(결과) : 그 조치의 결과로 얻은 고객의 반응과 피드백

그리고 주의할 점은 단순히 경험의 사실만을 나열하는 것이 아니라, 그 경험에서 얻은 교훈을 언급하고, 그러한 경험이 채용된다면 어떻게 회사의 비전과 목표를 달성하는 데 기여할 수 있는지로 마무리를 하면 좋은 답변이 될 것이다.

💡 Key vocabulary and expressions!

불만 응대 관련 답변에 유용한 어휘	
apologize 사과하다	apology 사과
acknowledge 인정하다	understand 이해하다
explain 설명하다	demand 요구하다
resolve 해결하다	resolution 해결책
respond 응대하다	offer 제공하다
complain 불만을 제기하다	complaint 불만
excuse 변명	transfer 떠넘기다, 전가하다

empathy 공감	compliment 칭찬
satisfaction 만족	dissatisfaction 불만족
patient 참을성 있는	policy 정책

불만 응대 관련 답변에 유용한 표현

1. Apologies and Understanding (사과와 이해)

I apologized promptly for my mistake.	저는 즉시 제 실수에 대해 사과했습니다.
I empathized with how upset he must have felt.	그분이 얼마나 속상했을지 공감했습니다.
I actively listened to and addressed his concerns without making excuses.	변명하지 않고 그의 우려 사항을 적극적으로 경청하고 해결했습니다.
I took full responsibility and did not pass the problem onto someone else.	제가 모든 책임을 지고 문제를 다른 사람에게 전가하지 않았습니다.

2. Communication and Reporting (커뮤니케이션 및 보고)

I promptly reported this issue to my manager.	이 문제를 즉시 관리자에게 보고했습니다.
I attentively listened to the customer's feedback.	고객의 피드백을 주의 깊게 경청했습니다.
I carefully listened to what the customer wanted.	고객이 원하는 것이 무엇인지 주의 깊게 경청했습니다.
I firmly explained the company policy.	회사 정책을 단호하게 설명했습니다.
I made sure the customer's complaint was resolved.	고객의 불만이 해결되었는지 확인했습니다.
I promised to prevent similar issues in the future.	향후 유사한 문제가 발생하지 않도록 약속했습니다.

3. Resolution and Satisfaction (해결 및 만족)

I handled the situation effectively.	상황을 효과적으로 처리했습니다.
The customer expressed satisfaction with my approach.	고객이 제 접근 방식에 만족감을 표시했습니다.

❶ At the restaurant, a customer got upset because of a long wait and a wrong order. I quickly apologized for the mistake and empathized with how upset he must have felt. We offered him the correct food promptly, along with some extra items. My manager also apologized sincerely. Instead of making excuses, we listened to his concerns and responded accordingly. The customer left satisfied, and he became a regular patron.

식당에서 한 고객이 오랜 기다림과 잘못된 주문으로 인해 화를 냈습니다. 저는 재빨리 실수에 대해 사과하고 그가 얼마나 속상했을지 공감했습니다. 그리고 즉시 올바른 음식과 함께 몇 가지 추가 메뉴를 제공했습니다. 매니저도 진심으로 사과했습니다. 변명하는 대신 그의 우려에 귀를 기울이고 그에 따라 대응했습니다. 고객은 만족하고 돌아갔고 단골이 되었습니다.

- get upset: 화내다
- quickly: 빠르게
- apologize: 사과하다
- empathize: 공감하다
- promptly: 신속하게
- along with: ~와 함께
- sincerely: 진심으로
- make excuses: 변명하다
- concern: 걱정, 염려
- respond: 응대하다
- accordingly: 그에 맞게
- satisfied: 만족한
- regular patron: 단골 고객

❷ When I worked part-time at a department store, a customer was upset about the refund policy because she didn't have her receipt. I listened carefully and showed empathy, but I couldn't offer a cash refund. Instead, I informed my manager and explained we could provide store credit for the same amount. I handled the situation effectively.

백화점에서 아르바이트를 할 때 한 고객이 영수증이 없다는 이유로 환불 정책에 대해 화를 냈습니다. 저는 고객의 이야기를 경청하고 공감을 표했지만 현금 환불은 해줄 수 없었습니다. 대신 매니저에게 알리고 동일한 금액에 대해 스토어 크레딧을 제공할 수 있다고 설명했습니다. 저는 그 상황을 잘 처리했습니다.

- refund policy: 환불 정책
- receipt: 영수증
- empathy: 감정이입, 공감
- inform: 알리다
- amount: 금액

❸ I encountered a challenging customer who was very upset and difficult to communicate with. He demanded refunds for items that weren't eligible. I patiently listened to his concerns and firmly explained the company policy. As he calmed down, I was able to resolve the case.

매우 화가 났고 의사소통이 어려운 까다로운 고객을 만났습니다. 그는 환불 대상에 해당하지 않는 품목에 대한 환불을 요구했습니다. 저는 인내심을 가지고 그의 우려를 경청하고 회사 정책을 단호하게 설명했습니다. 그가 진정되자 저는 사건을 해결할 수 있었습니다.

- encounter: 만나다
- demand: 요구하다
- refund: 환불
- eligible: 자격이 있는, 적격의
- patiently: 참을성 있게
- firmly: 단호하게
- policy: 정책, 규정
- calm down: 차분해지다
- resolve: 해결하다

❹ When I worked at the customer service center, I received a rude phone call. I stayed calm and focused on understanding the customer's issue. I dealt with difficult customers by actively listening, showing understanding, and taking responsibility to solve the problem. It has been effective for me.

고객 서비스 센터에서 일할 때 무례한 전화를 받은 적이 있습니다. 저는 침착함을 유지하며 고객의 문제를 파악하는 데 집중했습니다. 적극적으로 경청하고 이해심을 보이며 책임감을 가지고 문제를 해결하는 방식으로 어려운 고객을 대했습니다. 이 방법은 효과적이었습니다.

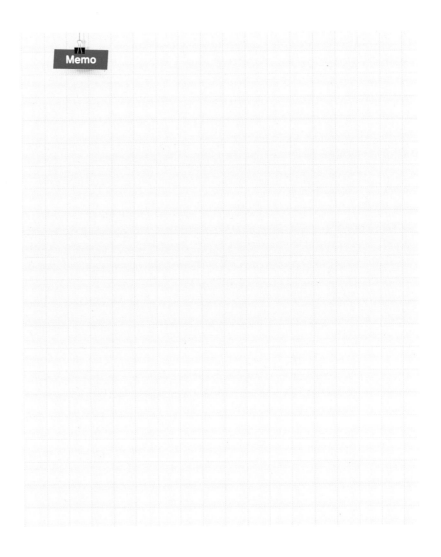

Memo

⑫ Qualification/Views on work

Q1. Why do you want to be a flight attendant?
왜 승무원이 되고 싶습니까?

 Interview tips!

　　인터뷰 중 지원자의 비전과 자질을 확인하는 것이 당연하다. 따라서 지원자는 원대한 비전과 포부를 피력하는 것이 좋다. 승무원 지원 동기를 묻는 질문에 답변할 때는, 단순히 사람들을 만나고 해외 여행을 하고 싶어서라는 등의 답변보다는 서비스직이나 승무원이라는 직업에 관심을 갖게 된 계기, 자신의 성격, 장점, 경력 등에서부터 이야기를 풀어나가는 것이 좋다.

　　지원자는 승무원으로서 필요한 능력과 자질을 강조하는 데 초점을 맞춰야 하며, 이전 경험들이 승무원으로서 어떻게 도움이 될 수 있는지에 대해 구체적으로 설명하는 것이 좋다. 마지막으로 지원자는 자신의 승무원으로서의 비전과 목표를 통해 회사에 가치를 제공할 수 있다는 자신감을 보여줘야 한다.

Key expressions!

I have always wanted to ~ . 항상 ~하기를 희망했습니다.

I have always wanted to become a flight attendant.	저는 항상 승무원이 되기를 희망했습니다.
I have always wanted to meet people from all over the world.	저는 항상 온 세계 사람들을 만나는 것을 희망했습니다.
I have always wanted to realize my goal in your company.	저는 항상 귀사에서 제 목표가 실현되기를 희망했습니다.
I have always wanted to turn my passion into my job.	저는 항상 제가 열정을 갖고 있는 것을 직업으로 삼고 싶었습니다.
I have always wanted to grow both personally and professionally.	저는 항상 개인적으로나 직업적으로나 성장하고 싶었습니다.
I have always wanted to be part of a team that delivers exceptional customer service.	저는 항상 탁월한 고객 서비스를 제공하는 팀의 일원이 되기를 희망했습니다.
I have always wanted to ensure the safety and comfort of airline passengers.	저는 항상 항공 승객들의 안전과 편안함을 보장하고 싶었습니다.

I've always wanted to make people's travel experiences unforgettable.	저는 항상 사람들의 여행을 잊을 수 없는 경험으로 만들고 싶었습니다.

I believe (that) ~ . ~라고 생각합니다.	
I believe (that) this job perfectly matches my aptitude and abilities.	이 직업이 제 적성과 능력에 완벽하게 부합한다고 생각합니다.
I believe my personality is well-suited for the role of a cabin crew member.	제 성격이 객실 승무원의 역할에 잘 맞는다고 생각합니다.
I believe I would be a great member of a cabin crew team.	제가 승무원 조직의 훌륭한 일원이 될 것이라고 생각합니다.
I believe this is the right job that I can enjoy doing.	이 일이 제가 즐기면서 할 수 있는 적합한 직업이라고 생각합니다.

I am confident that ~ . ~라고 확신합니다.	
I am confident that I have great potential to be a cabin crew member.	저는 승무원이 되기 위한 잠재력을 갖고 있다고 확신합니다.
I am confident that this is a job I would enjoy doing.	저는 이 일이 제가 즐기면서 할 수 있는 직업이라고 확신합니다.
I am confident that I would be perfectly suited for the job.	제가 이 직업에 대단히 적합하다고 확신합니다.

• become convinced about: ~ 에 대해 확신하다
• goal: 목표
• right: 적합한

❶ Since high school, I've dreamed of becoming a flight attendant. So I decided to major in Airline services in college. I have learned a lot about the job of a flight attendant from my major, and I became more convinced about my goal to become a flight attendant. It has also been a dream of mine to travel and experience new cultures. I think this is the right job that I can enjoy doing.

고등학교 때부터 승무원이 되는 것이 꿈이었습니다. 그래서 대학에서 항공 서비스를 전공하기로 결정했습니다. 전공을 통해 승무원이라는 직업에 대해 많은 것을 배웠고, 승무원이 되겠다는 목표에 대해 더욱 확신을 갖게 되었습니다. 여행을 다니며 새로운 문화를 경험하는 것 또한 제 꿈이었습니다. 승무원은 제가 즐기면서 일할 수 있는 직업이라고 생각합니다.

❷ I've always wanted to be a flight attendant since I was young. I love working in a customer-focused environment and find genuine satisfaction in helping others. I am sociable and I enjoy meeting people from different cultures. I believe this job perfectly suits my aptitude and abilities.

어렸을 때부터 항상 승무원이 되고 싶었습니다. 저는 고객 중심의 환경에서 일하는 것을 좋아하고 다른 사람을 돕는 데서 진정한 만족을 찾습니다. 저는 사교적이며 다양한 문화권의 사람들을 만나는 것을 즐깁니다. 이 직업이 제 적성과 능력에 완벽하게 맞는다고 생각합니다.

- customer-focused: 고객 중심의
- environment: 환경, 분위기
- genuine: 진정한
- satisfaction: 만족
- sociable: 사교적인
- perfectly: 완벽하게
- suit: 어울리다, 적합하다
- aptitude: 재능, 적성
- ability: 능력, 기술

❸ I've wanted to pursue this career path for a long time. Ever since my first flight as a child, I have aspired to be a member of a cabin crew team. Moreover, I am outgoing, responsible, and hardworking. I enjoy working in a team environment where everybody is working towards the same goal. I believe my personality would suit the role of being a cabin crew member.

오랫동안 이 진로로 나가고 싶었습니다. 어렸을 때 처음 비행기를 탔을 때부터 승무원이 되고 싶었습니다. 또한 저는 외향적이고 책임감이 강하며 성실합니다. 모두가 같은 목표를 향해 노력하는 팀 환경에서 일하는 것을 즐깁니다. 제 성격이 객실 승무원의 역할에 적합하다고 생각합니다.

- pursue a career path: 진로로 나아가다
- aspire: 열망하다, 목표로 삼다
- moreover: 게다가
- hardworking: 근면한
- personality: 성격
- suit: 어울리다, 적합하다
- role: 역할

❹ I think being a flight attendant is more than just traveling to different places. It's about taking care of passengers, addressing their concerns, and ensuring their comfort and safety. I am confident that I can attend to passengers' needs effectively. So, I believe I would be a great member of a cabin crew team.

승무원의 역할은 단순히 다른 나라나 다른 장소로 비행하는 것이 아니라고 생각합니다. 그보다는 승객의 불편함을 해결하고 편안하고 안전한 여행을 할 수 있도록 돕는 것이 더 중요하다고 생각합니다. 또한 승객을 돌볼 수 있다는 자신감이 있기 때문에 승무원 팀의 훌륭한 일원이 될 수 있다고 생각합니다.

- take care of: 돌보다
- address: 다루다, 처리하다
- concern: 걱정, 염려
- ensure: 보장하다, 확실히 하다
- comfort: 편안함
- safety: 안전
- attend to: 돌보다, ~을 처리하다

- keen: 강한 열망을 가진
- desire: 열망
- aviation industry: 항공 산업
- passion: 열정
- knowledgeable: 지식을 갖춘
- sincere: 진실한, 성실한
- empathetic: 공감하는
- potential: 잠재력

❺ I have wanted to become a flight attendant because I have a keen desire to be a part of the aviation industry. It is due to this desire and passion that I majored in Airline Services. I am a knowledgeable, sincere, and empathetic person with good communication skills, which makes me different from others. I am confident that I have great potential to be a flight attendant.

제가 승무원이 되고 싶었던 이유는 항공 산업의 일원이 되고 싶다는 열망이 있었기 때문입니다. 이러한 열망과 열정 때문에 항공 서비스를 전공하게 되었습니다. 저는 지식이 풍부하고 성실하며, 공감 능력과 의사소통 능력이 뛰어나다는 점이 다른 지원자들과 차별화되는 점이라고 생각합니다. 제가 승무원이 될 수 있는 큰 잠재력을 가지고 있다고 확신합니다.

- exceptional: 뛰어난
- dynamic: 다이내믹한, 역동적인
- constant: 지속적인, 끊임없는
- destination: 목적지, 여행지

❻ I would love to be a flight attendant because I have exceptional customer service skills and the ability to interact with people. I like taking care of other people and helping them. Also, I love the dynamic work environment with constant changes in destinations, people, and weather.

저는 뛰어난 고객 서비스 기술과 사람들과 소통하는 능력을 갖추고 있기 때문에 승무원이 되고 싶습니다. 저는 다른 사람들을 돌보고 돕는 것을 좋아합니다. 또한 목적지, 사람, 날씨가 끊임없이 변화하는 역동적인 업무 환경도 마음에 듭니다.

- pursue a career: 경력을 쌓다
- fulfill: 충족시키다
- journey: 여정, 경험
- high-standard: 높은 수준의

❼ I'm excited about pursuing a career in the service industry, where I can interact with and serve people. As a flight attendant, I'll have the opportunity to meet diverse passengers, fulfill their needs, and bring happiness to their journeys. I understand that providing high-standard service can be challenging, but seeing their smiles would make me proud and happy.

사람들과 교류하고 봉사할 수 있는 서비스 업계에서 경력을 쌓을 수 있어 기대가 큽니다. 승무원으로서 다양한 승객을 만나 그들의 요구를 충족시키고 여행에 행복을 선사할 수 있는 기회를 갖게 될 것입니다. 높은 수준의 서비스를 제공하는 것이 어려울 수 있다는 것을 알고 있지만, 승객들의 미소를 보면 뿌듯하고 행복할 것 같습니다.

❽ I've always wanted to work in the aviation industry. I have researched it thoroughly and found that I am suitable for this job. With flexibility and empathy, I can easily adapt to various situations and ensure passengers' comfort. I believe I have the qualities to excel as a cabin crew member in the aviation industry.

저는 항상 항공업계에서 일하고 싶었습니다. 철저히 조사한 결과 제가 이 직업에 적합하다는 것을 알게 되었습니다. 유연성과 공감 능력을 바탕으로 다양한 상황에 쉽게 적응하고 승객의 편안함을 보장할 수 있습니다. 저는 항공업계에서 승무원으로서 뛰어난 자질을 갖추고 있다고 생각합니다.

* research: 연구하다, 조사하다
* thoroughly: 철저하게, 완전히
* suitable: 적합한, 알맞은
* empathy: 공감
* adapt to: ~에 적응하다
* ensure: 보장하다
* quality: 품질, 질
* excel: 뛰어나다, 우수하다
* aviation industry: 항공 산업

Q2. What are the roles of the flight attendant?
What is the job description of flight attendant?

승무원의 책무(직무에 따른 책임과 임무)는 무엇이라고 생각합니까?

Key vocabulary and expressions!

승무원의 책무와 관련한 어휘

1. 안전과 승객 서비스

passenger safety 승객 안전	emergency procedures 비상사태 대응 절차
safety demonstrations 안전 시연	evacuation procedures 대피 절차
calm approach during emergencies 비상사태 발생 시 침착한 태도	providing safety instructions 안전 지시 사항 제공
ensuring passenger compliance 승객의 안전 규정 준수 확인	safety equipment 안전 장비
handling medical emergencies 응급 상황 처리	security protocols 보안 절차
in-flight service 기내 서비스	serving food and drinks 식음료 제공

2. 승무원에게 요구되는 자질과 능력

customer service 고객 서비스	excellent communication skills 탁월한 의사소통 능력
professionalism 전문적인 자질	courtesy and politeness 예의 바른 태도
handling passenger inquiries 승객의 문의 사항 처리	conflict resolution 갈등 해결

language proficiency 언어 능력	service excellence 서비스 우수성
punctuality 시간 엄수	effective teamwork 효과적인 팀워크
flexibility 유연함, 융통성	adaptability 적응성
ability to work under pressure 스트레스 상황에서의 업무 수행 능력	problem-solving skills 문제 해결 능력
quick decision-making 신속한 결정력	crisis management 위기 관리
initiative 적극적인 자세	proactive approach 적극적인 대응
handling unexpected situations 예기치 못한 상황 다루기	being a role model for the airline 항공사를 대표하는 롤 모델
professional appearance 전문적인 외모	maintaining a positive and professional image 긍정적이고 전문적인 이미지 유지

> ## The role of a flight attendant is to ~. 승무원의 역할은 ~하는 것입니다.

The role of a flight attendant is to ensure the safety and comfort of passengers.	승무원의 역할은 승객들의 안전과 편안함을 보장하는 것입니다.
The role of a flight attendant is to ensure that all safety procedures are followed by passengers during the flight.	승무원의 역할은 비행 중 승객이 모든 안전 절차를 준수하도록 하는 것입니다.
The role of a flight attendant is to help passengers in the event of an emergency.	승무원의 역할은 비상 상황 발생 시 승객을 돕는 것입니다.
The role of a flight attendant is to provide exceptional customer service to passengers throughout the flight.	승무원의 역할은 비행 내내 승객에게 탁월한 고객 서비스를 제공하는 것입니다.
The role of a flight attendant is to make passengers feel comfortable during the flight.	승무원의 역할은 비행하는 동안 승객들을 편안하게 하는 것입니다.
The role of a flight attendant is to provide passengers with necessary information about the flight.	승무원의 역할은 승객에게 항공편에 대한 필요한 정보를 제공하는 것입니다.

❶ A flight attendant's main job is to keep passengers safe and comfortable. They represent the airline and make sure passengers feel at ease during the flight. However, the most important duty is to ensure everyone's safety on board.

* represent: 대표하다
* at ease: 안심한, 안정된
* duty: 의무, 직무
* on board: 탑승한

승무원의 주된 임무는 승객을 안전하고 편안하게 모시는 것입니다. 승무원은 항공사를 대표하여 승객이 비행 중에 편안함을 느낄 수 있도록 합니다. 하지만 가장 중요한 임무는 기내에서 모든 사람의 안전을 보장하는 것입니다.

❷ Flight attendants play a crucial role in passenger safety and comfort. They take care of passengers' needs and make sure they feel secure and happy.

* play a role: 역할을 수행하다
* crucial: 결정적인, 중대한
* take care of: 돌보다, 책임지다
* secure: 안전한

승무원은 승객의 안전과 편안함을 위해 중요한 역할을 합니다. 승무원은 승객의 요구 사항을 처리하고 승객이 안전하고 행복하다고 느낄 수 있도록 합니다.

❸ Flight attendants travel around the world, looking after passengers throughout the flight. From serving food and drinks to explaining safety procedures and calming nervous passengers, they are always there to help. The most critical responsibility of a flight attendant is to assist passengers in emergencies.

* look after: 돌보다
* throughout the flight: 비행 내내
* explain: 설명하다, 알리다
* safety procedure: 안전 절차
* calm: 진정시키다
* critical: 중요한, 결정적인
* emergency: 비상 상황

승무원은 전 세계를 여행하며 비행 내내 승객을 돌봅니다. 음식과 음료를 제공하는 것부터 안전 절차를 설명하고 긴장한 승객을 진정시키는 것까지, 승무원은 항상 승객을 도와줍니다. 승무원의 가장 중요한 책임은 응급 상황에서 승객을 돕는 것입니다.

❹ While flight attendants also focus on customer service, their top priority is passenger safety. Making sure everyone is comfortable and enjoys their flight is essential to their job.

* focus on: 집중하다
* top priority: 최우선 사항
* essential: 필수적인

승무원은 고객 서비스에도 중점을 두지만, 최우선 순위는 승객 안전입니다. 모든 승객이 편안하고 즐거운 비행을 할 수 있도록 하는 것이 승무원의 업무에 필수적입니다.

❺ Flight attendants have two main roles. Ensuring passenger safety and providing excellent customer service. However, safety will always be their primary concern.

* main role: 주요 역할
* primary concern: 주요 관심사

승무원의 주요 역할은 크게 두 가지입니다. 승객의 안전을 보장하고 우수한 고객 서비스를 제공하는 것입니다. 하지만 승무원의 최우선 관심사는 언제나 안전입니다.

* prioritize: 우선시하다
* additionally: 게다가, 더욱이
* impact: 영향을 미치다
* polite: 예의 바른, 정중한
* leave an impression: 인상을 남기다
* choose: 선택하다

❻ The most important job of cabin crew is to prioritize passenger safety. Additionally, they can greatly impact the airline's reputation. Being polite and professional leaves a good impression on passengers, encouraging them to choose the same airline again in the future.

승무원의 가장 중요한 임무는 승객의 안전을 최우선시하는 것입니다. 또한 승무원은 항공사의 평판에 큰 영향을 미칠 수 있습니다. 예의 바르고 전문적인 승무원은 승객에게 좋은 인상을 남기며 향후 같은 항공사를 다시 선택하도록 유도합니다.

Q3. How did you prepare for this interview?

What did you do to prepare for this interview?

이 인터뷰를 위해 어떤 준비를 하였습니까?

🔑 Key expressions!

I've been preparing ~. 저는 ~을 준비해왔습니다.

I've been preparing for this interview for a long time to become a flight attendant.	승무원이 되기 위해 오랫동안 이 면접을 준비해왔습니다.
I've been preparing for this opportunity since I was a young.	어렸을 때부터 이 기회를 준비해 왔습니다.
I've been preparing for this position for the last two years.	지난 2년 동안 이 직책(승무원)을 준비해 왔습니다.
I've been preparing my answers to highlight my strengths and relevant experiences.	저는 저의 강점과 관련 경험을 강조하기 위해 답변을 준비했습니다.

I believe my ~ will make me an excellent candidate for this position. 제 ~ 으로 인해 제가 이 직책에 적합한 뛰어난 지원자라고 생각합니다.

I believe my strong communication skills will make me an excellent candidate for this position.	제 탁월한 의사소통 능력으로 인해 제가 이 직책에 적합한 뛰어난 지원자라고 생각합니다.
I believe my language skills will make me an excellent candidate for this position.	제 언어 능력으로 인해 제가 이 직책에 적합한 뛰어난 지원자라고 생각합니다.

I believe that my educational background will make me an excellent candidate for this position.	제 교육적 배경으로 인해 제가 이 직책에 적합한 뛰어난 지원자라고 생각합니다.
I believe my previous customer service experience will make me an excellent candidate for this position.	이전 고객 서비스 경험을 바탕으로 이 직책에 적합한 인재가 될 수 있다고 생각합니다.

❶ I've been preparing for a long time to become a flight attendant. I did thorough research on the role and your company, and I made sure to meet all the qualifications. I feel confident and well-prepared for this interview and a career in the airline industry.

승무원이 되기 위해 오랫동안 준비해 왔습니다. 승무원이라는 직업과 귀사에 대해 철저히 조사했고, 모든 자격 요건을 충족했습니다. 이번 면접과 항공업계에서의 일에 자신감이 있고 잘 준비되어 있다고 생각합니다.

- do research: 연구하다, 조사하다
- thorough: 철저한, 완벽한
- meet: 만족시키다, 충족시키다
- qualification: 자격, 자격 요건

❷ Effective communication is essential for a flight attendant, so I joined a toastmasters club to improve my skills in public speaking and presentations. Now, I believe my strong communication skills make me a perfect fit for this position.

승무원에게는 탁월한 의사소통 능력이 필수적이기 때문에 토스트 마스터즈 클럽에 가입하여 대중 연설과 프레젠테이션 기술을 향상시켰습니다. 이제 저는 저의 탁월한 커뮤니케이션 능력이 승무원이라는 직책에 완벽하게 적합하다고 믿습니다.

- essential: 필수적인
- join: 가입하다
- toastmaster: 연설 및 대화 기술을 향상시키기 위한 조직
- public speaking: 대중 연설
- presentation: 발표, 프레젠테이션
- fit: 적합
- position: 직책

❸ I invested a lot of effort in preparing for this interview. I explored your company's website to understand the specific responsibilities of a flight attendant. Additionally, I kept myself informed about the latest aviation news and subscribed to your airline's newsletter to familiarize myself with the industry.

면접 준비에 많은 노력을 기울였습니다. 승무원의 구체적인 책임을 이해하기 위해 귀사의 웹사이트를 탐색했습니다. 또한 최신 항공 뉴스에 대한 정보를 얻고 귀사의 뉴스레터를 구독하여 업계에 익숙해지기 위해 노력했습니다.

- invest: 투자하다
- effort: 노력, 수고
- specific: 구체적인, 특정한
- inform: 알리다
- latest: 최신의, 최근의
- subscribe to: ~을 구독하다
- newsletter: 뉴스레터, 소식지
- familiarize: 숙지하다, 익히다

- genuinely: 진심으로
- passionate: 열정적인, 열렬한
- research: 조사하다
- conduct: 진행하다, 수행하다
- mock interview: 모의 면접
- professional: 전문가
- boost: 증진시키다, 향상시키다
- self-confidence: 자신감

❹ I am genuinely passionate about this job, and I started my preparation by researching your company through its website. Conducting mock interviews with professionals and friends provided valuable feedback and boosted my self-confidence, ensuring I am well-prepared for this opportunity.

저는 이 직업에 진정으로 열정을 가지고 있으며, 귀사의 웹사이트를 통해 귀사를 조사하는 것으로 준비를 시작했습니다. 전문가 및 친구들과 함께 모의 면접을 진행하면서 귀중한 피드백을 받고 자신감을 키웠으며, 이 기회를 잘 준비할 수 있었습니다.

- academic study: 학업
- aviation industry: 항공 산업
- previous: 이전의
- service field: 서비스 분야
- equip with: ~을 갖추다
- necessary: 필요한
- excel: 뛰어나다, 우수하다

❺ My two years of academic studies in the aviation industry and previous experience in the service field have not only prepared me for this interview but also equipped me with the necessary skills and knowledge to excel in this role.

2년간의 항공 산업에 대한 공부와 과거 서비스 분야에서의 경험을 통해 이 면접에 대비를 할 수 있었을 뿐만 아니라 이 역할을 훌륭하게 수행하는 데 필요한 기술과 지식을 갖추게 되었습니다.

Q4. **Why should I hire you of all people?**

Why should we offer you the position?

당신을 왜 뽑아야 합니까?

🎙️ **Interview tips!**

　　면접은 지원자를 마케팅하는 것이라고 생각하고, 자신의 장점, 특히 다른 지원자와 차별화될 수 있는 장점을 구체적으로 피력하여야 한다. 면접에서 효과적으로 본인을 어필할 수 있는 방법은 앞부분의 질문 What are your strong points? 답변 요령에서도 설명했던 것처럼 4가지 항목을 염두에 두고 답변하는 것이 바람직하다.

1. Intellectual ability (지적 능력)
2. Knowledge and Experience (업무 지식과 직무 경험)
3. Personality (인성)
4. Motivation (동기)

이런 장점들을 구체적 경험담이나 일화를 들어가며 설명한다면 더욱 설득력 있다.

강점을 나타낼 수 있는 유용한 표현	
I have studied the aviation industry during my college education.	저는 대학 교육 기간 동안 항공 산업을 공부했습니다.
I am highly knowledgeable about the role of a flight attendant.	저는 승무원의 역할에 대해 잘 알고 있습니다.
I am an excellent team player.	저는 훌륭한 팀 플레이어입니다.
I work very well in a team environment.	저는 팀 환경에서 일을 매우 잘합니다.
I am a dedicated and enthusiastic hard worker, determined to achieve success.	저는 성공을 이루기 위해 헌신적이고 열정적으로 열심히 일하는 사람입니다.
I have extensive experience in the service industry.	저는 서비스 업계에서 폭넓은 경험을 가지고 있습니다.
I remain calm while working under pressure.	저는 압박감 속에서 일하면서도 침착함을 유지합니다.
I excel in handling stressful situations.	저는 스트레스가 많은 상황을 처리하는 데 탁월합니다.
I have excellent interpersonal skills.	저는 대인 관계 기술이 뛰어납니다.
I get along well with others.	저는 다른 사람들과 잘 어울립니다.
I have a strong ability to stay focused.	저는 집중력을 유지하는 능력이 강합니다.
I am a quick learner and perform well under pressure.	저는 빠른 학습자이며 압박감 속에서도 일을 잘 수행합니다.
I am very familiar with dealing with customers.	저는 고객을 대하는 데 매우 익숙합니다.

The ability to ~ has always been a strong point of mine. ~하는 능력은 늘 저의 강점이었습니다.	
The ability to overcome obstacles has always been a strong point of mine.	위기를 극복하는 능력은 늘 저의 강점이었습니다.
The ability to handle multiple tasks has always been a strong point of mine.	한 번에 여러 가지 일을 해내는 능력은 늘 저의 강점이었습니다.
The ability to remain calm has always been a strong point of mine.	침착함을 유지하는 능력은 늘 저의 강점이었습니다.
마무리 문장	
I am confident that I am a good fit for the position.	저는 제가 이 직책에 적합하다고 확신합니다.
I believe I am the best person for the job.	저는 제가 이 직무에 가장 적합한 사람이라고 생각합니다.
I'm confident I would be a great asset to your team.	귀사의 팀에 큰 자산이 될 것이라고 확신합니다.
For these reasons, you should hire me.	이와 같은 이유로 귀사는 저를 채용하셔야 합니다.
If hired, I can offer my full commitment to the company.	채용된다면 회사에 전적으로 헌신할 수 있습니다.
If given the opportunity, I am committed to contributing my best to your company.	기회가 주어진다면 귀사에 최선을 다해 기여할 수 있도록 노력하겠습니다.
If hired, I'll work hard to meet the airline's expectations.	채용된다면 항공사의 기대에 부응하기 위해 열심히 일하겠습니다.
My qualifications align perfectly with your requirements.	저의 자격 요건은 귀사의 직무 요건과 완벽하게 일치합니다.
I am sure this is the right job to demonstrate my abilities in your company.	이 일이 귀사에서 제 능력을 발휘할 수 있는 적합한 일이라고 확신합니다.
I am confident my skills and experience closely match the major requirements and responsibilities for this role.	제가 가진 기술과 경험이 이 직무의 주요 요건과 책임에 부합한다고 확신합니다.

① I believe I am the best fit for this job because it has always been my dream. I worked hard to meet the requirements to become a flight attendant, studying aviation during college and gaining experience in the service industry. For these reasons, I think you should hire me.

승무원은 항상 제 꿈이었기 때문에 제가 이 직업에 가장 적합하다고 생각합니다. 대학에서 항공에 대해 공부하고 서비스 업계에서 경험을 쌓는 등 승무원이 되기 위한 요건을 갖추기 위해 열심히 노력했습니다. 이러한 이유로 저를 채용하셔야 한다고 생각합니다.

- fit: 적합
- requirement: 요구 사항, 필수 조건
- reason: 이유
- hire: 채용하다

② I am hardworking and reliable, and I work well in a team. I motivate others to achieve our goals. In my previous job at a restaurant, I handled tight schedules and customer complaints calmly. I believe my skills match what you're looking for, and I'm the best person for the job.

저는 근면하고 신뢰할 수 있으며 팀에서 일을 잘합니다. 저는 다른 사람들이 목표를 달성하도록 동기를 부여합니다. 이전 레스토랑에서 일할 때는 빡빡한 일정과 고객 불만을 침착하게 처리했습니다. 제 역량이 귀사가 찾고 있는 것과 일치하며, 제가 이 직무에 가장 적합한 사람이라고 생각합니다.

- hardworking: 근면한
- reliable: 신뢰할 수 있는
- motivate: 동기를 부여하다
- previous: 이전의
- tight schedule: 바쁜 일정
- customer complaint: 고객 불만
- calmly: 차분하게
- match: 어울리다, 일치하다
- look for: 찾다, 구하다

③ I studied cabin crew roles in college and understand the job's obligations and requirements. It can be challenging, but I learn quickly and perform well under pressure. If hired, I'll work hard to meet the airline's expectations.

대학에서 승무원 업무를 공부했기 때문에 승무원의 의무와 요구 사항을 잘 이해하고 있습니다. 승무원 업무는 어려울 수 있지만 저는 빨리 배우고 압박감 속에서도 잘 해냅니다. 만약 채용이 된다면 항공사의 기대에 부응하기 위해 열심히 일할 것입니다.

- role: 역할, 직무
- obligation: 의무, 책임
- requirement: 요구 사항
- perform: 수행하다
- under pressure: 압박 속에서
- If hired: 채용된다면
- meet: 충족시키다, 부응하다
- expectation: 기대, 예상

④ I'm the best candidate for this job because I excel at problem-solving and can remain calm in any situation. I'm confident I can handle any challenges that arise on a flight. With my skills and experience, I'll provide excellent service to our customers.

저는 문제 해결 능력이 뛰어나고 어떤 상황에서도 침착함을 유지할 수 있기 때문에 이 직무에 가장 적합한 인재입니다. 비행 중 발생하는 어떠한 문제도 해결할 수 있다고 확신합니다. 저의 기술과 경험을 바탕으로 고객에게 훌륭한 서비스를 제공할 것입니다.

- candidate: 지원자, 후보자
- excel: 뛰어나다, 우수하다
- problem-solving: 문제 해결
- remain calm: 차분함을 유지하다
- arise: 발생하다

- relate to: 공감하다
- almost: 거의
- get along with: ~와 잘 지내다
- colleague: 동료
- supervisor: 상사
- persuade: 설득하다

⑤ I have excellent people skills and can relate to almost anyone. I communicate well and get along with customers, colleagues, and supervisors. I can even persuade others to listen to my ideas. I'm confident I'm a good fit for the job.

저는 대인 관계 능력이 뛰어나 거의 모든 사람과 공감할 수 있습니다. 저는 고객, 동료 및 상사와 잘 소통하고 잘 지냅니다. 저는 다른 사람들이 제 아이디어에 귀 기울이도록 설득할 수 있습니다. 저는 제가 이 직무에 적합하다고 확신합니다.

- driven: 목표 지향적인, 추진력 있는
- achieve: 달성하다, 성취하다
- overcome: 극복하다, 이겨내다
- obstacle: 장애물, 어려움
- complete: 완료하다, 마치다
- under stress: 스트레스하에서
- asset: 자산

⑥ I'm driven and work hard to achieve my goals. I can overcome obstacles and complete tasks. I also stay focused and work well under stress. I'm confident I'd be a great asset to your team.

저는 추진력이 있고 목표를 달성하기 위해 열심히 노력합니다. 저는 어려움을 극복하고 과제를 완수할 수 있습니다. 저는 또한 집중력을 유지하고 스트레스를 잘 견뎌냅니다. 제가 팀에 큰 자산이 될 것이라고 확신합니다.

- relevant: 관련된
- professionally: 전문적으로
- regulation: 규정, 규칙
- standard: 기준, 표준
- fully: 완전히, 전적으로
- commit to: ~에 전념하다, 헌신 하다

⑦ I'm a good fit because my major, Airline Services, gave me relevant knowledge and skills. I can serve passengers professionally and understand the aviation industry's regulations and standards. If hired, I'll fully commit to the company.

전공인 항공 서비스를 통해 관련 지식과 기술을 습득했기 때문에 제가 적임자라 생각합니다. 저는 전문적으로 승객에게 서비스를 제공할 수 있고 항공업계의 규정과 표준을 알고 있습니다. 만약 채용이 된다면 회사에 전적으로 헌신할 것입니다.

- give an edge over: 경쟁에서 우위를 주다
- applicant: 지원자
- develop: 개발하다
- intercultural skills: 문화 간 기술/능력, 다문화 능력
- globalized: 세계화된, 국제화된
- multinational: 다국적의

⑧ My study abroad experience gives me an edge over other applicants. It helped me develop interpersonal and intercultural skills, which are important for working in a globalized airline company. I'm also confident in my English skills, which will help me serve multinational passengers.

저의 해외 유학 경험은 다른 지원자보다 우위를 점할 수 있게 해주었습니다. 글로벌 항공사에서 일하는 데 중요한 대인 관계 및 다양한 문화적 배경을 지닌 사람들과 소통하는 능력을 개발하는 데 도움이 되었습니다. 또한 다국적 승객에게 서비스를 제공하는 데 제 영어 실력이 도움이 될 거라는 자신이 있습니다.

9 I'll be successful in this job because I majored in Airline Services and know a lot about being a flight attendant. I also have two years of service industry experience and am familiar with dealing with customers. I believe I'm well-qualified for the job.

저는 항공 서비스를 전공했고 승무원에 대해 많은 것을 알고 있기 때문에 이 일을 성공적으로 해낼 수 있습니다. 또한 서비스 업계에서 2년간 근무한 경험이 있고 고객을 응대하는 데 익숙합니다. 저는 이 직업에 적합한 자격을 갖추고 있다고 생각합니다.

* successful: 성공적인
* be familiar with: ~에 익숙하다
* be well-qualified for: ~에 적격이다

10 You should hire me because I have expertise and experience in customer service. I aim for excellence and will work hard to provide outstanding service. In my previous job, I exceeded customer expectations by offering personalized care, attention to detail, and upbeat energy. If hired, I can offer my full commitment to the company.

고객 서비스에 대한 전문 지식과 경험이 있기 때문에 저를 채용하셔야 합니다. 저는 탁월함을 지향하며 뛰어난 서비스를 제공하기 위해 열심히 노력할 것입니다. 이전 직장에서 저는 맞춤형 관리, 세심한 배려, 긍정적인 에너지로 고객의 기대치를 뛰어 넘었습니다. 만약 채용이 된다면 회사에 전적으로 헌신할 수 있습니다.

* expertise: 전문 지식
* aim for: 목표로 삼다, 노력하다
* outstanding: 뛰어난, 탁월한
* previous: 이전의
* exceed: 뛰어나다
* expectation: 기대, 예상
* personalized care: 맞춤형 관리
* upbeat: 활기찬
* full commitment: 전적인 헌신

Q5. Do you believe that you are qualified to become a flight attendant?

당신은 승무원이 될 수 있는 자질이 있다고 생각합니까?

🎤 **Interview tips!**

이 질문은 What are your strong points? 나 Why should I hire you?와 같이 지원자의 장점이나 강점을 묻는 질문이라고 할 수 있다. 승무원이 되는 데 필요한 요건 중에서 본인의 장점과 부합하는 점을 한두 가지 내세워 설명하도록 한다.

자신의 학력, 경험, 역량, 의지, 관련된 기술과 능력 등을 언급하여 승무원으로서 적합하다는 것을 강조한다. 또한 승무원의 주요 역할인 승객 안전과 편의를 위해 노력하겠다는 의지를 나타내면 좋다. 긍정적이며 자신감 있는 태도로 답변하여 인상적인 인상을 남길 수 있도록 한다.

I believed (that) ~ . 저는 ~라고 생각합니다.

I believe that I am qualified to become a flight attendant.	저는 승무원이 되는 데 충분한 자질을 갖추었다고 생각합니다.
I believe I have the qualifications and skills needed to be a flight attendant.	저는 승무원이 되는 데 필요한 능력과 자질을 갖추었다고 생각합니다.
I believe that I am the right person that you're looking for.	바로 제가 귀사가 찾고 있는 사람이라고 생각합니다.
I believe that I would excel in this position.	저는 이 직책을 훌륭하게 수행할 수 있다고 생각합니다.
I believe I have the abilities to meet the requirements of this role.	제가 이 역할의 요구 사항을 충족할 수 있는 능력을 갖추고 있다고 생각합니다.

승무원의 자질을 나타내는 유용한 표현

I worked hard to gain the knowledge, service skills, and attitude required for flight attendants.	승무원에게 필요한 지식, 서비스 기술, 태도를 갖추기 위해 열심히 노력했습니다.
In college, I gained extensive knowledge and service skills related to this job.	대학에서 이 직업과 관련된 광범위한 지식과 서비스 기술을 습득했습니다.
I'm healthy and can work long hours.	저는 건강하고 장시간 일할 수 있습니다.
I adapt quickly to new situations.	저는 새로운 상황에 빠르게 적응합니다.
I'm considerate and listen sincerely to others.	저는 배려심이 많고 다른 사람의 말을 진지하게 경청합니다.
I always put others first.	저는 항상 다른 사람을 우선시합니다.
I enjoy caring for people and helping those in need.	저는 사람들을 돌보고 도움이 필요한 사람들을 돕는 것을 즐깁니다.
I have a deep appreciation for different cultures.	저는 이문화에 대해 깊이 이해하고 있습니다.
I easily mingle with people from all over the world.	저는 전 세계 사람들과 쉽게 어울립니다.
I'm an effective team player.	저는 탁월한 팀 플레이어입니다.

1 I believe I'm qualified to be a flight attendant. I studied Airline Services and gained knowledge, service skills, and the right attitude required for flight attendants. I also have hands-on experience in the service industry and developed people skills.

저는 승무원이 될 자격이 있다고 생각합니다. 항공 서비스를 공부하며 승무원에게 필요한 지식, 서비스 기술, 올바른 태도를 배웠습니다. 또한 서비스 업계에서 실무 경험을 쌓고 대인 관계 기술을 향상시켰습니다.

* be qualified to: 자격이 충족되다
* attitude: 태도
* required for: ~에게 필요한
* hands-on experience: 실무 경험
* people skills: 대인 관계 기술

2 I believe I have the qualifications and skills to be a flight attendant. I'm healthy, can work long hours, and handle stress well. Also, I'm considerate, listen sincerely, and put others first. I really look forward to joining your team.

저는 승무원이 되기 위한 자질과 기술을 갖추고 있다고 생각합니다. 저는 건강하고 장시간 근무할 수 있으며 스트레스에 잘 대처할 수 있습니다. 또한 배려심이 많고 진심으로 경청하며 다른 사람을 먼저 생각합니다. 귀사의 팀에 합류하기를 정말 기대하고 있습니다.

* qualification: 자격, 조건
* considerate: 배려심 있는
* sincerely: 진심으로
* put others first: 다른 사람을 먼저 생각하다
* look forward to ~ing: ~하기를 기대하다

3 I'm confident I'm the right person for the job. I'm flexible and adapt quickly to new situations. I get along well with others and appreciate different cultures. Also, I can easily mingle with people from all over the world.

저는 제가 이 직무에 적합한 사람이라고 확신합니다. 저는 유연하고 새로운 상황에 빠르게 적응합니다. 다른 사람들과 잘 어울리며 다양한 문화를 이해합니다. 또한, 전 세계의 사람들과 쉽게 어울릴 수 있습니다.

* flexible: 융통성 있는, 유연한
* appreciate: 이해하다
* easily: 쉽게
* mingle with: ~와 어울리다

4 I'm confident about becoming a flight attendant. I'm an effective team player and listen to others' ideas. My strong communication and interpersonal skills, combined with my education, make me an excellent candidate. I'll be a great asset to your company.

저는 승무원이 되는 것에 자신감이 있습니다. 저는 탁월한 팀 플레이어이며 다른 사람의 아이디어에 귀를 기울입니다. 탁월한 의사소통과 대인 관계 기술이 제가 받은 교육과 함께 결합되어, 제가 매우 우수한 지원자라고 자부합니다. 귀사에 큰 자산이 되겠습니다.

* effective: 효과적인, 탁월한
* combined with: ~와 함께
* education: 교육
* candidate: 지원자
* asset: 자산

- be qualified for: ~에 적격이다
- extensive: 광범위한, 넓은
- related to: ~와 관련된
- care for: 돌보다
- in need: 도움을 필요로 하는

❺ I'm well qualified for a flight attendant position. In college, I gained extensive knowledge and service skills related to this job. I enjoy meeting people from different cultures and backgrounds. I also like caring for people and helping those in need.

저는 승무원 직책에 적합한 자격을 갖추고 있습니다. 대학에서 이 직업과 관련된 광범위한 지식과 서비스 기술을 습득했습니다. 다양한 문화와 배경을 가진 사람들을 만나는 것을 즐깁니다. 또한 사람들을 돌보고 도움이 필요한 사람들을 돕는 것을 좋아합니다.

- excel: 뛰어나다, 우수하다
- safety procedure: 안전 절차
- set me apart: 나를 돋보이게 하다

❻ I believe that I would excel in this position. In college, I studied hard to learn about flight attendants' duties and customer service skills. My knowledge of safety procedures and customer service sets me apart as a flight attendant.

저는 이 직책에서 탁월할 것이라고 믿습니다. 대학에서 승무원의 업무와 고객 서비스 기술을 배우기 위해 열심히 공부했습니다. 안전 절차와 고객 서비스에 대한 저의 지식은 승무원으로서 저를 차별화합니다.

Q6. What are some characteristics needed to become a flight attendant?
승무원에게 필요한 자질은 무엇이라고 생각합니까?

- be good with: ~와 잘 지내다
- interact with: ~와 소통하다
- calm: 침착한
- nervous: 긴장한
- traveler: 여행자
- essential: 필수적인, 중요한

❶ Flight attendants need to be good with people since they interact with passengers a lot, handling different situations like calming nervous travelers and taking care of their needs. Being friendly and sociable is essential.

승무원은 승객과 많은 상호 작용을 하며 긴장한 여행객을 진정시키고 필요 사항을 처리하는 등 다양한 상황을 처리해야 하므로 사람들과 잘 어울려야 합니다. 친절하고 사교적인 태도는 필수입니다.

- key: 중요한, 핵심적인
- safety procedure: 안전 절차
- clearly: 명확하게
- emergency: 비상사태
- give instructions: 지시하다

❷ Communication is key for flight attendants. They must explain safety procedures clearly and listen carefully to passengers. During emergencies, they should give instructions clearly and quickly.

승무원에게 있어 의사소통은 중요합니다. 승무원은 안전 절차를 명확하게 설명하고 승객의 말을 주의 깊게 들어야 합니다. 비상 상황에서는 명확하고 신속하게 지시를 내려야 합니다.

❸ Flight attendants should handle stress well and be quick decision makers. They need to respond promptly to passengers' needs and stay composed in challenging situations.

승무원은 스트레스를 잘 처리하고 신속한 의사 결정을 내려야 합니다. 승객의 요구에 신속하게 대응하고 어려운 상황에서도 침착함을 유지해야 합니다.

* quick: 빠른
* decision maker: 결정을 내리는 사람
* respond to: 대응하다, 응답하다
* promptly: 신속하게
* composed: 침착한, 차분한

❹ Multitasking is vital for flight attendants, as they manage various tasks at once. They should be approachable and make passengers feel comfortable and welcome.

승무원은 다양한 업무를 한 번에 관리해야 하므로 멀티태스킹 능력이 필수적입니다. 승무원은 승객에게 친근하게 다가가고 승객이 편안하고 환영받는다는 느낌을 주어야 합니다.

* vital: 중요한, 필수적인
* manage: 관리하다
* at once: 곧바로, 즉시
* approachable: 다가가기 쉬운

❺ Great communication and customer service skills are crucial for flight attendants. They should communicate well, listen attentively, and handle passengers' needs with poise and tact.

승무원에게는 훌륭한 의사소통과 고객 서비스 기술은 필수적입니다. 승무원은 의사소통을 잘하고, 세심하게 경청하며, 침착하고 재치 있게 승객의 요구를 처리해야 합니다.

* be crucial for: ~에게 필수적이다
* attentively: 주의 깊게, 세심하게
* poise: 침착함, 냉철함
* tact: (무례하지 않게) 기교, 솜씨

❻ Flight attendants should be smart and think critically to handle emergencies calmly. They should also be agile in responding to passengers' requests.

승무원은 비상 상황에 침착하게 대처할 수 있도록 현명하고 비판적으로 사고해야 합니다. 또한 승객의 요청에 민첩하게 대응할 수 있어야 합니다.

* critically: 비판적으로
* calmly: 차분하게
* agile: 민첩한, 기민한
* respond to: ~에 대해 응답하다
* request: 요청

❼ Teamwork is essential for flight attendants, as they work closely with other crew members. A positive, responsible, and flexible attitude helps them deal with different situations.

승무원은 다른 승무원과 긴밀히 협력하기 때문에 팀워크가 필수적입니다. 긍정적이고 책임감 있으며 유연한 태도는 다양한 상황에 대처하는 데 도움이 됩니다.

* be essential for: ~에게 필수적이다
* closely: 밀접하게
* positive: 긍정적인
* responsible: 책임감 있는
* flexible: 유연한
* attitude: 태도

❽ Flight attendants should have a well-rounded personality, being friendly, sociable, and approachable as they represent the company and interact with passengers.

승무원은 회사를 대표하고 승객과 상호 작용하기 때문에 친절하고 사교적이며 친근하게 다가갈 수 있는 균형 잡힌 성격을 가져야 합니다.

* well-rounded: 다방면에 능통한
* personality: 성격
* friendly: 친근한
* sociable: 사교적인
* approachable: 접근하기 쉬운
* represent: 대표하다

Q7. Can you define good customer service?
좋은 서비스란 무엇이라고 생각합니까?

- thorough: 철저한
- business knowledge: 비즈니스 지식
- customer-oriented mindset: 고객 지향적 마인드
- confidently: 자신 있게
- customer inquiry: 고객 문의
- complaint: 불만

❶ Good customer service comes from having thorough business knowledge and a customer-oriented mindset. This allows us to confidently handle customer inquiries and complaints.

좋은 고객 서비스는 철저한 비즈니스 지식과 고객 지향적 사고방식에서 비롯됩니다. 이를 통해 고객의 문의와 불만 사항을 자신 있게 처리할 수 있습니다.

- puts customers first: 고객을 우선으로 하다
- meet one's expectations: ~의 기대를 만족(충족) 시키다

❷ Good customer service puts customers first. It's important to listen to them and try to meet their expectations.

좋은 고객 서비스는 고객을 최우선으로 생각합니다. 고객의 목소리에 귀 기울이고 고객의 기대에 부응하기 위해 노력하는 것이 중요합니다.

- involve: 포함하다, 관련시키다
- require: 요구하다, 필요로 하다
- issue: 문제

❸ Good customer service involves providing customers with what they want and need. This requires listening carefully to understand their issue.

좋은 고객 서비스에는 고객이 원하고 필요로 하는 것을 제공하는 것이 포함됩니다. 이를 위해서는 고객의 문제를 이해하기 위해 주의 깊게 경청해야 합니다.

- patience: 인내, 참을성
- eagerness: 열심히 원하는 마음
- ensure: 반드시 ~하게 하다, 보장하다
- satisfied: 만족하는

❹ Good customer service involves patience, manners, eagerness to help, and good listening skills. We should handle issues for customers and ensure they are satisfied.

좋은 고객 서비스에는 인내심, 매너, 돕고자 하는 열의, 훌륭한 경청 기술이 포함됩니다. 고객을 위해 문제를 처리하고 고객이 만족할 수 있도록 해야 합니다.

- exceed customers' expectations: 고객의 기대를 뛰어넘다
- actively: 적극적으로
- adapt: 맞추다
- approach: 접근, 접근 방식
- treat: 대우하다, 다루다

❺ Good customer service exceeds customers' expectations. This involves actively listening, focusing on customers' needs, and adapting our approach. We should treat customers the way we want to be treated.

좋은 고객 서비스는 고객의 기대를 뛰어넘는 것입니다. 여기에는 적극적으로 경청하고, 고객의 요구에 집중하며, 저희의 접근 방식을 조정하는 것이 포함됩니다. 저희가 대접받고 싶은 방식으로 고객을 대해야 합니다.

6 Good customer service makes customers feel like VIPs. Everyone deserves excellent service, regardless of their background.

좋은 고객 서비스는 고객을 VIP처럼 느끼게 합니다. 배경에 관계없이 누구나 훌륭한 서비스를 받을 자격이 있습니다.

* feel like: 느껴지다, ~같다
* deserve: 받을 만하다
* regardless of: ~에 관계없이
* background: 배경

7 Good customer service involves giving customers a good first impression with a friendly greeting and helpful attitude. Solving problems quickly leads to satisfied return customers.

좋은 고객 서비스에는 친절한 인사와 도움이 되는 태도로 고객에게 좋은 첫인상을 주는 것이 포함됩니다. 문제를 신속하게 해결하면 고객이 만족하여 재방문으로 이어질 것입니다.

* involve: 포함하다
* first impression: 첫인상
* friendly: 친근한
* greeting: 인사
* lead to: ~로 이어지다
* return customer: 재방문 고객

Q8. Why did you apply to our company?

우리 회사에 지원한 이유가 무엇입니까?

 **Interview tips!**

　　면접 준비의 시작은 지원 회사에 대한 정보를 수집하는 것에서 시작한다. 기업에 대한 정보 중 중요하다고 생각되는 내용과 그에 대한 자신의 생각을 정리해 놓는 것이 좋다. 자신이 지원한 회사에 대해 관심을 갖는 것은 당연한 일이지만 회사의 입장에서는 지원자가 그만큼 회사에 대한 관심과 열의가 높다고 판단할 가능성이 크다. 이를 위해 지원자는 항공사 홈페이지나 인터넷 등을 통해 지원하는 회사에 대해 다음과 같은 사항들은 꼭 파악하고 면접에 임하도록 한다.

* 지원 회사에 대해 알아야 할 사항
　회사의 미션, 목표, 경영 이념, 사훈 등 (What is their mission or goal?)
　취항 도시 노선 (Where do they fly to and from? What are their busiest route?)
　보유 기종 및 수 (What types and how many aircraft do they have?)
　상용 고객 혜택 (What is their loyalty program?)
　회사의 장점, 차별화 된 서비스 (What is their unique selling point?)
　회사 최근 소식 (What's happening within the company right now?)
　회사의 인재상 (Who are the right people for their company?)
　직원 수, 기업 규모 (How many people (approx.) work for the airline?)
　직원 복지 (What offers does the airline have to its members?)

　　이러한 정보들을 바탕으로 지원자는 자신이 왜 해당 회사에 지원했는지, 해당 회사가 자신에게 어떤 의미가 있는지를 전문적으로 설명할 수 있어야 한다.

회사 지원 동기를 설명할 때 유용한 표현

Your company is known for its excellent customer service.	귀사는 우수한 고객 서비스로 유명합니다.
Your company is a leader in the airline industry.	귀사는 항공업계의 선두 주자입니다.
It would be an honor to work for this company.	이 회사에서 일하게 된다면 영광일 것입니다.
I've always wanted to work for a company I can be proud of.	저는 항상 자랑스러워할 수 있는 회사에서 일하고 싶었습니다.
I would like to move forward with your company.	귀사와 함께 발전하고 싶습니다.
Your company stands out among other airlines in the country.	귀사는 국내의 다른 항공사들 사이에서 두각을 나타내고 있습니다.
Your company has won many awards in various areas of air travel.	귀사는 항공 여행의 다양한 분야에서 많은 상을 수상했습니다.
I'm eager to learn about your company's exceptional customer service.	귀사의 탁월한 고객 서비스에 대해 배우고 싶습니다.
I'm fully committed to contributing to the success of the company.	저는 회사의 성공에 기여하기 위해 최선을 다하고 있습니다.

I have great respect for your company's ~. 귀사의 ~을 깊이 존경합니다.

I have great respect for your company's high quality customer service.	귀사의 최상의 고객 서비스를 깊이 존경합니다.
I have great respect for your company's work philosophy.	귀사의 업무 철학을 깊이 존경합니다.
I have great respect for your company's social contribution.	귀사의 사회 공헌을 깊이 존경합니다.

❶ Korean Air I want to work for Korean Air because it is one of the best airlines in Asia with a global reach. I like its focus on being professional, innovative, and providing great travel experiences. Working for Korean Air would be an opportunity to join a team that always works hard to achieve excellence.

대한항공은 전 세계로 뻗어나가는 아시아 최고의 항공사 중 하나이기 때문에 대한항공에서 일하고 싶습니다. 전문적이고 혁신적이며 훌륭한 여행 경험을 제공하는 데 초점을 맞추고 있다는 점이 마음에 듭니다. 대한항공에서 일하게 된다면 항상 최고를 달성하기 위해 열심히 노력하는 팀에 합류할 수 있는 기회가 될 것입니다.

* work for: ~에 다니다
* with a global reach: 전 세계로 뻗어나가는
* focus on: ~에 집중하다
* innovative: 혁신적인
* travel experience: 여행 경험
* excellence: 뛰어남, 우수함

❷ Asiana Airlines I want to work for Asiana Airlines because of their great customer service and focus on safety. It would be an honor to work for such a wonderful company. They stand out with unique services like the Magic Team, making flights fun and memorable for passengers of all ages. I want to be a part of the Magic Team and bring happiness to passengers as a flight attendant.

아시아나항공에서 일하고 싶은 이유는 훌륭한 고객 서비스와 안전에 중점을 두기 때문입니다. 이러한 멋진 회사에서 일하게 된다면 영광일 것입니다. 아시아나항공은 매직팀과 같은 독특한 서비스로 모든 연령대의 승객들에게 즐겁고 기억에 남는 비행을 선사합니다. 저도 매직팀의 일원이 되어 승무원으로서 승객들에게 행복을 선사하고 싶습니다.

* honor: 영광, 명예
* such a: 이러한
* stand out: 두드러지다, 돋보이다
* memorable: 기억에 남는, 인상적인
* of all ages: 모든 연령대의

❸ Air Premia I want to work for Air Premia because they provide great service and comfort. Seeing their flight attendants train at my school highly inspired me. I also like that they operate a single type of aircraft for efficiency. This makes them a unique and attractive airline to work for.

에어프레미아에서 일하고 싶은 이유는 훌륭한 서비스와 편안함을 제공하기 때문입니다. 저희 학교에서 승무원들이 훈련하는 모습을 보고 많은 영감을 받았습니다. 또한 효율성을 위해 단일 기종으로 운영한다는 점도 마음에 듭니다. 이런 점이 에어프레미아를 일하기에 독특하고 매력적인 항공사로 만들었습니다.

* highly: 매우, 극도로
* inspire: 영감을 주다
* operate: 운영하다
* aircraft: 항공기
* efficiency: 효율성
* unique: 독특한
* attractive: 매력적인

- spirit: 정신
- overcome: 극복하다, 이겨내다
- difficulty: 어려움, 곤란
- value: 중요하게 생각하다

❹ Jeju Air I want to work for Jeju Air because I share their 7C spirit, especially Challenge and Communication. Challenge means improving myself and overcoming difficulties. Communication means valuing teamwork and listening to customers. I think these are important skills for working in the aviation industry, and Jeju Air supports and encourages them.

제주항공에서 일하고 싶은 이유는 제주항공의 7C 정신, 특히 도전과 소통에 공감하기 때문입니다. 도전은 스스로를 발전시키고 어려움을 극복하는 것을 의미합니다. 소통은 팀워크를 중시하고 고객의 소리에 귀 기울이는 것을 의미합니다. 항공업계에서 일하기 위해 꼭 필요한 덕목이라고 생각하는데, 제주항공은 이를 지원하고 장려하고 있습니다.

- join: 입사하다
- innovative: 혁신적인
- recently: 최근에
- long-distance: 장거리의
- destination: 목적지, 여행지
- launch: 시작하다
- subscription: 구독
- meet the demands: 요구를 충족시키다
- be eager to: ~을 하고 싶어 하다
- forward-thinking: 미래 지향적인

❺ T'way Air I want to join T'way Air because they are always providing innovative services. Recently, they started flying to long-distance destinations like Sydney, following Singapore, and also launched a subscription service called T'way Plus service to meet the demands of young people. I am eager to be a part of such a forward-thinking company.

항상 혁신적인 서비스를 제공하는 티웨이항공에 입사하고 싶습니다. 최근에는 싱가포르에 이어 시드니와 같은 장거리 노선에 취항하기 시작했고, 젊은층의 수요를 충족시키기 위해 구독 서비스인 티웨이 플러스 서비스도 출시했습니다. 저는 이렇게 미래 지향적인 회사의 일원이 되고 싶습니다.

- low-cost airline: 저비용 항공사
- resource: 자원
- match: 부합하다, 맞다
- build a career: 경력을 쌓다, 직업적인 성장을 이루다

❻ Jin Air I want to work for Jin Air because it is special in the low-cost airline business. It uses big planes and Korean Air's resources. Jin Air can fly far to places like Australia and Hawaii. I love flying and Jin Air's goals match mine, so I believe Jin Air is the perfect place for me to build my career.

진에어에서 일하고 싶은 이유는 저비용 항공사라는 특수성 때문입니다. 진에어는 대형 비행기와 대한항공의 자원을 활용합니다. 진에어는 호주나 하와이 같은 장거리까지 갈 수 있습니다. 저는 비행을 좋아하고 진에어의 목표가 제 목표와 일치하기 때문에 진에어가 제 직업적인 성장을 이루기에 완벽한 곳이라고 생각합니다.

❼ Qatar Airways 또는 Emirates 등 외항사 I want to work for (company name) because it is a top airline with great customer service. It has won numerous awards for their top-notch customer service, luxurious cabins, and passenger safety. I also like that it has a diverse and multicultural work environment. I think I can do well in this setting and help the airline succeed. Working for (company name) would be a great chance for me to be part of a great team and grow as a flight attendant.

- win: 상을 타다
- numerous: 많은, 다양한
- award: 상
- top-notch: 최고 수준의
- luxurious: 고급의
- multicultural: 다문화적인
- setting: 환경

(회사명)은 훌륭한 고객 서비스를 제공하는 최고의 항공사이기 때문에 이 회사에서 일하고 싶습니다. 이 항공사는 최고의 고객 서비스, 고급스러운 기내, 승객 안전으로 수많은 상을 수상했습니다. 또한 다양하고 다문화적인 근무 환경도 마음에 듭니다. 저는 이런 환경에서 일을 잘하고 항공사의 성공을 도울 수 있다고 생각합니다. (회사명)에서 일하는 것은 훌륭한 팀의 일원이 되어 승무원으로서 성장할 수 있는 좋은 기회가 될 것입니다.

Memo

13 View of life

🎤 **Interview tips!**

　　승무원 면접에서 인생관에 대한 질문을 받았을 때, 지원자의 가치관과 신념을 명확하고 간결하게 전달하는 것이 중요하다. 이 질문은 이력서만으로는 파악하기 어려운 지원자의 가치관과 인생관을 알아보기 위한 것이다.

　　이 질문에 답변할 때, 자신을 잘 표현할 수 있는 단어나 인용구를 사용하여 면접관에게 강한 인상을 남기는 것이 좋다. 좌우명이나 인생 철학을 통해 지원자의 인성, 태도, 업무 성향, 삶의 목표 등을 유추할 수 있도록 긍정적이고 적극적인 성향을 부각시키며 간결하게 답변하는 것이 좋다.

🔑 **Key expressions!**

삶의 신조(좌우명)를 설명할 때 유용한 표현
(3. Family - 2. 가훈이나 생활 신조에 쓸 수 있는 표현 참고 P. 71)

I have a strong belief that ~(인용구).	~라는 강한 신념을 갖고 있습니다.
My life motto is ~.	제 삶의 신조는 ~입니다.
My basic principle that I apply to life is that ~	제 삶에 적용하는 기본 원칙은 ~입니다.
My philosophy in life is to ~	제 인생 철학은 ~입니다.
~ is the most important value in my life.	~은 제 삶의 가장 중요한 가치입니다.
~ is my life principle.	~은 제 삶의 신조입니다.

Q1. What basic principle do you apply to your life?
What is your life motto?

당신의 삶의 신조(좌우명)는 무엇입니까?

① My life motto is that obstacles are what you see when you lose sight of your goal. If you're trying to achieve something, there will always be obstacles. Giving up isn't my thing. I figure out how to climb or go through them.

제 인생의 모토는 '장애물은 목표를 잃었을 때 보이는 것'이라는 것입니다. 무언가를 이루려고 하면 항상 장애물이 있기 마련입니다. 포기하는 건 제 스타일이 아닙니다. 저는 장애물을 넘거나 통과하는 방법을 찾아냅니다.

- obstacle: 장애물, 어려움
- lose sight of: ~을 잃다, 안 보이다
- achieve: 성취하다
- give up: 포기하다
- figure out: 해결하다, 알아내다
- go through: 통과하다, 관통하다

② My basic principle is to never give up and be confident in what I do. There may be tough times, but the difficulties I face will make me stronger and more determined to achieve my goal.

제 삶의 원칙은 절대 포기하지 않고 제가 하는 일에 자신감을 갖는 것입니다. 힘든 시기가 있을 수 있지만, 그 어려움은 저를 더 강하게 만들고 목표를 달성하기 위한 결의를 다지게 할 것입니다.

- confident: 자신감 있는
- tough: 힘든, 어려운
- difficulty: 어려움, 곤란
- face: 직면하다, 마주하다
- determined: 결단력 있는, 단호한

③ I strongly believe that if you can imagine it, you can achieve it. If you can dream it, you can become it. I always stay focused on what I'm trying to accomplish.

저는 상상할 수 있다면 이룰 수 있다고 굳게 믿습니다. 꿈꿀 수 있다면 현실이 될 수 있습니다. 저는 항상 제가 이루고자 하는 것에 집중합니다.

- strongly: 강하게
- imagine: 상상하다
- stay focused on: ~에 집중하다
- accomplish: 달성하다, 성취하다

④ I think it's important to have an optimistic mindset. If I want to make a big change in my life, I have to believe it's possible.

낙관적인 사고방식을 갖는 것이 중요하다고 생각합니다. 제 인생에 큰 변화를 일으키고 싶다면 가능하다고 믿어야 합니다.

- optimistic mindset: 낙관적인 마음가짐
- make a change: 변화를 만들다

- appreciate: 감사하다
- grateful: 감사한
- shift: 이동하다
- direction: 방향
- less: 덜
- lack: 부족하다

❺ My life motto is to appreciate the present. A grateful mindset makes me feel good and shifts my focus in a positive direction. If I focus on what I have, I'll worry less about what may be lacking and experience happiness.

제 인생의 모토는 현재에 감사하는 것입니다. 감사하는 마음가짐은 제 기분을 좋게 만들고 긍정적인 방향으로 초점을 이동시킵니다. 제가 가진 것에 집중하면 부족한 것에 대한 걱정이 줄어들고 행복을 경험할 수 있습니다.

- treat: 대하다, 다루다
- tolerate: 참다, 용납하다
- unkind: 불친절한
- rude: 무례한
- lesson: 교훈
- make an effort: 노력하다
- conscious: 의식적인

❻ My life principle is to treat others as I wish to be treated. My father wouldn't tolerate being unkind or rude to someone. That was the most important lesson he taught me. I make a conscious effort to treat others as I would like to be treated.

제 삶의 원칙은 제가 대접받고 싶은 대로 다른 사람을 대하는 것입니다. 아버지는 누군가에게 불친절하거나 무례하게 대하는 것을 용납하지 않으셨습니다. 그것이 아버지가 저에게 가르쳐주신 가장 중요한 교훈이었습니다. 저는 제가 대접받고 싶은 대로 다른 사람을 대하기 위해 의식적으로 노력합니다.

- count: 중요하다
- up to+사람: ~한테 달려있다
- give 100 percent effort: 백퍼센트의 노력을 기울이다
- to the fullest: 최대한으로, 완전히

❼ I try to live every day as if it were my last. Every day counts and it's up to me to make it so. I always give 100 percent effort. If I live each day to the fullest, I believe I'll become successful.

저는 하루하루를 마지막인 것처럼 살려고 노력합니다. 하루하루가 소중하고 그렇게 만드는 것은 제 몫입니다. 저는 항상 100%의 노력을 기울입니다. 하루하루를 최선을 다해 살다 보면 성공할 수 있다고 믿습니다.

- set a goal: 목표를 세우다
- vivid: 생생한, 선명한
- detailed: 상세한
- keep ~ing: 계속 ~하다
- move forward: 앞으로 나아가다
- get through: 극복하다, 이겨내다
- hardship: 고난, 어려움
- courage: 용기
- pursue my dreams: 꿈을 향해 나아가다

❽ Learn from the past, set vivid and detailed goals for the future, and keep moving forward. That's my life motto. It gives me the power to get through hardships and even gives me the courage to pursue my dreams.

과거로부터 배우고, 미래에 대한 생생하고 구체적인 목표를 세우고, 계속 전진합니다. 이것이 제 삶의 모토입니다. 이 좌우명은 고난을 이겨낼 수 있는 힘을 주고 꿈을 향해 나아갈 수 있는 용기를 줍니다.

❾ "Be prepared to do the right thing at the right moment" is my motto. No one knows when opportunities will come, so I have to be prepared at any moment to seize them.

* right: 올바른, 적절한
* moment: 순간, 때
* at any moment: 언제든지
* seize: 잡다, 붙잡다

'적절한 순간에 올바른 일을 할 준비를 하라'는 것이 제 좌우명입니다. 언제 기회가 올지 아무도 모르기 때문에 언제든 기회를 잡을 수 있도록 준비해야 합니다.

Q2. What is your short-term goal?

당신의 단기적인 목표는 무엇입니까?

🎙 Interview tips!

면접에서 많이 나오는 질문 중 하나가 목표나 포부, 미래의 계획을 묻는 질문이다. 이런 질문에는 단기 목표와 장기 목표로 나누어서 준비해 놓는 것이 좋다.

단기적인 목표에 대해서는 구체적이고 실현 가능성 있는 목표를 언급하는 것이 중요하다. 지원한 회사와 직무에 관련된 목표를 제시하며, 그 목표를 달성하기 위한 계획과 역량 강화에 대해 언급하는 것이 좋다. 또한, 회사의 목표와 비전과 어떻게 부합되는지를 강조하는 것이 좋다.

한편 장기 목표는 10년 이상의 인생의 목표나 궁극적인 꿈 등 좀 더 포부 있는 답변을 준비하는 것이 바람직하다. 장기적으로는 자신이 속한 분야에서 전문성을 갖추어 실력 있는 전문가로 성장하거나, 기술과 지식을 활용하여 사회적 가치를 창출하는 데 기여하는 리더로 성장하고자 하는 비전을 제시하는 것이 좋다. 또한, 자기계발과 새로운 도전에 대한 의지를 표현하여 능동적으로 성장하고 발전하는 인재로서의 자세를 보여주는 것이 중요하다.

💡 Key expressions!

My short-term goal is to ~. 제 단기 목표는 ~입니다.

My short-term goal is to pass this interview process.	제 단기 목표는 이 인터뷰를 통과하는 것입니다.
My short-term goal is to become a flight attendant at your company.	제 단기 목표는 귀사의 승무원이 되는 것입니다.
My short-term goal is to improve my Chinese.	제 단기 목표는 제 중국어 실력을 향상시키는 것입니다.
My short-term goal is to complete my bachelor's degree.	제 단기 목표는 학사 학위를 취득하는 것입니다.
My short-term goal is to become skilled in all aspects of airline service.	제 단기 목표는 항공 서비스의 모든 분야에서 숙련되는 것입니다.

In the (very) short term, I would like to ~. 단기적으로 저는 ~을 하고 싶습니다.	
In the very short term, I would like to complete the flight attendant training successfully.	단기적으로 저는 승무원 교육을 성공적으로 마치고 싶습니다.
In the very short term, I would like to gain experience in providing excellent customer service.	단기적으로 저는 훌륭한 고객 서비스를 제공하는 데 경험을 쌓고 싶습니다.
In the very short term, I would like to improve my language skills, especially in English.	단기적으로 저는 특히 영어 실력을 향상시키고 싶습니다.
In the very short term, I would like to familiarize myself with the airline's policies and regulations.	단기적으로 저는 항공사의 정책과 규정에 익숙해지고 싶습니다.
In the short term, I would like to enhance my ability to handle emergency situations.	단기적으로는 긴급 상황에 대처할 수 있는 능력을 키우고 싶습니다.

• in the short term: 단기적으로
• pass: 합격하다, 통과하다
• overseas: 해외의

❶ In the short term, I want to pass this interview, become a flight attendant, and fly overseas wearing your company's uniform. Just thinking about it makes me happy.

단기적으로는 이번 면접에 합격해 승무원이 되어 귀사의 유니폼을 입고 해외로 비행을 가고 싶습니다. 생각만 해도 행복합니다.

• successfully: 성공적으로
• complete: 완료하다
• actual: 실제의
• flight: 비행

❷ My short-term goal is to become a cabin crew member at your company. After successfully completing cabin crew training, I want to learn everything I can about my job on an actual flight.

저의 단기 목표는 귀사의 객실 승무원이 되는 것입니다. 승무원 교육을 성공적으로 마친 후 실제 비행에서 승무원 업무에 대해 모든 것을 배우고 싶습니다.

• growing: 성장하는
• expectation: 기대
• tourist: 관광객
• necessary: 필요한

❸ In the very short term, I want to improve my Chinese. To meet the growing expectations of Chinese tourists, it is necessary to speak Chinese. So I plan to study Chinese.

단기적으로는 중국어를 향상시키고 싶습니다. 중국인 관광객의 높아진 기대에 부응하기 위해서는 중국어를 구사할 수 있어야 합니다. 그래서 중국어를 공부할 계획입니다.

4 I am a graduate of a two-year college. So in the very short term, I want to complete my bachelor's degree. It may be difficult to balance work and study, but I am willing to earn my degree on-line.

저는 2년제 대학을 졸업했습니다. 그래서 단기적으로 학사 학위를 취득하고 싶습니다. 일과 공부의 균형을 맞추는 것이 어려울 수도 있지만 온라인으로 학위를 취득할 의향이 있습니다.

- graduate: 졸업생
- bachelor's degree: 학사 학위
- balance: 균형을 맞추다
- be willing to: 기꺼이 ~ 하다
- earn my degree: 학위를 취득하다

5 My short-term goal is to find a position in a forward-moving company. As part of a team, I want to add value and continue to grow with the company.

저의 단기 목표는 미래 지향적인 회사에서 자리를 잡는 것입니다. 팀의 일원으로서 가치를 더하고 회사와 함께 계속 성장하고 싶습니다.

- forward-moving: 전진하는, 미래 지향적인
- add: 더하다
- value: 가치

6 My short-term goal is to find a position where I can use my knowledge and strengths. I want to participate in the growth and success of the company I work for.

저의 단기 목표는 저의 지식과 강점을 활용할 수 있는 직책을 찾는 것입니다. 제가 근무하는 회사의 성장과 성공에 동참하고 싶습니다.

- strength: 힘, 강점
- participate in: ~에 참여하다
- growth: 성장, 발전

7 I learned the basics of customer service in college. I want to take the next step in real-life experience. My short-term goal is to grow as a competent flight attendant.

저는 대학에서 고객 서비스의 기본을 배웠습니다. 실제 경험을 통해 다음 단계로 나아가고 싶습니다. 저의 단기 목표는 유능한 승무원으로 성장하는 것입니다.

- basics: 기초, 기본
- take the next step: 다음 단계로 나아가다
- real-life experience: 실제 경험
- competent: 유능한, 능숙한

8 My short-term goal is to become an effective team player. I want to strengthen my relationships with other team members and expand my knowledge base for interacting at a higher level.

단기 목표는 유능한 팀 플레이어가 되는 것입니다. 다른 팀원들과의 관계를 강화하고 더 높은 수준의 상호 작용을 위한 지식 기반을 넓히고 싶습니다.

- effective: 유능한
- strengthen: 강화하다
- relationship: 관계
- expand: 확장하다
- knowledge base: 지식 기반
- level: 수준

Q3. What is your long-term goal?

당신의 장기적인 목표는 무엇입니까?

Key expressions!

My long-term goal is to ~. 제 장기 목표는 ~입니다.

My long-term goal is to write a book about my flight experience.	제 장기 목표는 제 비행 경험에 대해 책을 쓰는 것입니다.
My long-term goal is to become a service expert in my field.	제 장기 목표는 제 분야에서 서비스 전문가가 되는 것입니다.
My long-term goal is to become a chief purser.	제 장기 목표는 수석 사무장이 되는 것입니다.
My long-term goal is to move into a position of responsibility where I can lead a team.	제 장기 목표는 제가 팀을 이끌어 나갈 수 있는 책임 있는 직책에서 일하는 것입니다.
My long-term goal is to work in the cabin crew training department as an instructor.	제 장기 목표는 객실 훈련 부서에서 강사로 일하는 것입니다.
My long-term goal is to become the very best that this company has on staff.	제 장기 목표는 귀사의 직원 중에서 최고가 되는 것입니다.
My long-term goal is to gain extensive knowledge and experience and make a great difference in the service field.	제 장기 목표는 폭넓은 지식과 경험을 쌓고, 서비스 분야에서 큰 변화를 만들어내는 것입니다.

* long-term goal: 장기적인 목표
* new employee: 신입 직원
* finally: 마침내
* lead a team: 팀을 이끌다

❶ I want to achieve my long-term goal by setting smaller goals. First, I want to learn everything about airline service. Then, I want to teach new employees. Finally, I want to lead a team.

작은 목표를 설정하여 장기적인 목표를 달성하고 싶습니다. 첫째, 항공사 서비스에 대한 모든 것을 배우고 싶습니다. 그런 다음 신입 직원을 가르치고 싶습니다. 마지막으로 팀을 이끌고 싶습니다.

② My long-term goal as a flight attendant is to become a chief purser or higher. I know it's ambitious, but I'm smart and willing to work hard to achieve it. I believe that with dedication and effort, I can reach my goal and make a positive impact in my career.

승무원으로서 제 장기적인 목표는 수석 사무장 혹은 그 이상이 되는 것입니다. 야심찬 목표라는 것을 알지만, 저는 똑똑하고 기꺼이 목표를 달성하기 위해 열심히 노력할 것입니다. 헌신과 노력을 다해 목표에 도달할 수 있고, 제 경력에 긍정적인 영향을 줄 수 있다고 믿습니다.

* chief purser: 수석 사무장
* ambitious: 야망이 있는
* be willing to: 기꺼이 ~ 하다
* dedication: 헌신
* reach: 달성하다
* make an impact: 영향을 미치다

③ After a successful career as a flight attendant, I'd love to write a book about my experiences. I want to share my stories with people who want to become flight attendants. So, after gaining more experience, I'll write a book.

승무원으로서 성공적인 경력을 쌓은 후에는 제 경험에 대한 책을 쓰고 싶습니다. 승무원이 되고 싶어 하는 사람들과 제 이야기를 나누고 싶습니다. 그래서 더 많은 경험을 쌓은 후에 책을 쓸 생각입니다.

* successful: 성공적인
* share: 공유하다, 나누다
* gain: 얻다

④ In the long term, I want to be a respected flight attendant and a role model. Then, I want to take on more responsibilities and help the company succeed.

장기적으로는 존경받는 승무원이자 롤모델이 되고 싶습니다. 그런 다음에는 더 많은 책임을 맡아 회사의 성공을 돕고 싶습니다.

* respected: 존경받는
* role model: 본보기, 롤모델
* take on: 맡다, 책임지다

⑤ My long-term goal is to become an expert in my field. I want to gain extensive knowledge and experience and make a great difference in the service industry. And I'm willing to work hard to achieve this goal.

장기적인 목표는 제 분야의 전문가가 되는 것입니다. 폭넓은 지식과 경험을 쌓아 서비스 업계에 큰 변화를 일으키고 싶습니다. 그리고 이 목표를 달성하기 위해 열심히 노력할 것입니다.

* expert: 전문가
* extensive: 광범위한, 넓은
* make a difference: 변화를 일으키다

- the very: 정말, 매우
- towards: ~을 지향하여
- expert: 전문가
- rely on: 의지하다, 신뢰하다
- fully: 완전히, 충분히
- take on: 맡다, 떠맡다

❻ I want to become the very best in this company. I want to work towards becoming the expert that others rely on. In doing so, I feel I'll be fully prepared to take on any greater responsibilities in the long term.

이 회사에서 정말 최고가 되고 싶습니다. 다른 사람들이 의지하는 전문가가 되기 위해 노력하고 싶습니다. 그렇게 함으로써 장기적으로 더 큰 책임을 맡을 수 있는 충분한 준비가 될 것이라고 생각합니다.

Q4. **Where do you want to be in your life in 5 years?**

당신은 5년 후 인생에서 어떤 모습으로 있었으면 좋겠습니까?

Where do you see yourself in 5 years?

5년 후 당신의 모습은?

Key expressions!

In 5 years, I would like to be ~. 5년 후에는 ~이/가 되고 싶습니다.

In 5 years, I would like to be a competent flight attendant.	5년 후에는 유능한 승무원이 되고 싶습니다.
In 5 years, I would like to be a good example for others.	5년 후에는 다른 사람들에게 좋은 본보기가 되고 싶습니다.
In 5 years, I would like to be working for your airline as a proficient member of the team.	5년 후에는 귀사에서 유능한 팀원으로써 일하고 싶습니다.

- above all: 무엇보다도
- contribute to: ~에 기여하다
- dedicated: 헌신적인, 전념하는

❶ Above all, I want to contribute to your company. I see myself as a dedicated and responsible flight attendant who provides great service and works well with others. I want to grow with the company.

무엇보다도 회사에 기여하고 싶습니다. 저는 훌륭한 서비스를 제공하고 다른 사람들과 잘 어울리는 헌신적이고 책임감 있는 승무원이 되어 있으리라 생각합니다. 회사와 함께 성장하고 싶습니다.

❷ In 5 years, I see myself flying as a flight attendant in this company's uniform. I will have finished my master's degree in aviation to provide better service.

* master's degree: 석사 학위

5년 후에는 이 회사의 유니폼을 입고 승무원으로 비행하는 제 모습을 상상합니다. 더 나은 서비스를 제공하기 위해 항공학 석사 학위를 마치고 있을 것입니다.

❸ I want to work for your airline as a skilled team member who is respected for working hard and being important to the cabin crew.

* skilled: 숙련된, 능숙한
* be respected for: ~로 존경받다

열심히 일하고 승무원들에게 중요한 존재로 인정받는 숙련된 팀원으로 항공사에서 일하고 싶습니다.

❹ I want to be a trained and experienced flight attendant. I want to learn from others and, if possible, get promoted within the company.

* trained: 훈련받은, 기술이 있는
* experienced: 경험이 있는, 노련한
* if possible: 가능하다면
* get promoted: 승진하다

훈련되고 경험이 풍부한 승무원이 되고 싶습니다. 다른 승무원들로부터 배우고, 가능하다면 회사 내에서 승진도 하고 싶습니다.

❺ In 5 years, I want to improve my skills so I can train others. I would love to continue training new employees.

* train: 훈련시키다
* new employee: 신입 직원

5년 후에는 제 기술을 향상시켜 다른 사람들을 교육하고 싶습니다. 신입 직원을 계속 교육하고 싶습니다.

❻ My first goal is to exceed your expectations. I enjoy my job and supporting my team. I try to set a good example.

* exceed: 초과하다
* expectation: 기대
* set a good example: 좋은 본보기를 보여주다

저의 첫 번째 목표는 여러분의 기대를 뛰어넘는 것입니다. 저는 제 일을 즐기고 팀을 지원합니다. 저는 좋은 모범을 보이려고 노력합니다.

Q5. **Where will you be in 10 years?**

10년 후 당신은 어디에 있게 될까요?

Where do you see yourself in 10 years?

10년 후 당신의 모습은?

🔑 **Key expressions!**

> **In ten years, I see myself as ~.** 10년 후에 저는 ~이 될 것입니다.

In ten years, I see myself as a respected flight attendant.	10년 후에 저는 존경받는 승무원이 될 것입니다.
In ten years, I see myself as the best flight attendant at your company.	10년 후에 저는 귀사에서 최고의 승무원이 될 것입니다.
In ten years, I see myself as a role model for new employees.	10년 후에 저는 신입 사원의 롤모델이 될 것입니다.

* respected: 존경받는
* leadership role: 리더십 역할
* coach: 지도하다
* contribute to: ~에 기여하다
* in a positive way: 긍정적인 방식으로

❶ In 10 years, I see myself as a respected flight attendant with more responsibility and a leadership role. As a team leader, I will coach my team and contribute to the company in a positive way.

10년 후에는 더 많은 책임과 리더십을 갖춘 존경받는 승무원이 되어 있을 것입니다. 팀 리더로서 팀을 지도하고 긍정적인 방식으로 회사에 기여하겠습니다.

* education department: 교육 부서
* professionally: 전문적으로

❷ In 10 years, I will be the best flight attendant providing excellent service. I want to share my experience with new employees in the education department and continue to grow professionally.

10년 후에는 훌륭한 서비스를 제공하는 최고의 승무원이 될 것입니다. 교육 부서에서 신입 직원들과 제 경험을 공유하고 전문적으로 계속 성장하고 싶습니다.

* professional: 전문적인
* world-class: 세계 수준의

❸ In 10 years, I want to be the best and most professional flight attendant. I want to help this airline become world-class with my ideas and effort. I also want to be a respected role model for new employees.

10년 후에는 최고의 승무원, 가장 전문적인 승무원이 되고 싶습니다. 제 아이디어와 노력으로 이 항공사가 세계적인 항공사가 될 수 있도록 돕고 싶습니다. 또한 신입 직원들에게 존경받는 롤모델이 되고 싶습니다.

4 In 10 years, as a skilled veteran, I will constantly work to improve myself and find ways to help the company grow.

10년 후에는 숙련된 베테랑으로서 끊임없이 자신을 발전시키고 회사의 성장에 도움이 될 수 있는 방법을 찾기 위해 노력할 것입니다.

* skilled: 숙련된
* veteran: 베테랑
* constantly: 지속적으로

Q6. **Who do you respect the most?**
Can you name one person you respect very much?
Who is your role model?

가장 존경하는 인물은 누구입니까?

🎤 **Interview tips!**

존경하는 인물을 묻는 질문에는 막연히 동경하는 인물을 언급하기보다는 주변의 실존 인물을 소개하는 것이 적절하다. 존경하는 인물을 언급할 때, 그 인물의 어떤 특징이나 업적으로 인해 존경하는지 구체적으로 설명하는 것이 좋다.

예를 들어, 그 인물이 어떤 어려움을 극복하거나, 어떤 성취를 이루었거나, 어떤 가치관을 가지고 살아가는지 등을 언급할 수 있다. 또한, 그 인물로부터 배운 것이나 영향을 받은 점, 자신의 삶에 어떻게 적용하고 있는지 등도 함께 설명하는 것이 좋다. 이러한 답변은 지원자의 가치관이나 인생관을 드러내는 좋은 기회가 될 수 있다.

🔑 **Key expressions!**

I respect ~ the most. 저는 ~를 가장 존경합니다.	
I respect my parents the most.	저는 제 부모님을 가장 존경합니다.
I respect (사람 이름) the most.	저는 ○○을 가장 존경합니다.
I respect Yoo Jae-suk, a famous comedian, the most.	저는 유명 개그맨인 유재석 씨를 가장 존경합니다.
존경하는 이유를 답하는 유용한 표현	
He achieved great success in his field.	그는 그의 분야에서 큰 성공을 거뒀습니다.
He has made significant contributions to his field.	그는 그의 분야에 상당한 기여를 했습니다.
She has overcome adversity and challenges.	그녀는 역경과 도전을 이겨냈습니다.

He is dedicated and persistent.	그는 헌신적이고 끈기가 있습니다.
He has made a positive impact on the world.	그는 세상에 긍정적인 영향을 주었습니다.
She works to make the world a better place.	그녀는 세상을 더 나은 곳으로 만들기 위해 노력합니다.
She has admirable personal qualities.	그녀는 훌륭한 인격을 가지고 있습니다.
He inspires others to be their best selves.	그는 다른 사람들이 최고의 자신이 될 수 있도록 영감을 줍니다.
She has a unique talent and skill.	그녀는 독특한 재능과 기술을 가지고 있습니다.
He is a role model for others to follow.	그는 다른 사람들이 따라야 할 롤모델입니다.
She is an excellent leader.	그녀는 훌륭한 리더입니다.

* respect: 존중하다
* put me first: 나를 우선시하다
* support: 지원
* guidance: 안내, 지도
* make a sacrifice: 희생하다
* dedication: 헌신, 전념
* admirable: 존경스러운
* measure: 측정하다
* care: 돌보다
* immeasurable: 측정할 수 없는

❶ I respect my parents the most. They always put me and my siblings first, giving us love, support, and guidance. They have made many sacrifices for our family. Their dedication is admirable. There is no way to measure my respect for them, as their love and care is immeasurable.

저는 부모님을 가장 존경합니다. 부모님은 항상 저와 저희 형제를 최우선으로 생각하시며 사랑과 지원, 지도를 아끼지 않으셨습니다. 부모님은 우리 가족을 위해 많은 희생을 하셨습니다. 그분들의 헌신은 존경할 만합니다. 부모님의 사랑과 보살핌은 헤아릴 수 없을 정도로 크기에 부모님에 대한 존경심을 측정할 방법이 없습니다.

* admire: 존경하다
* reason: 이유
* wise: 현명한
* supportive: 지원하는
* valuable: 소중한
* attitude: 태도
* inspire: 영감을 주다
* be grateful for: ~에 감사하다

❷ I admire my mother for many reasons. She is positive, wise, and supportive. She has given me valuable advice and her attitude has inspired me to grow. I am grateful for everything she has done.

저는 여러 가지 이유로 어머니를 존경합니다. 어머니는 긍정적이고 현명하며 지원을 아끼지 않으십니다. 어머니는 저에게 귀중한 조언을 해주셨고, 어머니의 태도는 제가 성장하도록 영감을 주었습니다. 어머니가 해주신 모든 일에 감사하고 있습니다.

❸ It's difficult to choose just one person to admire. There are so many individuals who excel in their fields, persevere through challenges, and make quiet contributions. All of them are worthy of admiration. My goal is to become someone who others can admire, to live my life to the fullest, and to be a positive influence on those around me.

존경할 사람을 한 명만 고르는 것은 어렵습니다. 자신의 분야에 탁월하고, 어려움을 견뎌내며, 조용한 기여를 하는 사람들이 매우 많습니다. 그들 모두 존경할 만한 사람들입니다. 제 목표는 다른 사람들이 존경할 수 있는 사람이 되고, 최선을 다해 삶을 살며, 주변 사람들에게 긍정적인 영향을 주는 사람이 되는 것입니다.

* choose: 선택하다
* individual: 개인
* excel: 뛰어나다, 능가하다
* field: 분야
* persevere: 인내하다
* make a contribution: 기여하다
* be worthy of: ~할 만하다
* admiration: 존경, 감탄
* to the fullest: 최대한
* influence: 영향을 미치다

❹ I admire Yoo Jae-suk, a famous comedian, because he is kind, polite, and disciplined. He always makes people laugh and gives help to those in need. His kindness and positive impact inspire me.

저는 유명 개그맨 유재석을 존경합니다. 친절하고 예의 바르며 절제된 모습을 보여주기 때문이죠. 그는 늘 사람들을 웃게 만들고, 도움이 필요한 사람들에게 기부를 합니다. 그의 친절함과 긍정적인 영향력은 저에게 영감을 줍니다.

* comedian: 코미디언
* disciplined: 절제된
* those in need: (도움을) 필요로 하는 사람들
* kindness: 친절함
* impact: 영향

❺ My professor is an inspiration to me. She spent 20 years working as a flight attendant before becoming a university professor, where she now guides future flight attendants. As someone who dreams of becoming a flight attendant, I am grateful for her guidance, advice, and support. She is passionate and professional, and I hope to follow her example and achieve my dream of joining the airline industry.

제 교수님은 저에게 영감을 주시는 분입니다. 교수님은 20년 동안 승무원으로 일하신 후 대학 교수가 되셨고, 지금은 미래의 승무원을 지도하고 계십니다. 승무원을 꿈꾸는 사람으로서 교수님의 지도와 조언, 지원에 감사하고 있습니다. 열정적이고 프로페셔널한 그분을 본받아 항공업계에 입사하는 꿈을 이루고 싶습니다.

* inspiration: 영감
* guide: 지도하다
* dream of: ~을 꿈꾸다
* be grateful for: ~에 감사하다
* guidance: 지도, 안내
* passionate: 열정적인
* follow: 따라가다
* example: 예시, 본보기
* join: 입사하다

승무원
영어 면접 가이드

Flight Attendant English Interview Guide: Ready for Takeoff

Chapter

05

Scenario Questions

Scenario Questions

🎙 **Interview tips!**

최근 인터뷰에서는 기내에서 발생 가능한 상황을 자주 물어보기도 한다. 이러한 롤플레이 면접은 서비스맨으로서 얼마나 준비가 되어 있는지를 판단할 수 있는 좋은 방법이다. 지원자의 상황 판단 및 대처 능력, 고객 응대 능력, 서비스마인드, 순발력, 재치 등을 평가하기 위한 것으로 주로 불만 승객을 다루는 상황이 많이 주어진다.

현실적인 대안 제시도 필요하지만, 고객의 불편을 해소하고 상황을 잘 처리하기 위해 얼마나 진심으로 최대한 노력하는 모습을 보이는가가 면접의 포인트이다. 승무원이 되었을 때 일어날 수 있는 다양한 상황들을 가정해보고 답변을 준비하도록 한다. 이를 위해서는 기내에서 발생할 수 있는 다양한 상황들에 대해 사전에 충분히 연습하고 준비하는 것이 중요하다.

Q1. **If a passenger wants to change his or her seat to the first class, what would you do?**

승객이 자신의 좌석을 일등석으로 바꾸길 원한다면 어떻게 하겠습니까?

* request: 요청하다
* address: 다루다, 처리하다
* concern: 걱정, 우려
* issue: 문제, 이슈
* current: 현재의
* alternative: 대안, 대체의
* valid: 유효한, 타당한
* politely: 예의 바르게, 정중하게
* against our policy: 우리 정책에 어긋나는

❶ If a passenger wants to change his or her seat to the first class, I would first ask the passenger for the reason behind their request. Then, I would try to address their concern or problem. For example, if the passenger has an issue with their current seat, I would try to find an alternative seat within the economy class. If the passenger does not have a valid reason for the upgrade, I would politely explain that it is against our policy to upgrade passengers without a valid reason.

승객이 일등석으로 좌석을 변경하고자 하는 경우, 저는 먼저 승객에게 요청 이유를 물어보겠습니다. 그런 다음 승객의 우려 사항이나 문제를 해결하려고 노력하겠습니다. 예를 들어, 승객이 현재 좌석에 문제가 있는 경우 이코노미 클래스 내에서 대체 좌석을 찾을 수 있도록 노력하겠습니다. 승객이 좌석 승급에 대한 정당한 사유가 없는 경우, 정당한 사유 없이 승객을 승급해드리는 것은 저희의 정책에 위배된다는 점을 정중하게 설명하겠습니다.

❷ If a passenger wants to sit in the first class before the plane takes off, I would ask the ground staff if there are any empty seats in the first class. If there are, I would tell the passenger how much more they have to pay to sit in the first class and ask if they want to do that. If they say yes, I would work with the ground staff to help them change their seat. I cannot change their seat by myself and I have to follow the airline's rules.

승객이 비행기가 이륙하기 전에 일등석에 앉기를 원하는 경우, 지상 직원에게 일등석에 빈 좌석이 있는지 물어보겠습니다. 빈 좌석이 있으면 승객에게 일등석에 앉으려면 얼마를 더 지불해야 하는지 알려주고 앉을 것인지 묻겠습니다. 승객이 '예'라고 대답하면 지상 직원과 협력하여 좌석을 변경할 수 있도록 도와드리겠습니다. 제가 직접 좌석을 제 마음대로 변경할 수는 없으며, 항공사의 규정에 따라야 합니다.

Q2. What would you say to a passenger who has a separate seat from his/her companion?
(There are no empty seats available.)

일행과 떨어져 앉게 된 승객에게 뭐라고 하겠습니까?
(빈 좌석이 없습니다.)

❶ I would explain to the passengers that the flight is fully booked and tell them to wait for a moment and I would make an effort to find someone who would change seats.

승객에게 항공편이 만석임을 설명하고 잠시 기다려 달라고 말한 후 좌석을 바꿔줄 사람을 찾기 위해 노력하겠습니다.

Memo

- frustrating: 짜증나는
- separately: 따로따로
- companion: 동행자
- apologize for: ~에 대해 사과하다
- inconvenience: 불편함
- unfortunately: 유감스럽게도
- available: 이용 가능한
- be willing to: ~을 하기를 원하다
- switch: 바꾸다, 교체하다

❷ If I were in that situation, I would say to the passenger, "I understand that it can be frustrating to be seated separately from your companion. I apologize for the inconvenience. Unfortunately, the flight is fully booked and there are no empty seats available. However, I will do my best to find someone who is willing to switch seats with you or your companion."

제가 그 상황에 처했다면 승객에게 "일행분과 떨어져 앉게 되어 불편하실 수 있다는 것을 이해합니다. 불편을 드려 죄송합니다. 안타깝게도 항공편이 만석으로 빈 좌석이 없습니다. 하지만 고객님 또는 일행분과 좌석을 바꿀 의향이 있는 분을 찾기 위해 최선을 다하겠습니다."라고 말씀드리겠습니다.

Q3. What would you say to a passenger who asks to use the lavatory before take-off?

이륙하기 전에 화장실을 사용하기 원하는 승객에게 어떻게 말하겠습니까?

- lavatory: 화장실
- boarding: 탑승
- turn-off: 착륙
- reach: 도착하다
- cruising altitude: 비행 고도
- safety: 안전
- priority: 우선순위
- landing: 착륙

❶ If a passenger asks to use the lavatory before take-off, I would say, "Sure, you can use the lavatory if we're still boarding." But if the plane is getting ready for take-off, I would explain, "For safety, please fasten your seatbelt until the seatbelt sign turns off after we reach cruising altitude. Then, you can use the lavatory." Safety is always our priority during take-off and landing.

승객이 이륙 전에 화장실을 이용하고 싶다고 요청하면 "승객이 계속 탑승 중이라면 화장실을 사용하셔도 됩니다."라고 말하겠습니다. 하지만 비행기가 이륙 준비 중이라면 "안전을 위해 순항 고도에 도달한 후 안전벨트 표시가 꺼질 때까지 안전벨트를 착용해 주십시오. 그 후에는 화장실을 이용하실 수 있습니다."라고 설명하겠습니다. 이착륙 시에는 항상 안전이 최우선입니다.

- remain seated: 앉은 채로 있다

❷ I would inform the passenger saying, "If passengers are still boarding, it is fine for you to use the lavatory." However, if the plane is preparing for take-off, "I must ask you to remain seated with your seatbelt fastened until the seatbelt sign is turned off after we reach cruising altitude. I will let you know when it is safe to use the lavatory."

승객에게 "승객이 아직 탑승 중이라면 화장실을 사용하셔도 괜찮습니다."라고 안내하겠습니다. 그러나 비행기가 이륙 준비 중인 경우에는 "순항 고도에 도달한 후 안전벨트 표시등이 꺼질 때까지 안전벨트를 착용한 채로 자리에 앉아 계셔야 합니다. 화장실 이용이 안전해지면 다시 알려드리겠습니다."라고 말씀드리겠습니다.

Q4. A passenger is trying to put a very heavy bag in the overhead bin. What would you do?

한 승객이 선반 위에 무거운 가방을 넣으려고 합니다. 어떻게 하겠습니까?

❶ If a passenger is trying to put a very heavy bag in the overhead bin, I would approach them and suggest that they store the bag under the seat in front of them for their own safety and the safety of other passengers.

승객이 매우 무거운 가방을 머리 위 선반에 넣으려는 경우, 승객에게 다가가 손님 및 다른 승객의 안전을 위해 가방을 앞좌석 아래에 보관할 것을 제안하겠습니다.

- approach: 접근하다
- suggest: 제안하다
- in front of: 앞에, ~의 앞에
- own: 자신의

❷ I would inform the passenger saying, "Excuse me, may I offer to store that heavy bag for you in the coatroom at the front of the cabin? Just let me know so we can retrieve your bag before you leave the plane."

승객에게 "실례합니다만, 무거운 가방을 기내 앞쪽 코트룸에 보관해 드릴까요? 비행기에서 내리시기 전에 가방을 찾아가실 수 있도록 말씀해 주세요."라고 안내하겠습니다.

- inform: 알리다, 안내하다
- offer: 제안하다
- store: 보관하다
- retrieve: 되찾다, 회수하다

Q5. If a passenger tries to smoke on the airplane, how would you handle the situation?

승객이 비행기에서 담배를 피우려 한다면 어떻게 상황을 해결하겠습니까?

* politely: 정중하게
* firmly: 단호하게
* allow: 허용하다
* according to: ~에 따르면
* aviation laws: 항공법
* distract: 주의를 딴 데로 돌리다

❶ If a passenger tries to smoke on the airplane, I would politely but firmly explain that smoking is not allowed according to aviation laws. I may offer candies or snacks to distract them from smoking.

승객이 기내에서 흡연을 시도하는 경우, 항공법에 따라 흡연이 허용되지 않는다고 정중하지만 단호하게 설명하겠습니다. 흡연 생각으로부터 주의를 환기시키기 위해 사탕이나 간식을 제공해 드릴 수 있을 것입니다.

* get help: 도움을 구하다
* flight crew: 비행기 승무원
* follow: 따르다
* no-smoking rule: 금연 규칙

❷ If someone tries to smoke on the plane, I would tell them it's not allowed and ask them to stop. If they don't listen, I would get help from the other flight crew. It's important to follow the no-smoking rule for everyone's safety.

누군가 기내에서 담배를 피우려고 하면, 흡연은 허용되지 않는다고 말하고 그만두라고 요청하겠습니다. 그래도 듣지 않으면 다른 승무원에게 도움을 요청하겠습니다. 모두의 안전을 위해 금연 규칙을 준수하는 것이 중요합니다.

* lavatory: 화장실
* immediately: 즉시
* put out: 끄다
* cigarette: 담배
* remind: 상기시키다
* strictly prohibited: 엄격히 금지되다
* aircraft: 항공기
* report: 보고하다
* incident: 사건
* in charge: ~를 맡은, 담당인
* keep an eye on: ~를 주시하다

❸ If I caught a passenger smoking in the lavatory, I would immediately ask them to put out their cigarette. I would then check for any signs of smoke or fire and remind the passenger that smoking is strictly prohibited on the aircraft. I would also report the incident to the purser in charge and keep an eye on the passenger until we land.

만약 제가 화장실에서 담배를 피우는 승객을 발견하면, 저는 즉시 그에게 담배를 꺼달라고 요청할 것입니다. 그런 다음 저는 연기나 화재의 흔적이 있는지 확인하고 항공기 내에서 흡연은 엄격히 금지되어 있음을 승객에게 상기시킬 것입니다. 저는 또한 담당 사무장에게 사건을 보고하고 착륙할 때까지 그 승객을 주시할 것입니다.

Q6. A passenger looks very worried due to severe turbulence. What would you say?

심한 난기류에 승객이 두려워하고 있습니다. 어떻게 말하겠습니까?

If a passenger appeared worried due to severe turbulence, I would calmly explain that turbulence is a normal part of flying and that the aircraft is designed to handle it. I would speak in a soothing voice to help reassure and calm the passenger.

만약 승객이 심한 난기류로 인해 걱정하는 모습을 보인다면, 저는 난기류가 비행의 정상적인 부분이며, 항공기가 이를 처리할 수 있도록 설계되었다는 것을 차분하게 설명할 것입니다. 저는 승객을 안심시키고 진정시키는 데 도움이 되도록 차분한 목소리로 이야기하겠습니다.

- appear: ~해 보이다
- due to: ~때문에
- severe: 심한
- turbulence: 돌풍, 난기류
- calmly: 차분하게
- normal: 정상적인
- design: 디자인하다
- in a soothing voice: 안정적인 목소리로
- reassure: 안심시키다
- calm: 진정시키다

Q7. If a passenger complains that it's really hot in the aircraft, what would you do?

승객이 비행기가 매우 덥다고 불평한다면 어떻게 하겠습니까?

If a passenger complained about the heat in the aircraft, I would first apologize for the discomfort. Then, I would check with other passengers to see if they were also feeling hot. Depending on the situation, I might offer the passenger a cold drink and adjust the cabin temperature. I would continue to monitor the temperature to ensure everyone's comfort.

만약 항공기 안의 더위에 대해 불평하는 승객이 있다면, 저는 먼저 불편함에 대해 사과할 것입니다. 그러고 나서 다른 승객들에게도 그들이 더운 것을 느끼는지 확인할 것입니다. 상황에 따라 그 승객에게 차가운 음료를 제공해드리고 기내 온도를 조정하겠습니다. 모든 승객들의 편안함을 보장하기 위해 온도를 계속 확인할 것입니다.

- complain: 불평하다
- heat: 더위
- apologize for: ~에 대해 사과하다
- discomfort: 불편
- depending on: ~에 따라
- adjust: 조절하다
- cabin temperature: 기내 온도
- monitor: 모니터링하다
- ensure: 확실히 하다

Q8. If a drunk passenger keeps requesting more alcohol, what would you do?

취한 승객이 술을 더 마시기를 요청한다면 어떻게 하겠습니까?

- drunk: 취한
- kept ~ing: 계속해서 ~하다
- request: 요청하다
- alcohol: 술
- effect: 영향
- high altitude: 높은 고도
- slow down: 느리게 하다
- non-alcoholic: 무알콜
- beverage: 음료수
- pose: 가하다, 야기하다
- risk: 위험
- inform: 알리다
- limit: 제한하다
- consumption: 소비

If a drunk passenger kept requesting more alcohol, I would explain to them that the effects of alcohol can be stronger at high altitudes and suggest that they slow down their drinking. I would offer them a non-alcoholic beverage instead. Since drunk passengers can pose a safety risk during the flight, I would also inform the other crew members to limit the passenger's alcohol consumption.

만약 술에 취한 승객이 계속해서 술을 더 많이 요청한다면, 저는 그들에게 높은 고도에서 술의 효과가 더 강해질 수 있다고 설명하고, 그들이 음주를 천천히 하도록 제안할 것입니다. 대신 저는 그들에게 무알코올 음료를 제공할 것입니다. 술에 취한 승객들은 비행 중에 안전에 위험을 초래할 수 있으므로, 다른 승무원들에게 그 승객의 음주를 제한하도록 알려줄 것입니다.

Q9. **The passenger wants to have the specific entrée but you've run out. What would you say?**

승객이 특정 메인 요리를 원하는데 다 서비스되고 없습니다. 어떻게 하겠습니까?

If a passenger requested a specific entrée that we had run out of, I would apologize and explain the situation. I would then offer them an alternative entrée and let them know that I would do my best to accommodate their preference for the next meal.

만약 승객이 다 소진된 특정 음식을 요청했다면, 저는 사과를 하고 상황을 설명할 것입니다. 그리고 나서 저는 그분에게 대체 음식을 제안하고 다음 식사에 대한 승객의 선호를 수용하기 위해 최선을 다할 것이라고 말씀드리겠습니다.

* request: 요청하다
* specific: 구체적인
* entrée: 주요리
* run out of: 다 떨어지다
* alternative: 대체의
* do my best: 최선을 다하다
* accommodate: 수용하다, 맞추다
* preference: 선호도

Q10. **What would you do or say to a passenger who complains that there is foreign matter in his meal?**

승객의 식사에 이물질이 있어 불평하는 승객이 있다면 어떻게 행동하고 말하겠습니까?

If a passenger complained about foreign matter in their meal, I would immediately apologize and replace their meal. I would also pay extra attention to the passenger to ensure they had a pleasant flight for the remainder of the journey. Additionally, I would report the incident to the airline to prevent it from happening again.

만약 승객이 식사 중에 이물질에 대해 불평한다면, 저는 즉시 사과하고 식사를 대체해드리겠습니다. 또한 그 승객이 남은 여행 동안 즐거운 비행을 하실 수 있도록 각별히 주의할 것입니다. 그리고 다시는 이런 일이 발생하지 않도록 항공사에 이 일을 보고하겠습니다.

* foreign matter: 이물질
* immediately: 즉시
* replace: 교체하다
* pay (extra) attention to: (각별한) 주의를 기울이다
* ensure: 보장하다
* pleasant: 즐거운
* remainder: 나머지
* journey: 여행
* additionally: 추가적으로
* incident: 사건
* prevent: 방지하다

Q11. How would you handle a dissatisfied or angry passenger?

불만족한 또는 화가 난 승객을 어떻게 다루겠습니까?

- encounter: 마주치다
- dissatisfied: 불만족한
- frustration: 좌절, 분노
- inconvenience: 불편함
- concern: 걱정, 우려
- solution: 해결책
- inform: 알리다
- interaction: 상호 작용, 소통
- with sincerity: 성의를 다해
- with respect: 예의를 갖추어

If I encountered a dissatisfied or angry passenger, I would first try to understand the reason for their frustration. I would then apologize for any inconvenience and listen carefully to their concerns. I would work quickly to find a solution and inform the other crew members of the situation. Throughout the interaction, I would treat the passenger with sincerity and respect.

만약 불만이 있거나 화가 난 승객을 만나게 된다면, 저는 먼저 승객분이 화가 난 이유를 이해하려고 노력할 것입니다. 그리고 나서 불편함을 드린 점 사과를 드리고 승객의 우려 사항을 주의 깊게 듣겠습니다. 그리고 신속하게 해결책을 찾고 다른 승무원들에게 상황을 알리겠습니다. 승객과 대화하는 내내 진심과 존중하는 태도로 임할 것입니다.

Q12. If a baby keeps crying, what would you do?

아기가 계속해서 운다면 어떻게 하겠습니까?

If a baby was crying on the flight, I would approach the parents and try to understand the cause of the crying. If the baby was hungry, I would offer any available food or drink. I would do my best to assist the parents and also check to see if other passengers were being disturbed. My goal would be to make the flight as comfortable as possible for everyone on board.

만약 비행 중에 아기가 울고 있다면 부모님께 다가가 아기가 왜 우는지 이해하려고 노력할 것입니다. 만약 아기가 배가 고프다면 가능한 음식이나 음료를 제공해드리겠습니다. 부모님을 돕기 위해 최선을 다하고 다른 승객들에게 방해가 되는지도 확인할 것입니다. 제 목표는 탑승객 모두가 최대한 편안한 비행을 할 수 있도록 하는 것입니다.

* approach: 다가가다
* available: 이용 가능한
* assist: 돕다
* disturbed: 방해받은
* on board: 비행기에 탑승한

Q13. What would you do if you spilled beverage on a passenger due to a sudden turbulence?

갑작스러운 난기류로 인해 승객에게 음료를 쏟았다면 어떻게 하겠습니까?

If I accidentally spilled a beverage on a passenger due to sudden turbulence, I would immediately apologize and check to make sure they were okay. I would clean up the spill as quickly as possible and, if necessary, report the incident to the purser in charge to offer the passenger a complimentary cleaning voucher for use after the flight.

갑작스러운 난기류로 실수로 승객에게 음료를 쏟았다면 즉시 사과하고 승객이 괜찮은지 확인하겠습니다. 가능한 한 빨리 엎질러진 음료를 치우고, 필요한 경우 담당 사무장에게 이 일을 보고하여 승객에게 비행 후 사용할 수 있는 무료 클리닝 쿠폰을 제공해 드리겠습니다.

* accidentally: 우연히, 실수로
* spill: 쏟다, 흘리다
* beverage: 음료수
* sudden: 갑작스런, 뜻밖의
* immediately: 즉시, 곧바로
* apologize: 사과하다
* clean up: 청소하다
* as quickly as possible: 가능한 빨리
* if necessary: 필요하다면
* incident: 사건
* complimentary: 무료로 제공 되는
* voucher: 상품권, 쿠폰

Q14. If you have some tension with your senior, how can you handle it?

당신의 선배와 약간의 긴장이 있다면 어떻게 대처하겠습니까?

- tension: 긴장, 긴장감
- colleague: 동료
- approach: (다가가서) 말을 하다
- engage in: ~에 참여하다, 관여하다
- perspective: 관점, 시각
- concern: 걱정, 우려
- respectful: 예의 바른, 존중하는
- dialogue: 대화
- resolve: 해결하다
- conflict: 갈등
- maintain: 유지하다
- working relationships: 직장 내 관계

If I experienced tension with a senior colleague, I would approach them and engage in open communication. I would listen carefully to their perspective and also share my own concerns. I believe that honest and respectful dialogue is the best way to resolve conflicts and maintain positive working relationships.

선배 동료와 갈등이 생기면 먼저 다가가서 열린 마음으로 소통을 하겠습니다. 상대의 관점을 주의 깊게 경청하고 저의 고민도 나눌 것입니다. 저는 솔직하고 존중하는 대화가 갈등을 해결하고 긍정적인 업무 관계를 유지하는 가장 좋은 방법이라고 생각합니다.

Q15. What would you do if a passenger asked you on a date?

승객이 데이트를 신청하면 어떻게 하겠습니까?

- ask sb. on a date: ~에게 데이트를 요청하다
- politely: 정중하게
- decline: 거절하다
- invitation: 초대
- appreciate: 감사하다
- compliment: 칭찬
- boundary: 경계, 한계
- interact with: ~와 소통/교류하다
- in a professional manner: 전문적인 태도로
- on duty: 근무 중인

If a passenger asked me on a date, I would politely decline the invitation. While I would appreciate the compliment, I believe it is important to maintain professional boundaries between flight attendants and passengers. I would continue to interact with the passenger in a professional manner while on duty.

만약 승객이 저에게 데이트 신청을 했다면, 저는 정중하게 거절할 것입니다. 칭찬은 감사하지만 승무원과 승객 사이의 직업적 경계를 유지하는 것이 중요하다고 생각합니다. 저는 근무 중에도 전문적인 태도로 승객과 계속 소통할 것입니다.

승무원
영어 면접 가이드
Flight Attendant English Interview Guide
Ready for Takeoff

마 근 정

저자는 11년 동안 대한항공에서 객실 승무원으로 일하면서 SkyTeam Ambassador, 월드컵 홍보관, VIP 전용기 담당 승무원, 기내 방송 강사, 동남아 현지 승무원 서비스 교육 강사, 신입 및 경력직 입사 면접 위원 등의 다채로운 경험을 갖춘 항공 서비스 전문가이다.

또한 Mercury Award와 Avion Award 등에서 영어로 프레젠테이션을 하여 대한항공이 수상하는 데 일조했다. 이러한 다양한 경험과 노하우를 바탕으로 2012년부터 현재까지 대학에서 승무원을 꿈꾸는 학생들에게 인터뷰 영어, Cabin English, 기내 방송, TOEIC 등을 가르치고 있다.

학 력
· 고려대학교 영어영문학과 졸업
· 명지대학교 교육대학원 교육학 석사
  (영어 교육 전공)

주요경력
· 현) 연성대학교 항공서비스과 전임 교수
· 선) 대한항공 객실 사무장(1999~2010)
  – SkyTeam Ambassador
  – 2002 월드컵 홍보관
  – Mercury Award(ITCA): Flying Mom
    서비스 프레젠테이션 실시(2007)
  – Avion Award(WAEA): 기내 엔터테인먼트
    관련 프레젠테이션 실시(2007)
  – 사장 표창 3회(FR/CL 교육 성적 우수,
    특별 사업 수행 모범)
  – 객실훈련원 Regional flight attendants
    (동남아 현지 승무원) 서비스 강사
  – 객실훈련원 기내 방송 강사
    (한국어, 영어, 일어 A자격 보유)
· 부천대학교 비서사무행정과 겸임 교수(2019)
· 재능대학교 항공운항서비스과 외래 교수(2013)
· 연성대학교 우수 강의 교수상 수상
  (2016, 2020)

저서
· NCS 기반 항공 기내 방송 업무(2016)
· Practical English for Airline Service(2017)
· 영문법과 영작문 한방에 끝내기 1, 2(2020)

승무원
영어 면접 가이드
Flight Attendant English Interview Guide: Ready for Takeoff

초판 1쇄 인쇄 2024년 1월 10일
초판 1쇄 발행 2024년 1월 15일

저 자 마 근 정
펴낸이 임 순 재
펴낸곳 (주)한올출판사
등 록 제11-403호
주 소 서울시 마포구 모래내로 83(성산동 한올빌딩 3층)
전 화 (02) 376-4298(대표)
팩 스 (02) 302-8073
홈페이지 www.hanol.co.kr
e-메일 hanol@hanol.co.kr
ISBN 979-11-6647-398-2

승무원
영어 면접 가이드
Flight Attendant English Interview Guide
Ready for Takeoff